Ana Blandiana
Die Applausmaschine

Die vorliegende deutsche Fassung ist ein Teil der umfangreicheren und komplexeren Originalausgabe des Romans, der in rumänischer Sprache unter dem Titel »Sertarul cu aplauze« erschienen ist.

Die Verfasserin schrieb dieses Werk ohne die Hoffnung, daß es jemals gedruckt würde. Es entstand zwischen 1983 und Dezember 1989, als die Autorin ständig von der berüchtigten Securitate überwacht wurde und über sie ein Publikationsverbot in Rumänien verhängt war.

Die Handlung des Buches spielt in einer Nervenheilanstalt, die sich symbolisch allmählich über das ganze Land ausbreitet. Indem sie die subtilen Mechanismen des Terrors der letzten Jahre des kommunistischen Systems entlarvt, bietet Ana Blandiana die Erklärung für die tiefe Verstörung der Menschen im Osten Europas, die bis heute noch nicht völlig geheilt sind von dem erlebten Trauma.

Ana Blandiana ist dazu um so kompetenter, als sie selbst – wie auch die Hauptfigur ihres Romans – den Terror hat erdulden müssen. Ihre vorausschauenden Aussagen haben an Aktualität nichts eingebüßt.

Ana Blandiana, eigentlich Otilia Valeria Rusan, wurde 1942 in Temesvar geboren. Trotz zweimaligem Publikationsverbot erschienen zahlreiche Gedichtbände und Essays. Ihre zeit- und gesellschaftskritischen Glossen in verschiedenen Tageszeitungen machten sie zu einer der bekanntesten engagierten Intellektuellen Rumäniens. Ana Blandiana ist Vorsitzende des rumänischen P.E.N., Vorstandsmitglied der Rumänischen Bürgerallianz (Alianta Civica) und des rumänischen Schriftstellerverbandes. Von ihr erschien außerdem im Steidl Verlag »Kopie eines Alptraums« (1990).

Ana Blandiana

Die Applausmaschine

Roman

Aus dem Rumänischen von
Ernest Wichner

Steidl

Titel der rumänischen Originalausgabe:
»Sertarul cu aplauze«,
erschienen 1992 bei Editura Tinerama, Bukarest
© Copyright: Ana Blandiana

1. Auflage Oktober 1993
© Copyright: Steidl Verlag, Göttingen 1993

Umschlaggestaltung: Klaus Detjen
Illustration: Marcus Langer
Alle deutschen Rechte vorbehalten
Satz, Lithographie, Druck: Steidl, Göttingen
Printed in Germany
ISBN 3-88243-260-8

1

Davonzulaufen begann ich, noch bevor ich mich gefragt hatte, ob ich feiger oder mutiger sei als die anderen, wenn ich davonliefe.

Das ist, glaube ich, der Satz, den ich schon seit langem suchte, um im entscheidenden Augenblick – der nicht zu fern, aber auch nicht zu nahe liegen sollte – die Geschichte auszulösen, und damit die Erklärung des Anfangs. Denn, so unglaublich es auch scheinen mag, es gibt einen Anfang, immer gibt es einen Augenblick, da etwas in der lange schon unerträglichen Anspannung aufbricht, so daß lediglich die grenzenlose Fähigkeit, dies zu ertragen, nicht mehr auszuhalten ist. Immer gibt es einen Augenblick, dessen plötzliche Stille die Dimension eines Endes hat oder die eines anderen Anfangs. Also. Davonzulaufen begann ich, noch bevor ich mich gefragt hatte, ob ich feiger oder mutiger sei als die anderen, wenn ich davonliefe. Ich erhob mich einfach vom Stuhl, wandte mich zur Tür und ging hinaus, ohne daß es jemand im Zimmer bemerkt hätte, jedenfalls machte niemand den Versuch, mich aufzuhalten. Vielleicht waren sie alle zu müde dazu. Vor allem aber waren sie so überzeugt, an der verrückten Situation in jenem Raum nichts ändern zu können, daß sie ganz einfach die Realität nicht mehr wahrnahmen. Während es eine Tatsache war, daß ich mich vom Stuhl erhoben hatte und gegangen war.

Erst als ich die Tür hinter mir geschlossen hatte, begriff ich selbst, daß man mich nicht aufgehalten hatte. Doch anstatt mich zu freuen, wirkte die Verwunderung darüber wie Angst. Sie trieb mich zur Eile, dazu, auf den Fahrstuhl, auf den ich hätte warten müssen, zu verzichten, auf das Geräusch meiner Schritte im Treppenhaus zu achten und, bevor ich mich entfernte, instinktiv den Wohnblock zu umkreisen, damit man mich nicht vom Fenster aus sehen konnte. Und, es war seltsam, erst danach, als ich mich nicht mehr bedroht fühlte, begann ich zu rennen. Erst dann, als noch einige Zeit vergangen war, in der ich aufmerksam die Bewegungen meiner Muskeln und meinen Atemrhythmus beobachtet hatte – eine Art List des Körpers, der damit das Einsetzen der Gedanken hinauszögern wollte –, überraschte ich mich wie von außerhalb meiner selbst mit der Frage, ob ich feiger oder mutiger sei als die anderen, wenn ich nun davonliefe. Sie wurde mit einer Stimme gestellt, die man nicht nur verstehen, sondern sogar deutlich vernehmen konnte. Damals, an jener Stelle, wußte ich mir keine Antwort zu geben. Ich rannte nur weiter, als hätte dies die Antwort ersetzen können.

Eigentlich war diese Frage, so beharrlich sie sich mir auch stellte, nicht anders zu verstehen als rhetorisch. Das Verlassen des Zimmers war keine moralische, sondern eine biologische Frage: Auf geradezu physische Weise hatte ich empfunden, daß ich es nicht mehr ertragen konnte – und dies nicht als Vorwarnung, nicht als Ankündigung eines kommenden Unglücks –, sondern so, wie es unmittelbarer nicht hätte geschehen können, wie ein immanenter Hinweis, dessen einzige Alternative der Tod war. Ich war aufgestanden und gegangen, weil ich sonst aufgehört hätte zu existieren, und vor dieser derart kategorischen Entscheidung verlieren die moralischen Erwägungen ihr Gewicht und erweisen sich als einigermaßen oberflächlich. Bei genauerem Nachdenken fällt mir ein, daß diese Erkenntnis, die der Moral nur noch eine sekundäre, irgendwie literarische Rolle zukommen läßt, mir an einem ganz bestimmten Tag aufging. Sie wurde in einem bestimmten Augenblick geboren und hat den Charakter einer Offenbarung. Damals, an jenem Tag und zu jener Uhrzeit, spürte ich etwas, was ich noch nie gespürt hatte. Ich entdeckte ein neues Gefühl, das ich noch nie gehabt hatte, das ich nicht kannte, über das ich in meiner Umgebung immer wieder hatte reden hören, so daß ich zu verstehen glaubte, worüber gesprochen wurde – so wie ich mir einbilde, etwas zu verstehen, wenn vom Tod gesprochen wird. In der gleichen Sekunde wurde in mir eine gewaltige Empfindung ausgelöst, die sofort alle Zellen meines Körpers erfaßte und die mächtig genug schien, jede einzelne Zelle zu zersetzen, ihre chemische Zusammensetzung zu verändern und mich in etwas anderes zu verwandeln, ohne daß mein Wille oder mein Verstand dabei auch nur die geringste Rolle gespielt hätten, ja, ohne daß sie auch nur gefragt worden wären. Ich glaube nicht, daß es länger als fünf Minuten gedauert hat, vielleicht nicht einmal so lange, möglicherweise geschah es auch viel,

viel schneller, und lediglich mein Gedemütigtsein ließ es mir länger erscheinen. Erst als es vorbei war – und es ging vorbei, wie Wasser vorbeifließen würde, vollständig abfließend, fast ohne Spuren zu hinterlassen, außer der dadurch verursachten Kälte –, erst dann begriff ich, daß ich Angst gehabt hatte. An jenem Tag, im Alter von 37 Jahren, zehn Monaten und fünf Tagen hatte ich zum ersten Mal in meinem Leben Angst. Und erst dann wurde mir klar, daß es das erste Mal war und daß ich früher, wenn ich glaubte, Angst zu haben, nur blasse, völlig belanglose Kopien dieses Kurzschlusses kennengelernt hatte – der sich eher in den Kellern des Biologischen als in den höher gelegenen Stockwerken des Bewußtseins ereignet, und den ich Gefühl zu nennen mir angewöhnt hatte. Der Grund für diese Offenbarung ist dunkel und nahezu bedeutungslos. Was mir wichtig erscheint, sind diese Entdeckung an sich und die Schlußfolgerungen, die sich daraus ergeben. Ich hatte einen Zustand entdeckt, der mich erkennen ließ, daß alles, was ich mir in Unkenntnis darüber herausgenommen hatte – etwa der Mut, für den ich gewohnt war, geschätzt zu werden –, in Wahrheit ohne jede Bedeutung war. Was andere, die als feige zu betrachten und zu verachten ich mir erlaubt hatte, schon seit Jahrzehnten erlebten, hatte ich nun höchstens etwa fünf Minuten lang durchlebt. Seit damals akzeptiere ich die Vorstellung, daß es außer den moralischen auch andere Begründungen für unser Verhalten gibt, solche, die aus dem Bauch und aus den Eingeweiden heraus unser Tun bestimmen, physische, chemische, die unendlich viel wichtiger sind und für die wir keine Verantwortung tragen, während diese fatale und ungleichmäßige Determinierung eine viel größere Ungerechtigkeit darstellt als etwa die ererbten Talente und Reichtümer. Jene fünf Minuten animalischer Angst waren für mich die Reise in eine Hölle, in der andere ständig leben. Zu meinem Glück kehrte ich in diese innersten Bezirke der Angst niemals mehr zurück. Das aber, was ich damals gewaltsam begriff, habe ich nie mehr vergessen: daß keine Angst zu haben kein Verdienst, sondern ein Geschenk ist, den künstlerischen Talenten vergleichbar, und daß alles, was noch zu hoffen blieb, war, es möge auch Genies des Mutes geben.

Doch war dies nur eine Abschweifung, dazu da, die Antwort hinauszuzögern und die unbezweifelbare Wahrheit zu unterstreichen, daß ich nichts mehr zu wählen hatte. Nun rannte ich auf gut Glück durch jenes riesige und verschlafene Stadtviertel, das ich nie als meins hatte empfinden können. Es war so riesig und verschlafen, daß es meiner Phantasie ein Leichtes war, es mit meinem Gemütszustand in eins zu bringen und mir vorzustellen, es sei Teil eines verlassenen Planeten –, eines Planeten voller rechteckiger Felsen, die ein kleinlicher und unerbittlicher Geist aufgereiht hatte und die, so weit das Auge reichte, aus dem Asphaltboden in die dreckige Luft emporgewachsen waren. So kam mir jene Wohnblocklandschaft vor, die sich mit ihrem rechteckig dunklen Grau kaum von dem etwas helleren Himmel abhob. Ich rannte durch diese Landschaft, ohne genau zu wissen, ob die Richtung, in die ich mich gewandt hatte, die richtige war und was »die richtige Richtung« eigentlich bedeuten mochte, während das beleuchtete Fenster – das einzig beleuchtete Fenster! – des Zimmers, das ich verlassen hatte und das ich nun nicht mehr als meins bezeichnen konnte, mich noch lange mit einem unheilbringenden Auge, dessen Blick ich am Hinterkopf spürte, verfolgte.

Es hatte alles ganz alltäglich mit einer jener recht gewöhnlichen Unterhaltungen begonnen, die sich von den Sitzungen lediglich durch die größere Freiheit beim Diskutieren und das Vorhandensein – wie ärmlich auch immer – von Knabberzeug und alkoholischen Getränken unterschieden. Diesmal hatten wir uns bei mir getroffen, denn – obwohl ledig, oder vielleicht gerade deshalb – ich hatte Gefallen daran, Gastgeber zu sein, vor allem da mein Status als Bohemien mir fast keine Verpflichtungen auferlegte, während die Unordnung in meiner Wohnung und die mangelhafte Vorbereitung auch den Gästen den Eindruck von Jugendlichkeit des Gastgebers vermittelten, was diese angenehm berührte und entspannte. Uns als Freunde zu betrachten, wäre eigentlich zu viel gesagt gewesen. Wir ähnelten einander kaum, und obwohl uns außer allen Diskussionen eine Art Respekt verband, hatten wir uns auch vieles vorzuwerfen. Trotzdem sahen wir uns recht häufig, zusammengeführt nicht etwa durch das, was uns verband, sondern durch das, was uns von den anderen unterschied, einig vor allem aufgrund eines unklaren und beinahe instinktiven Bedürfnisses nach Solidarität angesichts einer immer bedrohlicher werdenden Außenwelt. Wir trafen uns nicht etwa, um uns zu erzählen, was wir erlebt hatten, denn wir erlebten ziemlich wenig, sondern zum Gedankenaustausch darüber, was sich allgemein so ereignete; und da alles, was geschehen konnte, recht voraussehbar war, hatte auch unsere Freundschaft den Zustand jener geglückten Ehen angenommen, in denen die Partner sich zu gut kennen, als daß sie sich noch etwas Neues zu sagen hätten und in denen das Glück mit der süßen und beruhigenden Patina der Langeweile überzogen ist. Doch fühlten wir uns wohl miteinander, und trotz der Anflüge von Vergeblichkeit hatten wir jedesmal für eine weitere Frist Mut geschöpft, wenn wir uns nach einer Begegnung trennten. Ich glaube, 22 Uhr war vorbei, wir hatten schon lange zusammengesessen, und eine halbe Flasche Whiskey, den wie immer der große Chirurg mitgebracht hatte, war schon ausgetrunken, als es klingelte. Selbstverständlich wurde gerade über das rumänische Volk gesprochen. *Selbstverständlich* sage ich nicht nur, weil wir – wie jedesmal – bei diesem Thema angelangt waren, wo von der gemeinsamen, chaotischen und lautstarken Diskussion nur noch zwei Protagonisten übriggeblieben waren – eine Art Solisten, Sprecher der Konfliktparteien – und diese Verringerung der Kontrahentenzahl implizit zur Radikalisierung der Standpunkte und zum Verzicht auf Nuancierungen geführt hatte.

– Immer waren wir schwach, immer ein erobertes und besetztes Land, immer unterworfen, mit Füßen getreten, sagte Dan, der Arzt und somit der einzige Nichtliterat in unserer Runde, der sich gerade wegen seiner andersartigen Bildung zum Träger anderer, härterer und realistischerer Meinungen verpflichtet fühlte. Andere Völker haben sich erhoben, wenn man sie überfallen hatte, haben selbst andere erobert, wenn sie stärker geworden waren. Nur wir sind immer Schwächlinge gewesen. Sieh dir doch mal die Völker um uns herum an: Selbst wenn sie jetzt genauso heruntergekommen sind wie wir (aber sie sind es nicht!), jedes einzelne hatte seinen Moment des Triumphes, den Augenblick, da es herrschte. Jedes hatte ein Reich oder ein halbes Reich, in dem *es selbst* über andere gebot. Dies nur, um nicht von den großen Völkern zu reden, groß durch die Art, in der sie sich in die Geschichte der Menschheit eingeschrieben haben; im übrigen sind zum Beispiel die Engländer nicht viel zahlreicher als wir, und sie haben skrupellos die Welt erobert, ohne zu rasten, mitleidslos; alles, was sie an Gutem auf der Welt entdeckten, haben sie auf ihre Insel gebracht, und zu der Zeit, mit oder ohne Bezug zu diesen Eroberungen – mit Bezug dazu, behaupte ich, aber selbst wenn man den Zusammenhang nicht akzeptieren will, die Tatsachen wird man anerkennen müssen –, also genau zu der Zeit wurden auf ihrer Insel geniale Dichter und Gelehrte geboren, Philosophen und Erfinder, Schlösser und Kathedralen wurden gebaut, Meisterwerke geschaffen. Wohingegen wir, was haben wir getan? Fügten uns »den Zeiten«. Den Zeiten! Eine seltsame Weisheit! Aber haben wir je versucht, auf der Höhe der Zeiten zu sein? Haben wir wenigstens Anstalten dazu gemacht? Und willst du wissen, was daraus folgt? Während wir den Brief des Neacşu von Cimpulung hatten, bereiteten die Engländer sich auf Shakespeare vor.

Doktor Dan hatte sich nicht nur durch seine eigenen Argumente, sondern auch durch einen leicht amüsierten Sadismus aufgeputscht. Seine Kontrahentin, eine zarte Frau, die etwas Kindliches in ihrem Blick hatte – sie blinzelte, als müßte sie sich immerzu anstrengen, eine Träne zu verbergen –, schien unter dem Diskussionsverlauf physisch zu leiden. Wie getroffen zuckte sie bei jedem neuen Argument zusammen.

– Ich glaube, du hast recht, sagte sie leiser, als sie es gewünscht hatte, und zwang die anderen, die von diesem unsicheren Flüstern überrascht wurden, zu erhöhter Aufmerksamkeit. Was die Völker erreichten, die erobert, verfolgt und geplündert haben, steht außer Frage. Dabei gelang es ihr, die Stimme zu beherrschen, die ganz ohne Ironie war und außerordentlich traurig klang. Der Reichtum, den sie angehäuft haben, sicherte ihnen eine Atmosphäre der Ruhe, gewährte ihnen Sicherheit zur Entwicklung der Wissenschaften und der Künste. Vielleicht konnte Shakespeare tatsächlich auch deshalb schreiben, weil Königin Elisabeth die Herrin der Piraten war. Ich verstehe deine Argumentationsweise und folge ihr auch in gewissem Sinne. Ich selbst aber, ich, die ich hier versuche, nichts zu tun, wofür ich mich schämen müßte, ich, die ich nichts zum Nachteil eines anderen erreichen will, niemanden kränken, berauben, zu niemandem ungerecht sein, keinen umbringen will, ich kann an meinem Volk die Eigenschaften nicht verdammen, für die ich bei mir selber Stolz empfinde.

– Eigenschaften, die dir aber auch keine nennenswerten Vorteile bringen, versuchte ich mich einzumischen, um die Diskussion zu entkrampfen, die zu ernsthaft zu werden drohte.

– Richtig. Was mich allerdings nicht veranlaßt, mich zu ändern, erwiderte Valeria, ohne auf die Ironie einzugehen. Aber nicht nur davon ist die Rede. Wir wurden aus der Verschmelzung von Menschen geboren, die auf den Kampf verzichtet hatten. Einerseits wurden die Einheimischen nach etwa einem Jahrhundert heldenhaften Widerstands vollständig besiegt und haben aus dem Selbstmord der »süßen Daker« wie Eminescu sagt, nicht nur für alle Zeiten die äußerst würdevolle Lehre gezogen, zu schweigen, sondern auch die endgültige Schlußfolgerung der Zwecklosigkeit des Kampfes. Andererseits suchten die römischen Veteranen, der Kriegführung müde, in diesen jungfräulichen und reichen Landstrichen Ruhe und Frieden. Wir sind die Nachkommen von alten Soldaten und von Müttern, die glaubten, geboren zu werden, sei schon das größte Unglück. Ein friedfertiges Volk, Hirten und Bienenzüchter, Bauern, ein Volk, das von der Flucht in die Wälder bis zur Flucht in den Humor alles ausprobiert hat, bevor es auf das Schwert zurückgriff, ein in seinem tiefsten Wesen unkriegerisches Volk, das niemals angegriffen hat, sich erst dann verteidigte, wenn es unumgänglich geworden war – vielleicht sogar noch seltener als nötig –, ein Volk, das niemanden je erobert hat, auch dann nicht, wenn es mal dazu in der Lage war. Sonst sind wir mit allem beschenkt worden, mit Schönheit, Intelligenz und Humor, mit einem derart reichen Land, daß es aus allen Richtungen Eroberer anzog, denen wir nicht widerstehen konnten, und dies nicht nur, weil uns die Befähigung zum Kampf abging, sondern auch, weil wir immer allein dastanden, denen fremd, die um uns lebten, anders als sie. Ich kann an meinem Volk nicht verurteilen, was ich immerzu selbst empfinde.

Wieder endete sie beinahe flüsternd, als ersticke sie die Privatheit ihres Patriotismus. Und wie eine kleine Huldigung an Valerias Gefühle schrillte in die kleine Schweigesekunde, die sich nach ihrer Rede eingestellt hatte, die Klingel. Es war ein gewaltsamer, ungeduldiger Ton, als klingelte jemand schon zum zehnten Mal und wartete verzweifelt auf unsere Antwort. In einer Art schuldbewußter Eile wandte ich mich zur Tür, als hätte ich das Klingeln nicht rechtzeitig gehört und müßte mich nun für die Verspätung entschuldigen. Bevor ich allerdings das Sicherheitsschloß öffnete, blickte ich noch einmal ins Zimmer zurück – als hätte ich etwas von der Verantwortung dieser Öffnung, der Verspätung, mit der ich öffnete, auf die Gäste übertragen wollen –, und die Beunruhigung in den Blicken der anderen (nun erst stutzte auch ich: wer konnte schon so klingeln, zu einer solchen Stunde?) hätte mich zögern lassen, hätte es nicht im gleichen Augenblick mit einem neuerlichen Schrillen, das sich noch herrschsüchtiger, noch ungeduldiger anhörte, geklingelt und hätte meine Hand nicht mit einer automatischen Geste, unschlüssig, aber ergeben, die Klinke gedrückt. Übrigens, es war spät, vor der Tür standen drei wütende Männer, von denen ich, bevor sie mich zur Seite schoben und an mir vorbei in die Wohnung traten, nicht mehr feststellen konnte, als daß sie mir fremd waren. Ich glaube, sie redeten schon, bevor die Tür aufging, jedenfalls erinnere ich mich an keine noch so geringe

Andeutung eines Grußes oder des Versuchs, sich vorzustellen.

– Wieso machst du nicht auf, Mensch, herrschte mich der Dicke an und stieß mich mit seinem Bauch beiseite, damit er eintreten konnte, während der zweite, etwas schlanker, schon lange an mir vorbei und nun schon im Zimmer zu hören war. Spezialeinladung, Durchsuchungsbefehl, Namensliste? Die Silben überlagerten einander, verformten sich in einem Überfluß an Speichelflüssigkeit, die mich, wie Artilleriefeuer spritzend, zurückweichen ließ.

– Wie kannst du so mit unserem Freund und Gastgeber reden, Ilie. Wie kommst du denn dazu? fragte rhetorisch der dritte, der etwas älter war als die ersten beiden und der trotz der gewaltigen kalten Pfeife zwischen den Zähnen, wegen seiner spitzen Nase, dem schlanken Kinn und einer gewaltigen Warze auf der rechten Wange einen unangenehm weiblichen Eindruck machte. Erfreut über den Besuch, Genossen? fuhr er ebenso rhetorisch fort und ging mit einer Art Selbstvertrauen an mir vorbei, das der Gewißheit entsprang, überall, selbst unangemeldet, willkommen zu sein.

– Aber wer sind Sie denn? murmelte ich, wieder neben meinen Freunden angekommen, die mit Verwunderung und ohne etwas zu verstehen ihre Blicke ständig von mir zu den neu Angekommenen wandern ließen und offenbar nicht glauben konnten, daß auch ich nicht mehr begriff als sie.

– Ich wünsche dir nicht, irgendwann dahin zu gelangen, uns zu kennen, psalmodierte der zuletzt Eingetretene, als hätte er meine Frage erwartet, mit einer feinen und amüsierten Stimme, der lediglich sein angewiderter Gesichtsausdruck widersprach.

– Was sagst du denn da, Boß, weshalb sollte er uns denn nicht kennenlernen, er kennt uns sehr gut, sagte der Dünne seinen Spruch auf und beeilte sich anscheinend, eine auswendig gelernte Rolle herzusagen, er wird uns schon kennenlernen, nicht wahr, gnädige Frau? lächelte er und zeigte seine schief übereinandergeschobenen, gelben Zähne, während er so tat, als streichele er das lange und etwas durcheinandergeratene Haar Valerias. Wobei sie sich im gleichen Augenblick wie ein Igel einrollte, angewidert die Augen schloß, Florin und ich uns, helfen wollend, auf sie zu bewegten und er sich demonstrativ entfernte. Dabei lachte er dumpf (ho, ho, bleibt mal schön brav), lachte weiter über seinen Scherz, während wir uns verängstigt anstarrten, der *Boß* Genannte mit gleichbleibender, angewidert gelangweilter Miene die Bücher im Regal musterte und der Dicke einfach im Bad verschwunden war, aus dem die laute Klospülung zu hören war.

Ich merkte, daß diese Situation nicht länger hinzunehmen und daß ich derjenige war, der sie zu bereinigen hatte. Ich erinnerte mich nicht, jemals etwas auch nur entfernt Vergleichbares erlebt zu haben. Ich war ein recht bekannter Schriftsteller, und es waren schon genügend Jahre vergangen, seit man zum letzten Mal unhöflich zu mir war. Was mich betraf, so glaube ich nicht, jemals einem anderen gegenüber unhöflich gewesen zu sein. Eine Feststellung, von der ich jetzt erst merkte, daß sie weniger eine Leistung als vielmehr die

Tatsache, verschont geblieben zu sein, betraf. Dazu kam, daß meine Neugierde die Wut überwog, was offensichtlich meine Reaktionen milderte und ihnen etwas von ihrer Glaubwürdigkeit nahm. Wer waren diese Gestalten, die es sich herausnahmen, mitten in der Nacht in eine Wohnung einzudringen und sich derart unverschämt zu benehmen? Und selbst wenn ich mir diese erste Frage hätte beantworten können, mir mangelte es weder an Vermutungen noch an Phantasie, wäre der Wunsch geblieben, dabeizusein, mit eigenen Augen zu sehen, wie eine solche Anmaßung funktioniert. Wären nicht die Gäste dagewesen, meine Freunde, vor denen ich nun also eine Art Prüfung abzulegen hatte (seltsamerweise regte die Vorstellung, vor ihren Augen eine Prüfung bestehen zu müssen, mich stärker auf als die Anwesenheit der drei Strolche), wäre ich allein zu Hause gewesen, so wäre ich vermutlich in der Lage gewesen, mich bequem in einen Sessel zu setzen und geduldig, ja sogar amüsiert abzuwarten, was geschehen würde. So aber blieb mir nichts anderes übrig, als sie hinauszuwerfen.

– Verlassen Sie bitte meine Wohnung, sagte ich daher mit einer so unentschlossenen Stimme, daß sie selbst für mich unbefriedigend klang und ich den Satz noch vor dem Ende abbrechen und entschlossener von vorne beginnen mußte, so entschlossen, daß ich mir leicht lächerlich vorkam, als hätte ich eine Rolle probiert: Verlassen Sie bitte meine Wohnung!

Aber wie nicht anders zu erwarten war, näherte der Effekt meiner Intervention sich gegen null: Der vor dem Bücherregal machte sich nicht einmal die Mühe, sich umzudrehen, im Bad hörte man das Wasser in die Wanne fließen (eine Sekunde lang hatte ich das Bild des nackten, rötlichen Fettberges vor Augen, der mich an der Wohnungstür beiseite gestoßen hatte), allein der Jüngste, der Dunkelhaarige mit den getönten Brillengläsern und einem so schwarzen Schnauzbart, daß man meinen konnte, er sei mit Tusche gezogen, sah mich ironisch an (wenigstens glänzten die Brillengläser auf eine Weise, die man als ironisch deuten konnte) und kicherte unverschämt.

– Sie haben ihre Stimmen wieder, die berühmten Herrschaften. Es läuft gut, läuft gut.

Was mich aber noch mehr beeindruckte als die Ungezogenheit des Dunkelhaarigen, waren die heimlichen und unzufriedenen Zeichen, die mir Mihai und der Doktor hinter seinem Rücken zu geben versuchten, Zeichen, denen ich zu meiner Verblüffung nichts anderes entnehmen konnte, als daß ich einen Fehler begangen hätte, daß ich sie nicht gegen uns aufbringen solle. Was mir nun vollends absurd erschien. Die einzig logische Erklärung konnte nur sein, daß sie etwas wußten, was mir zu begreifen noch nicht gelang. Ich trat einen Schritt vor, versuchte, sie mit den Blicken zu befragen, aber als hätte diese Annäherung sie in Gefahr gebracht, oder, was auch sein konnte, sie deuteten meine Geste als einen neuen Anlauf zum Protest, jedenfalls machten sie mir alle, ja selbst Florin, der gewöhnlich so zurückhaltend ist, und selbst Marga, sonst doch so widersetzlich, und Mihai und der Doktor, alle gaben sie mir verzweifelte Zeichen, ich möge mich zurückhalten, mich beruhigen und die Dinge nicht noch komplizierter machen. Nun lag es auf der Hand, daß ich nicht gegen alle antreten konnte, und wenn ich in jenen Augenblicken tatsächlich etwas wünschte, dann weniger die Beendigung der absurden Situation, in die ich geraten war, als vielmehr, sie verstehen zu können. Ich setzte mich also in den Sessel neben der Tür und nahm mir vor, mich nicht aufzuregen, sondern zuzusehen. Schließlich konnte ja auch alles zu einer sehr interessanten Erfahrung werden, auch wenn ich nur aufgrund eines Irrtums daran beteiligt war, oder gerade deswegen. Denn dies schien mir nun am wahrscheinlichsten: Die unbekannten Herren hatten sich in der Wohnung geirrt, sie hielten aufgrund eines Irrtums an uns fest. Man mußte nichts anderes tun, als es ihnen zu sagen. Aber ich ließ mir Zeit damit. Ich zog es vor, zuzusehen, zumal ich mich weder bedroht noch verantwortlich fühlte. In ihren Sesseln, die hufeisenförmig das Tischchen umstanden, boten mir meine Freunde einen nie gesehenen Anblick. Nur Valeria fehlte in diesem Arrangement, sie saß auf einem Stuhl an der Tür zur Bibliothek. Ich hatte den Eindruck, sie zum ersten Mal zu betrachten und war mir nicht sicher, ob das nicht auch zutraf. Mircea Dan, den wir scherzhaft den *berühmten Chirurgen* nannten und der tatsächlich ein berühmter Chirurg war, rauchte seltsam unsicher, so, als habe er sich noch nicht entschlossen, welche Haltung er einzunehmen habe, wobei er gleichzeitig spürte, daß dieses vorsichtige Zögern nur seine Reaktionsmöglichkeiten verringerte und ihn von der Haltung abbrachte, die nicht nur die angemessenste, sondern auch die klügste gewesen wäre. Nunmehr glich er – auf eine Art, die mich beinahe lächeln ließ – dem Wesen, das er mit zehn oder elf Jahren gewesen sein mag: stur und unsicher, ständig bereit, eine Dummheit zu begehen und es trotzdem immer wieder im allerletzten Augenblick nicht zu tun. Marga und Mihai, die aufgrund ihrer unerklärlichen Haftungsfähigkeit in unserer kleinen Welt als berühmtes Paar galten, saßen nebeneinander und schienen sich nicht nur ganz besonders fremd und verschieden voneinander zu sein, sondern sich sogar feindlich gesonnen. Sie sah aus, als sei sie plötzlich gealtert, ihre Gesichtszüge waren wie aufgeweicht, schienen herabzuhängen, die Augen finster, unerbittlich, der Mund, vor dem die gesamte literarische Welt zitterte, geschlossen, die Lippen zusammengepreßt. Seltsamerweise schien die offensichtliche Feindseligkeit, die von ihrem Gesicht abzulesen war, sich nicht gegen die Eindringlinge, sondern gegen den eigenen Mann zu richten, der sich, neben ihr sitzend, in sich selbst verkrochen hatte und der Außenwelt ab und zu ein unsicheres Lächeln zuwarf, wie Sonden, Entschuldigungen beinahe, ein Lächeln, das von einem Augenblick auf den nächsten seine Bedeutung ändern konnte. Florin, Valerias Ehemann – merkwürdig, daß man sich jedesmal genötigt sah, diese Beziehung zu präzisieren –, blickte auf seine Hände mit den wulstigen Fingern, an denen man den großen Pianisten, der er war, nie vermutet hätte, während seine sonst so ausdrucksstarke Gestalt plötzlich auf archetypische Umrisse reduziert schien, etwa wie eine Statue, die, wie schön sie auch immer gewesen sein mag, lange Zeit dem Wind und dem Regen ausgesetzt, mit der Zeit nur noch theoretisch ihre Gesichtszüge bewahrt, an den Stellen, an denen die Augen sind, die Nase, der Mund. Keiner sah mich an, keiner blickte einen anderen an, sie stellten eine falsche Fremdheit aus, die sie ganz offensichtlich peinlich berührte und sie dazu brachte, einander die Sympathien aufzukündigen. Ein Zustand, der jenem, der mit dem Rücken zum Raum weiterhin die Bücher durchblätterte, nicht verborgen blieb. Die Verachtung konnte man an jedem einzelnen seiner Nakkenmuskeln und an seinem uns zugekehrten Hinterkopf genauestens ablesen, sie war von den Büchern auf uns übertragen worden und hatte uns wie eine Drohung erstarren lassen. In der Stille, die dann das Zimmer beherrschte, waren nur noch die Wassergeräusche aus dem Bad und das Krächzen des Plattenspielers zu hören; der Jüngere mit den dunklen Brillengläsern ließ diesen immer wieder leer laufen, schaltete ihn dann aus, um ihn gleich wieder einzuschalten, dabei starrte er mich provozierend an und erwartete geradezu meinen Protest.

Vielleicht hätte ich auch protestiert, wäre nicht gleichzeitig die dritte Gestalt, lediglich um die Hüften mit meinem Frotteehandtuch bedeckt, Wasserschlieren auf dem Parkett hinterlassend, aus dem Bad gekommen. Er war viel dicker, als man im bekleideten Zustand angenommen hätte, und das blonde Haar auf seinem runden Schädel, das mich vorher überhaupt nicht beeindruckt hatte, bildete nun so etwas wie eine rötliche Aura um den üppigen Oberkörper und die schlaff herabhängenden Arme, während das nachlässig um die Hüften geschlungene Handtuch bei jeder

Bewegung herabzufallen drohte. Selbst seine Kollegen schienen verwundert über die Erscheinung. Sich vom Plattenspieler abwendend, drehte sich der junge Dunkelhäutige verdutzt der Erscheinung zu und rief mit absichtlich derbem Humor: Boß, Boß, sieh mal, was Ilie uns zu bieten hat. Der hat's raus, alles was recht ist, der hat's raus. Erster Preis mit Sternchen!

Der Boß wandte sich halb um, lächelte zustimmend, behielt aber sonst seinen angewiderten, Erbrechen ankündigenden Gesichtsausdruck bei, während der Ilie Genannte, vom Baden schwitzend und vor Zufriedenheit strahlend, bis zu den Ohren grinste, wobei die überraschend schönen Zähne in seinem Mund ihm etwas von seiner Vulgarität nahmen. Ich sah meine Freunde an, sie schienen sich nicht zu wundern. Im Gegenteil, sie folgten ruhig, mit einer Art gelassener Würde dem Schauspiel, von dem sie vorzugeben schienen, es vorhergesehen zu haben und zu wissen, wie es verlaufen würde. Allmählich wurde ich wütend, gleichzeitig aber dachte ich, es würde nicht auszuschließen sein, daß auch ich völlig gelassen und allwissend auf sie wirkte (schließlich geschah all das in meiner Wohnung), vor allem da auch ich, wenn ich tatsächlich ehrlich war, zugeben mußte, daß auch ich mich nicht allzusehr wunderte.

– Platz, Platz, rief der dampfende Ilie lachend und Wasserpfützen auf dem Parkett hinterlassend, macht mir auch Platz auf den Sesseln.

Was auch geschah. Marga klemmte Mihai etwas ein, Florin rückte so weit es ging an den Rand, während Mircea, als hätte er diesen Anstoß nötig gehabt, um zu einem Entschluß zu kommen, sich plötzlich erhob und mit dankbarer, beinahe frohlockender Miene hinter dem Tischchen hervorkam.

– Bitte, bitte, ich wollte ohnehin telefonieren.

– Telefonieren? wunderte sich der Dunkle, als hörte er dieses Wort zum ersten Mal.

– Ja, meine Frau anrufen, sie hat Bereitschaftsdienst, erläuterte der Doktor in selbstverständlichem Ton.

– Nun, da kann man nichts machen, er hat auch eine Frau, fügte der Boß wie ermutigend und als hätte er seine Rede vervollständigt, hinzu.

– Eine Frau? Was heißt hier Frau? gab sich der junge, mit Bart und Brille Maskierte überrascht, ja beinahe beleidigt.

– Eine Frau, 'ne Frau, wie alle Frauen, erwiderte Ilie leutselig und fläzte sich über zwei Sessel. Was, hast du noch nie was von Frauen gehört? Dann, während er sich respektvoll an Mircea wandte: Haben Sie eine oder mehrere, Herr Doktor?

– »Herr Doktor?« Und ich erhob mich, ohne es zu wollen. Also war meine Vermutung nicht nur falsch, sondern sogar lächerlich. Sie wußten, wer wir waren. Im gleichen Moment fiel mir die Antwort des Brillenträgers wieder ein, als ich versucht hatte, zu protestieren (»Sie haben ihre Stimme wieder, die berühmten Herrschaften, es läuft gut, läuft gut.«) Ich hatte dieser Rede keine Bedeutung beigemessen. Aber nein. Sie wußten, wer wir waren. Sie waren speziell unseretwegen gekommen. Und trotzdem führten sie sich so auf. Wie verletzt vom Spott wandte Mircea sich um und beugte sich, rot vor Wut und unschlüssig, was nun zu tun sei, zu dem feuchten Fettkloß im Sessel hinab.

– Wie können Sie es wagen? stotterte er, was erlauben Sie sich?

– Na, was denn? und Ilies Augen erhoben sich voller Unschuld aus der unglaublichen Haltung, in der er mit einem Zipfel des um die Hüften gewickelten Handtuchs das Wasser aus den Ohren entfernen wollte. Was meinen Sie denn?

Nun standen außer Ilie alle auf.

– In dieser Wohnung sind entweder Sie oder wir verrückt, sagte mit tonloser, wie eben aus dem Schlaf erwachter Stimme Florin. Und obwohl er sehr leise gesprochen hatte, war der Satz in der angespannten Stille des Raumes besonders deutlich zu hören.

– Nun, eine wahrhaft gefährliche Aussage, antwortete ebenso tonlos und ohne sich umzuwenden der Boß. Ich bitte Sie, sich zu merken, daß nicht ich dies gesagt habe. Und ohne seine Worte in irgendeiner Weise besonders hervorgehoben zu haben, verteilten sie sich im Raum wie eine Drohung.

– Ich muß mal telefonieren, wandte Mircea sich an den Mann vor dem Bücherregal wie an einen anerkannten Chef, und in seiner Stimme lag neben der Entschiedenheit auch der unfreiwillige Klang des Sich-in-die-Situation-Fügens und des Opportunismus.

– Und hindert Sie jemand daran? fragte der Boß und wandte sich voller Fürsorglichkeit um.

Mircea schien eine Sekunde lang unschlüssig, wandte sich dann aber wütend über sich selbst dem Telefon zu, doch noch bevor er den Hörer abheben konnte, ereilte ihn die lässig neben der Pfeife hervorgestoßene Äußerung:

– Ich hoffe nur, es funktioniert...

Die Hand zum Hörer ausgestreckt, jedoch nicht mehr wagend, ihn zu berühren, verhaspelte der Doktor sich so erbärmlich, daß ich beruhigend eingreifen mußte; wir befanden uns schließlich in meiner Wohnung!

– Selbstverständlich funktioniert es!

Aber das seitlich der Pfeife breitgezogene Grinsen ergänzte mich tückisch:

– Wenn Sie es sagen...

Ich sprang hin und riß den Hörer hoch: Die Leitung war tot. Ich ließ mich auf den nächsten Stuhl nieder und betrachtete die Eindringlinge der Reihe nach. Zum ersten Mal sahen auch sie mich mit einer gewissen Ernsthaftigkeit an. Oder vielleicht war es auch Neugier. Und zum ersten Mal schien mir, als hätte ich sie vielleicht schon einmal gesehen. Ich war mir nicht sicher, aber ich hätte auch nicht schwören können, sie seien mir unbekannt. Selbst wenn ich sie nicht kannte, so kannte ich doch die Kategorie Menschen, der diese Herrschaften angehörten. Und das reichte mir. Reichte es? Wozu reichte es? Die Tatsache, daß ich entdeckte, unmittelbar bedroht zu sein, worüber kein Zweifel mehr bestand, ließ mich, anstatt mich zu erschrecken, nur traurig werden. Jedenfalls wurden die Dinge dadurch etwas, wenn auch nur geringfügig, klarer. Ich fühlte mich scheinbar weniger erniedrigt als einige Augenblicke zuvor, als ich noch nichts verstanden hatte.

– Was wollen Sie von mir, fragte ich sie und sah ihnen der Reihe nach in die Augen. Es ist besser, Sie sagen es mir einfach.

Doch der Augenblick der Wahrheit war verstrichen. Als bedauerten sie jene Sekunde der Ernsthaftigkeit, begannen die drei, sich jeder auf seine Art zu verrenken.

– Es ihm einfach sagen, hört, hört, schlicht und einfach, nicht mehr und nicht weniger! lachte der, den sie Ilie nannten, hielt sich den Bauch und tat so, als verlöre er vor lauter Lachen jeden Moment das ihn bedeckende Handtuch.

– Sag du's ihm, Boß; warum sollten wir uns weiterhin hinter einem kleinen Finger verstecken. Sag ihm, was wir von ihm wollen, spreizte sich nun auch der Junge, der gelangweilt vom Plattenspieler abließ und sich daranmachte, die Schreibmaschine auseinanderzunehmen. Sag's ihm, damit auch er es versteht, sei kein Egoist.

– Alles was recht ist, er verlangt ja nicht viel. Weshalb sollten wir's ihm nicht sagen? Sagt doch ihr es. Was wollt ihr von ihnen? Du fängst an, Ilie. Sag ihm, was du von ihm willst.

– Ich, Boß, was soll ich schon von so einem wollen?

– Vielleicht, mein Fohlen, willst du..., wandte sich der Anführer an den schnauzbärtigen Jungen mit der Brille, auf den eher die Begriffe Blech und Teerpappe als Fohlen gepaßt hätten.

– Ich? Ich erinnere mich nicht. Kann sein, daß ich etwas wollte, als ich kam, aber ich hab's vergessen. Was soll's, ich beginne zu vertrotteln. Aber Sie können sich ganz bestimmt besser erinnern. Was wollen wir von ihm?

– Nun, seht an, es ist nur, zierte sich der Chef, daß auch ich mich nicht mehr erinnere. Was könnten wir bloß von dem da gewollt haben. Was könnten wir nur gewollt haben?

Während dieser kleinen Posse, die selbst ihre Akteure anscheinend nicht mehr amüsieren konnte, hatte ich meine Freunde angesehen. Sie standen immer noch, aber es schien, als habe sich trotzdem etwas verändert. Gewiß, sie fühlten sich nicht gerade wohl in ihrer Haut, aber die Tatsache, daß die Dinge sich doch einigermaßen geklärt hatten, daß ganz offensichtlich nicht sie, sondern ich derjenige war, auf den man es abgesehen hatte, hatte ihnen, daran bestand kein Zweifel, einen Stein vom Herzen fallen lassen. Ich möchte nicht ungerecht sein. Vielleicht hatten sie Mitleid mit mir, vielleicht hätten sie mir gern geholfen, aber, wie dem auch sei, die Tatsache, daß sie nicht mehr unmittelbar bedroht waren, hatte die Atmosphäre in ihrer Zimmerhälfte einigermaßen verändert.

– Ich meine, wir sollten von ihnen verlangen ..., seht, wir können auch jetzt noch an Ort und Stelle einen Wunsch erfinden, wir müssen uns nicht unbedingt erinnern; ich meine, wir sollten von ihm verlangen, daß er einen Artikel verfaßt, in dem er uns lobt. Erst einmal nur uns drei. Was meint ihr?

Er würde es nicht wagen, sich so zu benehmen, wenn wir allein wären, dachte ich, während ich sie betrachtete. Ich glaube nicht, daß ich Angst hatte. Mit Sicherheit standen andere an der Tür, auf dem Treppenabsatz, um den Wohnblock herum, und einen Augenblick lang sah ich in einer Art Vision das gesamte Universum in konzentrischen Kreisen von solchen Gestalten bevölkert, wie die hier in meinem Zimmer; sie bewachten sich gegenseitig, hielten aber gleichzeitig in einer Art Solidarität zusammen, bildeten konzentrische Kreise, die immer größer, immer weiter gespannt waren und sich bis ans Ende des Universums hin ausdehnten, konzentrische Kreise von einzelnen, die sich zwischen den anderen Menschen verloren, für ein ungeübtes Auge nicht von diesen zu unterscheiden, und die nicht einmal für den Bruchteil einer Sekunde ihre teuflische und furchterregende Anordnung aufgaben. Ich mußte lächeln. Was für eine Dummheit, sie zu fragen, was sie von mir wollten! Sie wollen mir Furcht einflößen, sonst nichts. Das aber kann man einfach deshalb nicht zugeben, weil die Macht dieses Willens im Unausgesprochenen steckt, in der Unterstellung, den Insinuationen und der Suggestion. Genauso wie in der Kunst, dachte ich, und mußte wieder lächeln. Vielleicht habe ich es auch getan, denn der Boß schien zum ersten Mal für einen Augenblick seinen elenden Humor verloren zu haben. Nur für einen kurzen Augenblick, in dem er mir einen schalen Blick voller Verunsicherung zuwarf, die er aber sofort wieder verbergen konnte.

– Unseren Gastgeber scheint die Situation zu amüsieren. Wir können stolz sein, Jungs. Es ist unser Verdienst! sagte er teilnahmslos und ließ, ohne den Blick von mir abzuwenden, ein Glas voller bunter Steinchen vom Meer, das zwischen den Büchern auf dem Regal gestanden hatte, seiner Hand entgleiten. Die Glaskugel zersprang auf dem Parkett, und die Steinchen kullerten mit stumpfem Klirren in alle Ecken des Zimmers. Ich bemühte mich, nicht auf mein Lächeln zu verzichten und dem Blick standzuhalten, der meine Reaktionen beobachtete.

– Man sagt: Wer sich ärgert, dem wird die Nase abgeschnitten, antwortete ich tatsächlich gelassen auf jenen beinahe triumphierenden Blick. Ich hatte mich nie an Gegenstände gebunden. Der Wert der Steinchen bestand in der Euphorie ihres Sammelns an der Meeresküste. Sie aufzubewahren, war zweitrangig und, wie jede Erinnerung, beinahe eine Last. Der Boß antwortete mir nicht, wandte mir aber unvermittelt den Rükken zu. Wäre ich übermütig gewesen, so hätte ich diesen Augenblick unter der Rubrik Siege verzeichnen können. Auch ich drehte mich um, jedoch zu meinen Freunden hin. Nein, es war kein Sieg. Von einem Augenblick auf den nächsten erfaßte mich eine tiefe Niedergeschlagenheit, als hätte ein plötzlich angeknipster Schalter das Licht in mir ausgelöscht. Meine Freunde sahen mich irritiert an. Obwohl ich stolz war auf mein Verhalten, hatte ich sie nicht angesehen, damit sie mir Beifall bekundeten, sondern um auch in ihren Augen das zu entdecken, was ich herausgefunden hatte: daß jenen nichts gelingen würde, wenn es ihnen nicht gelänge, uns Angst einzujagen. Doch konnte ich von ihren Augen nichts als eine Art verunsicherter Ungeduld ablesen, eine Nervosität und eine Unzufriedenheit, die sich gegen mich richteten und größer waren als in den verzweifelten Augenblicken vorher. Trotzdem wollte ich nicht aufgeben, es konnte sich nur um ein Mißverständnis handeln, so daß ich mich darauf versteifte, sie anzusehen und zu versuchen, ihnen meine Vorstellung über die Situation zu vermitteln, die – und darüber gab es für mich keinen Zweifel – uns alle gleichermaßen betraf. Aber es wollte mir nicht gelingen, auch nur einem von ihnen in die Augen zu sehen. Florin hatte sich aus dem Sessel erhoben, wo er sich vielleicht zu weit entfernt von Valeria gefühlt hatte, und stand nun, leicht an das Bücherregal gelehnt, neben ihrem Stuhl. Beide blickten sie mit einer Sturheit auf den Boden, die sie aus den anderen herauslöste und sie auf eine die anderen fast schon kränkende Weise miteinander verband, wobei ich nicht einmal hätte behaupten können, daß dies sich gegen mich richtete. Außerdem hatte auch ihre Schönheit – seltsamerweise deutlicher sichtbar, wenn sie zusammen waren, als wenn man sie getrennt betrachtete – für die anderen etwas Irritierendes: Es war das erste Mal, daß ich selbst diese Beobachtung machte, die den Grund für diese unerklärliche Antipathie ausmachte, welche das Paar, dem man sonst nichts vorwerfen konnte, mitunter auslöste. Trotzdem, sie waren diejenigen, die am nächsten zu mir standen, nicht nur in der Architektur unserer Gruppe, sondern auch in der Topographie des Zimmers.

– Valeria, rief ich leise, als wollte ich sie aus dem Schlaf wecken, Florin! Die Hauptsache ist, daß wir uns nicht ängstigen lassen. Sie können uns nichts tun.

– Die Philosophiererei ist absolut untersagt! grinste mit dem halben, nicht von der Pfeife besetzten Gesicht, der Boß, als hätte ihn mein Satz ganz besonders entzückt. Ich empfand es als einen Fauxpas, nicht allein wegen seiner unerklärlichen Heiterkeit, sondern auch, weil das Ehepaar es anscheinend gar nicht gehört hatte, so daß sich an dem statischen und abwesenden Schmerzenspaar, das sie bildeten, keine Faser regte und die Harmonie der Formen ungetrübt erhalten blieb. Marga jedoch sah mich an, als wollte sie mich in Stücke reißen, mit einer dermaßen gewalttätigen Wut, daß sie aufhörte, etwas auszudrücken, und obwohl ich verstand, daß es sich um eine starke Aversion handelte, die gegen mich gerichtet war, gelang es mir nicht, mehr aus der mir gewidmeten Haßaussendung zu lesen. Auch Mihai betrachtete mich mit einer Miene von beinahe komischer Wirkung; womit er wohl sagen wollte, daß er es sehr bedaure, diesmal mit der Mißbilligung durch Marga einverstanden sein zu müssen. Der Doktor sah wie ein gehetztes Wild drein, mit verzweifeltem und wie kurzsichtigem Blick starrte er mal den einen und mal den anderen der drei Eindringlinge an, als hätte seine erbitterte Aufmerksamkeit eine Lösung finden können, eine Lösung – und dies sprach aus jeder Zelle seines verängstigten Körpers –, die ihn allein retten sollte. In dem Augenblick, da sein Blick wieder bei Ilie angelangt war – dieser hatte gerade die verblüffende Gymnastik des Ohrenabtrocknens beendet –, sah er ihn mit seinen strahlend blauen Augen an, mit denen er eine Sekunde zuvor noch seine Hände betrachtet hatte, die wie besonders raffiniert geschneiderte Nadelkissen aussahen und von einem rötlichen Flaum bedeckt waren, und fragte geschäftig:

– Hätten Sie vielleicht eine Nagelschere?
– Eine Nagelschere? wiederholte Mircea wie aus dem Schlaf erwacht und als spräche er Wörter aus einer ihm fremden und unverständlichen Sprache nach.
– Na, was denn, hast du noch nie was von einer Nagelschere gehört? ermunterte ihn leicht ironisch, aber leutselig der große Ilie. Ich würde ganz gerne meine Klauen etwas zurechtschneiden, denn sie sind gut eingeweicht, und ich habe ohnehin nichts zu tun. Mircea schien nun endlich zu verstehen, erhob sich pflichtschuldig und sah mich fragend an, ob ich ihm behilflich sein könnte; da ich mich jedoch darauf beschränkte, mit den Schultern zu zucken, machte er einen Bogen um mich, wandte sich dem Schreibtisch zu und kramte fieberhaft darauf herum, schob hektisch Papiere und Mappen beiseite... Es war entwürdigend.
– Ich habe keine Nagelschere, sagte ich, um diese nicht mehr hinzunehmende Szene zu beenden. Er aber hatte sie soeben gefunden und brachte sie glückstrahlend und in der Gewißheit, unmittelbar belohnt zu werden, dem Dicken. Dieser nahm sie beinahe dankbar entgegen und begann, in angestrengter Aufmerksamkeit das Gesicht verzerrend, sich die Nägel zu schneiden.

Der Brillenträger sah ihn kurz an, und mir schien, als habe der Schatten einer Mißbilligung sein dunkles Gesicht noch mehr verfinstert.
– Chef, sagte er, wobei er sich zu dem anderen umdrehte, der immer noch damit beschäftigt war, die Bücher zu prüfen und auf den Boden zu werfen, ich muß jetzt was tun, oder aber ich gehe und rolle mich

ein bißchen zusammen, seit heute Nacht bin ich ständig im Einsatz.

Ohne sich umzudrehen, machte der Chef ein zweideutiges Zeichen, eine Art Halbkreis, den er mit der Hand, in der er die Pfeife hielt, in die Luft malte – eine Geste, die der Dunkelhäutige als ein Zeichen, sich frei entscheiden zu können verstand; denn er wandte sich mit völlig geschmacklosen Hüftbewegungen dem anderen Zimmer zu, aus dem dann sein wollüstiger Sprung auf die Matratze zu hören war und einige Zeit darauf ein Schuh – ein einzelner Schuh –, der zu Boden fiel. Auf den zweiten will er uns warten lassen, dachte ich und merkte, daß ich ihn beneidete. Die ganze Situation begann mich zu ermüden.

– Werden Sie bis zum Morgen hierbleiben? fragte ich den Boß, und meine Frage klang ironisch, obwohl ich nur müde war. Er aber antwortete nicht, regte sich nicht, nicht einmal unmerklich, als hätte er tatsächlich nichts gehört. Ich spürte aber, daß es keinen Sinn hatte, die Frage zu wiederholen, und schwieg.

So verging viel Zeit, in der lediglich das Klappern der kleinen chinesischen Schere zu hören war, mit der Ilie sich die Nägel schnitt – er war nun zu den Zehennägeln übergegangen –, und ab und zu der Aufprall eines Buches, das der Boß auf den Teppich geworfen hatte. Die Vereinzelung, die sich im Zimmer breitgemacht hatte, hätte man in Scheiben schneiden, wenn nicht gar mit dem Beil zu Scheiten zerhacken können.

2

Aufrecht, die Hände auf den Knien, wie in einer Vorstellung oder in einem Wartesaal, saß ich auf meinem Schreibtischstuhl. Leider gestattete die Vorstellung mir nicht, nur Zuschauer zu sein, und was das Warten betrifft, so hätte ich vermutlich nicht zu sagen gewußt, worauf ich wartete. Ganz offensichtlich hätte das Verschwinden der drei nicht ausgereicht. Ich hatte den Blick gesenkt und betrachtete meine Hände, brachte die Kraft nicht mehr auf, die anderen anzusehen. Wem auch immer mein Blick begegnet wäre, es wäre mir gleichermaßen schwergefallen, den Anblick zu ertragen. Nie war ich in der Lage, dem Blick eines anderen standzuhalten, ohne diesem auf die Weise etwas mitzuteilen, und denen in meinem Zimmer hatte ich nichts mehr zu sagen.

In dem Schweigen, das nun folgte, schrillte plötzlich erschreckend das Klingeln des Telefons. Alle sprangen auf, selbst Ilie, der das um die Hüften gewickelte Handtuch festhielt und so tat, als bringe er seinen Aufzug in Ordnung, damit er den Vorschriften entspreche; ja selbst der Brillenträger, der aufgewacht war und an dem einen Fuß beschuht, den anderen Schuh in der Hand haltend, in der Zwischentür erschien; und selbst der Boß, der die Bücher, die er gerade in den Händen hielt, fallen ließ und, als hätte er plötzlich wieder alle Sinne beisammen, zum Telefon eilte – dabei zögerte er keinen Augenblick und gab sich auch sonst so, als sei es völlig ausgeschlossen, daß etwa ich den Anruf hätte entgegennehmen müssen. Außerdem hatte auch ich nicht einen Moment lang daran gedacht, es selbst tun zu können.

Er hob den Hörer ab:
– Ja.
– ...
– Nein, noch nicht.
– ...
– Lehnt es ab.
– ...
– Selbstverständlich.
– ...
– Zu Befehl.

Er hatte nur kurz und nach langen Pausen gesprochen, als hätte er lediglich hinter ausführlich vorgetragenen Befehlen den Schlußpunkt gesetzt. Seine Worte hatte er sorgfältig, aber ohne Betonung ausgesprochen, in einer Art unterwürfiger, sachlicher Ehrerbietung. Dem ganzen Gespräch konnte ich nur entnehmen, daß es um mich ging, oder um mich und meine Freunde, und daß es offenbar mindestens eine Lüge enthielt: Keiner von uns hatte irgend etwas abgelehnt. Doch noch bevor ich mich über den Sinn dieser Lüge wundern konnte, verblüffte mich die paradoxe Schlüssigkeit dieser Feststellung: Tatsächlich hatte keiner von uns irgend etwas abgelehnt. Keiner hatte sich gegen irgend etwas aufgelehnt. Auch mein undeutlicher Protest war keine entschiedene Verweigerung. Wir waren drei Männer und zwei Frauen und hätten sie vermutlich ohne besondere Anstrengung hinauswerfen können. Was, außer dem fehlenden Zusammenhalt, hinderte uns daran, es zu tun? Was, außer der Vorstellung, die jeder von uns sich über diese von einer lähmenden Absurdität gekennzeichnete Situation gemacht hatte, hinderte uns daran, uns normal zu verhalten, das heißt, nicht etwa die okkulten Regeln dieses Raumes zu beachten, sondern die verbürgten, wenngleich nicht weniger unsinnigen Regeln des gesellschaftlichen Zusammenlebens!

– Seien Sie doch so freundlich und sagen Sie auch uns, was wir abgelehnt haben, hörte ich Margas Stimme, die ihr Lebtag noch nicht so lange geschwiegen hatte; und obwohl sie ganz genau meine Gedanken formuliert hatte, stellte ich erstaunt fest, daß ihre Worte eher vorbeugend und warnend als etwa ironisch klangen.

– Komm, spiel hier nicht die Schlaue! wies sie der Dunkle zurecht, der womöglich schlecht gelaunt aufgewacht war und den Klang ihrer Stimme offensichtlich ganz anders interpretierte als ich. Seine Stimme klang diesmal absichtlich, ja demonstrativ flegelhaft; vielleicht aber war dies ihr natürlicher Klang nach dem Schlaf. An deinem Katheder kannst du dich aufspielen, wenn du willst, nicht hier.

– Aber woher weißt du denn, wo ich arbeite, fragte Marga mit der gleichen Sicherheit wie vorhin, wie erlaubst du dir, mich zu duzen, wenn ich weder weiß, wer du bist, noch wie du heißt?

– Ist die blöde, oder tut sie nur so? und der Dunkelhäutige wandte sich betont höflich und als bäte er um die Erlaubnis, etwas zu tun, dem Boß zu. Doch bevor dieser antworten konnte, packte er Marga an ihren blonden und glatten Haaren und schrie mit plötzlich schrill klingender Stimme: Du machst dich wohl lustig über mich, was, du Unglückselige! und dabei schüttelte er ihren Kopf einige Male nach rechts und nach links, den Kopf, der die Augen geschlossen hielt und sich geschmeidig der Bewegung überließ. Unmittelbar darauf riß Marga sich los und, ohne vollends freizukommen, gelang es ihr, den Mann an der Krawatte zu packen. Sie riß mit aller Kraft daran und stürzte mit ihm auf den Teppich. Der Boß betrachtete sie zufrieden, lächelte sogar einen kurzen Augenblick lang, als verliefe alles nach seinem Plan, und wandte sich befriedigt wieder dem Bücherregal zu, während der Doktor als Zeichen der Nicht–Solidarisierung von Mihai wegrückte und sich wieder neben Ilie setzte, der sich mit dem Stöhnen eines beglückten Zuschauers in die Polster hatte fallen lassen. Mihai selbst stand aufrecht und rührte sich nicht von der Stelle, an der das beginnende Handgemenge ihn überrascht hatte. Er hatte nicht den geringsten Versuch unternommen, einzugreifen, hatte es aber auch nicht gewagt, sich wieder in den Sessel zu setzen. Allein Florin und Valeria schienen nichts gemerkt zu haben, sie waren einfach nur da. Sie saß aufrecht auf dem Stuhl, er stand, die Hüfte an ihrer Stuhllehne abstützend, den Rücken ans Bücherregal gelehnt. Dabei erweckten sie den Eindruck, als wunderten sie sich über nichts und als wären sie gegen alles, was auch immer es sein mochte, gewappnet. Was mich betraf, so schien mir alles grotesk und absurd, angefangen mit der Rauferei, die unter Gestöhne weiterging und die aussah, als sollte sie noch lange in der Zimmerecke fortgesetzt werden, bis zu der nahezu unglaublichen Tatsache, daß es sich um mein Zimmer handelte. In diese lächerliche und vulgäre Farce verwickelt zu werden, und dann auch noch auf solch entscheidende Weise, empfand ich als demütigend und nicht länger hinnehmbar.

– Mein Herr, wandte ich mich an den Boß, und weil dieser mich nicht zu hören schien, ging ich zwei Schritte auf ihn zu, packte ihn an der Schulter und wiederholte: Mein Herr, ich glaube, wir sind alle zu müde, um diesen geschmacklosen Scherz noch länger fortzusetzen. Wie können Sie eine solche Situation zulassen?

Er wandte sich um und blickte mich zum ersten Mal nicht nur feindselig, sondern auch ernst an. Dabei versuchte er nicht einmal, meine Hand von seiner Schulter abzuschütteln.

– So, wie auch du es zuläßt, der du der Wohnungseigentümer bist.

– Du bist ein Feigling und ein Heuchler, platzte ich wütend heraus. Du weißt sehr gut, daß mir diese Wohnung, seit ihr sie betreten habt, nicht mehr gehört.

– Ich bitte dich, mich nicht zu beleidigen, antwortete er gelassen. Du kennst mich nicht, weißt nicht, wer ich bin, und im übrigen bin ich als Privatperson hier völlig uninteressant. Nicht ich bin hier, sondern meine Funktion, und eine Funktion kann weder feige noch heuchlerisch sein. Eine Funktion kennt keine Gefühle, sondern Anweisungen und Ziele.

– Und was ist deine Funktion? fragte ich in fast schon nicht mehr zulässigem Ton, auf beinahe blödsinnige Weise.

– Ah, das sind zwei verschiedene Paar Schuhe, lachte er fröhlich, aber ausweichend. Außerdem irrst du dich: Wir sind nicht mit Gewalt in dein Haus eingedrungen, du hast uns geöffnet, und allein von dir und deinen Freunden hing es ab, uns, wenn du es tatsächlich gewollt hättest, hinauszuwerfen. Die Tatsache, daß ihr es nicht getan habt, charakterisiert eher euch als uns, ebenso die nun entstandene Situation. Aber du mußt dich nicht allzusehr schämen, fügte er hinzu, da er vermutlich gesehen hatte, was ich für ein Gesicht machte, wir alle sind Kinder sehr alter Eltern, wie die verehrte Frau sagte. Diesmal hatte die Ironie, die in seiner beinahe didaktischen Ausführung mitschwang, mich tief getroffen, sie war unverschämt, jedes die Grausamkeit einigermaßen bemäntelnden Tons entkleidet. Er lächelte spitz, mit zusammengepreßten Lippen, aber es wirkte, als habe er die Zähne gezeigt und als wären diese scharf und blutbefleckt gewesen.

– Ihr habt an der Tür gelauscht! schrie ich, und Valeria sah mich mit traurigen Augen an, denen jede Verwunderung fehlte.

– An der Tür? fragte er mit rhetorischem Staunen. Sie unterschätzen uns.

Währenddessen war der Kampf beendet worden – ich weiß nicht mehr, wie –, jedenfalls mit dem Sieg des Dunkelhäutigen, der wütend sein zerdrücktes Hemd in die Hose steckte, während Marga wie ein Haufen zerknitterter Röcke im Sessel kauerte; ihre Gesichtszüge waren erschlafft, wie von grobschlächtig aufgetragener Schminke und Tusche verstärkt, was ihr das Aussehen einer Laienschauspielerin verlieh, die man als altes Weib verkleidet hatte, damit sie in einer Tragödienrolle aufträte. Die Komödiantenrolle kam Ilie zu. Er lümmelte sich über den von der Stupidität dieser ausweglosen Situation verängstigten Doktor.

– Sei mir nicht böse, sagte der Koloß fast schon süßlich, so daß der Sarkasmus, der dahintersteckte, sich in den Wülsten der dicken Lippen verlor, sei mir nicht böse, ich streck mich ein bißchen aus, den Kopf auf deinem Schoß... Nach diesem Bad hat mich eine solche Müdigkeit gepackt..., und er wälzte sich so herum, daß sein weiches Fleisch auf Mirceas verkrampften Knien zu liegen kam. Ich hoffe, ich störe nicht, murmelte er noch, ohne die Antwort abzuwarten, die konfus, aber zustimmend war.

– Nein... gewiß... ich bitt' Sie..., während Mircea, rot im Gesicht, dem Schlaganfall nahe, wegzurücken versuchte, ohne jedoch den Mut zu haben, es tatsächlich auch zu tun, so daß es nur zu einer halben Bewegung kam, die ihn, Ilies Kopf auf den Knien, wie in der Luft hängend erscheinen ließ. Was für eine lächerliche Farce, dachte ich niedergeschlagen. Als stünden wir unter Drogeneinfluß. Ich sah zu dem Boß hin, der aufmerksam die Szene auf dem Sessel beobachtete. Er schien kühl abzuwarten, was nun folgen sollte. Auf seinem Gesicht stand in ernsten Lettern, daß alles in Ordnung sei. Einleuchtend; es war in Ordnung, daß wir uns manipulieren ließen wie Puppen, die man aus verdreckten Lumpen mit einer erbärmlichen Eleganz zusammengeknotet hatte; unsere pathologische und masochistische Feigheit, die sich vollends gegen uns selbst gekehrt hatte, war in Ordnung, die unglaubliche Art und Weise, wie wir es zuließen, daß man uns mit Füßen trat und sich über uns lustig machte, war in Ordnung. Wir wußten nicht, wie er hieß, wer er war, was für eine Funktion er hatte, welcher Institution er angehörte, welche Aufträge er noch zu erfüllen und wer ihm diese Aufträge erteilt hatte. Aber unabhängig davon, wie unsere Antwort auf diese existentiell gewordenen Fragen ausgefallen wäre, offensichtlich war, daß er gegen uns war und daß die einzige Art, wie wir uns noch retten konnten – so unwahrscheinlich es auch erscheinen mochte –, war, sie nicht zu dulden.

– Es reicht, sagte ich mit ungewöhnlich hoher Stimme, die mir im ersten Moment lächerlich vorkam, was ich aber glücklicherweise sofort wieder vergaß. Genug jetzt! Was geschieht denn mit uns? Seht ihr denn nicht, daß wir uns alle benehmen, als hätten wir den Verstand verloren? Bist du verrückt geworden, Mircea? Wie kannst du diesen unverschämten Kerl auf deinen Knien ertragen? Ist es möglich, daß eine Frau geschlagen wird, und keiner von uns ihr hilft? Wir sind zahlreicher als sie, wir könnten sie in kürzester Zeit hinauswerfen, wir müßten nur mal beginnen. Das sind bloß irgendwelche Hooligans, die uns Angst einjagen wollen; wenn es ihnen nicht gelingt, können sie uns nichts tun. Valeria, du kannst nicht alles mit dem Gefühl der Fatalität, des unausweichlichen Schicksals hinnehmen, ohne dabei selbst schuldig zu werden an diesem erniedrigenden Geschick. Florin, du wirst nie wieder so Klavier spielen können, wie du es bisher konntest, wenn du jetzt nichts unternimmst, die geringsten Anstalten unterläßt, an denen der Künstler in dir verstehen könnte, daß er nicht im Nichts hängt, daß hinter ihm ein Mensch steht. Mihai... Doch in diesem Augenblick kehrte der Eindruck der Lächerlichkeit mit viel größerer Macht als am Anfang wieder. Ich erkannte, wie erbärmlich ich erscheinen mußte, mitten in meinem Zimmer, aufgepflanzt wie an einem Rednerpult, Banalitäten, die ich für heldenhafte Reden hielt, brüllend, während niemand mir zuhörte und ich selbst die Wörter wie im Traum aussprach, in einem Traum, in dem mir selber bewußt ist, daß ich träume, und ich mich nur deshalb so aufgeregt gebärde und rede, weil ich dadurch die verrückte Hoffnung nähre, aufwachen zu können. Außerdem begann ich, ernsthaft daran zu zweifeln, überhaupt geredet zu haben. Keiner meiner Freunde ließ mich erkennen, daß er mich tatsächlich gehört hatte. Wäre nicht das offensichtliche Entzücken gewesen, das sich rings um die Pfeife auf dem Mund und dem Kinn des Bosses abzeichnete (nur auf dem Mund und dem Kinn, denn die Augen und die Nase gehörten schon einer anderen, einer kälteren, angewiderten und verachtenden Zone an) und der ironische, jedoch nicht weniger entzückte Applaus des Dunkelhäutigen neben dem Fenster, so hätte ich glauben müssen, tatsächlich verrückt geworden zu sein.

– Was hab ich dir gesagt? hob der Boß ironisch, jedoch nicht ohne Freundschaftlichkeit die Schultern. Nicht wir tragen die Schuld. Oder, nun ja, nicht wir allein. Sieh sie dir an! und er wies mit den Augen auf die Sessel, in denen Ilie, eine komisch-glückliche Gestalt wie ein monströses Kind – jedoch nicht ohne Ausdruckskraft – schlief, während Marga, ganz nahe bei Mircea, diesem einen Arm um die Schultern gelegt hatte und ihm, weit hinübergebeugt, um den Kopf, des in seinem Schoß Schlafenden nicht zu berühren, mitfühlend und mit einer geradezu hysterischen Leidenschaft die Wangen streichelte. Weit davon entfernt, irgendwie eingreifen zu wollen, gab Mihai sich den Anschein, als wolle er wenigstens nicht stören, während Valeria die Stirn an die Seite ihres Mannes gelehnt hatte, der sie betrachtete und ihr mechanisch mit der Hand die wirren Haare ordnete.

Ich setzte mich wieder auf meinen Stuhl. Siehst du, schienen mir die irgendwie väterlich wirkenden Augen des Bosses, die mir folgten, sagen zu wollen, du bist verständiger. Entspanne dich. Der Dunkelhäutige hatte sich möglicherweise wieder schlafen gelegt, denn er war nicht mehr zu sehen. Seltsam, mir schien, als hätte ich mich tatsächlich beruhigt. Meine Feigheit hatte sich mit der bestandenen Mutprobe begnügt. Und daß es nichts genutzt hatte, war ein Grund mehr, sich zu beruhigen. Das Telefon, das nach einiger Zeit noch einmal klingelte, auch diesmal wieder recht schrill, konnte niemanden mehr aufschrecken. Nicht einmal der Boß beeilte sich, zu antworten, er gab mir nur gelangweilt ein Zeichen, ich möge den Hörer abnehmen.

– Ja, sagte ich bedächtig, plötzlich von der Vorstellung beunruhigt, es könnte ein normaler Anruf sein, der mir galt. In der Tiefe eines solch widersinnigen

Zustandes, in dem ich mich befand, mußte das Selbstverständliche als totale Verstörung wirken. Dies war jedoch nicht der Fall.

– Hallo, sagte am anderen Ende der Leitung eine gebieterisch klingende Stimme, über die ich keine Sekunde lang im Zweifel war. Und ich antwortete mechanisch und ruhig.

– Ja.

– Ich will den diensthabenden Techniker sprechen, fuhr die Stimme leicht gereizt, weil sie nicht denjenigen angetroffen hatte, den sie zu sprechen wünschte, fort.

– Welchen von ihnen? fragte ich unsinnigerweise, ohne auch nur anzunehmen, daß es sich um eine falsche Verbindung handeln könnte.

– Neacşu, selbstverständlich, und nach einer kleinen Pause fuhr die Stimme etwas unhöflicher fort: Wer bist denn du?

– Ich? fragte ich leicht amüsiert. Ich bin der Hausherr.

– Ich schick dich in die F... deiner Mutter, Unglückseliger..., regte sich plötzlich vollkommen cholerisch mein Gesprächspartner auf, den offenbar die Tatsache störte, daß ich keine Angst zu haben schien, denn er fluchte brüllend: In die Fotze deiner Mutter mit dir und deiner Lache. Ich werd dir schon beibringen, zu lachen, daß du mich dein Lebtag nicht mehr vergißt. Gib mir den Neacşu!

– »Neacşu«, buchstabierte ich beinahe flüsternd und mit der Hand die Sprechmuschel bedeckend in die Richtung des Bosses, der das Gebrüll am anderen

Ende der Leitung bemerkt zu haben schien. Ein idiotischer Reflex hatte mich unwillkürlich flüstern lassen, so daß mir nicht auffiel, daß ich damit wieder einmal die Konvention dieser absurden Situation erfüllte und diese somit akzeptiert hatte; ja mehr noch, daß ich die Komplizenschaft angenommen hatte.

– Er will Neacşu sprechen, wiederholte ich nun laut, legte den Hörer nieder und entfernte mich demonstrativ. Eigentlich hatte ich keine Ahnung, wer von ihnen Neacşu war.

– Hol den Neacşu, befahl der Boß Mihai und zeigte auf das Nebenzimmer, so daß dieser sich wie ein Staffelläufer erhob und hinüberging.

– Man will Sie am Telefon sprechen, sagte er zwei oder drei Mal mit seiner angenehmen Baritonstimme, deren intellektuelle Modulation bei dieser Gelegenheit vollkommen lächerlich klang. Schließlich erschien Neacşu schlaftrunken und stürzte zum Telefon. Mihai folgte ihm mit einem Anflug von Genugtuung auf dem Gesicht, und selbst Marga ließ sich zu einem beinahe schon wohlwollenden Blick für ihn hinreißen.

– Zu Befehl, begann der Dunkelhäutige, der seine Brille nach dem Schlaf noch nicht wieder aufgesetzt hatte und ohne die Brille ein ganz anderer Mensch zu sein schien, anständiger und verletzlicher. Doch kam er nicht dazu, mehr zu sagen, denn die unartikulierten Schreie des Anrufers erfüllten den ganzen Raum.

– Jawohl, zu Befehl, versuchte der brillenlose Neacşu die Beschuldigungstirade zu unterbrechen, doch gelangte er über diesen protokollarischen Anfang, der als Entschuldigung wie als Grußformel diente, nicht hinaus. Also versuchte er es nach einiger Zeit wieder: zu Befehl...

– Nein, ich bin nicht verschlafen, zu Befehl. Wie sollte ich schlafen? Haben wir etwa Zeit zu schlafen? gelang es Neacşu schließlich zu widersprechen, gewappnet nicht nur mit einer zur Auflehnung fähigen Selbstsicherheit, sondern auch durch seine Brille, die seine nachdrückliche Erwiderung zu bekräftigen schien.

– Die Pflicht, zu Befehl! präzisierte er auf eine Frage antwortend, die aller Wahrscheinlichkeit nach ironisch gemeint war, jedenfalls war sie im höchstmöglichen Tonfall gestellt worden. Und er fuhr erläuternd, den konspirativen Ton beibehaltend, fort: die getreue Erfüllung der Befehle.

– ...

– Zu Befehl, wiederbeschafft haben wir, ich rapportiere: drei Fliegen, fünf Schnaken, eine Spinne und eine Wanze.

– ...

– Selbstverständlich funktionstüchtig.

– ...

– Sechs »Philips« und vier »Grundig«.

– ...

Nun folgte eine richtige Rede, etwas ruhiger, was auch daran zu erkennen war, daß die Kehllaute aufhörten, die bis dahin gut zu hören waren. Auch hatte sich der Dunkelhäutige entspannt, er hörte nun ruhig, ja sogar etwas abwesend zu, ließ seine Blicke durch das Zimmer schweifen und wechselte ab und zu den Hörer von einem Ohr zum anderen. Dann legte er ohne ein weiteres Wort auf. Auch zu seinen Kollegen sagte er nichts (ich meine den Boß, denn Ilie schlief so tief, daß sich mir der Verdacht aufdrängte, es könne sich nur um eine Strategie zur Demütigung des Arztes handeln), als gehörte die gerade abgelaufene Szene zu ihren Gewohnheiten und als brauchte niemand mehr irgendwelche Geheimnisse zu verbergen. Er wandte sich nur mit dem entschiedenen und geschäftsmäßigen Gebaren eines Menschen, der einen verantwortungsvollen Auftrag zu erfüllen hat, dem Badezimmer zu. Nach einer Minute kam er ebenso wichtigtuerisch wieder heraus. Auf den Armen trug er einen Haufen schmutziger Wäsche, die er mitten ins Zimmer warf, und, nachdem er sich einen Stuhl herangezogen hatte, eine Füllfeder, ein Schächtelchen Stecknadeln, einen Abreißpacken mit Plastiktütchen und einen kleinen Block mit Schreibpapier (den er pedantisch genau daneben legte) aus der Tasche gezogen hatte, setzte er sich hin und begann ein seltsames Verfahren, das er minutiös und allem Anschein nach mit größtem Vergnügen durchführte.

Anfangs war ich so verwundert über seine Vorgehensweise, daß mir gar nicht in den Sinn kam, mich zu widersetzen, zumal mir noch nicht bewußt war, daß ich mich würde schämen müssen. Als erstes frappierte mich der unerträgliche Gestank des Wäschehaufens, der sehr verdreckt sein mußte und in dem ich mit einem plötzlichen Angstschauder meine eigene Wäsche entdeckte. Wem hätte die Wäsche aus meinem Bad sonst auch gehören können? Trotzdem, ich konnte mich nicht daran erinnern, so viel schmutzige Wäsche zu haben, und vor allem erinnerte ich mich nicht, daß ich jemals meine Sachen hätte derart ekelhaft verschmutzen lassen. Ja mehr noch, am Tag davor hatte ich ein Bündel zusammengepackt und zur Wäscherei an der Ecke gebracht, wo ich auch noch einen Dringlichkeitszuschlag bezahlt hatte. Inzwischen mußten also meine Wäschestücke gewaschen, gebügelt und sorgsam zusammengefaltet im Regal des Blockportiers von gegenüber auf mich warten. Trotzdem, es gab keinen Zweifel daran, daß jene vor Dreck steifen Klamotten, jener aufgequirlte, übelriechende Mist mir gehörte. Neacşu hob nach und nach jedes einzelne Stück einige Sekunden lang hoch, drehte es langsam um, als müßte man es von allen Seiten bewundern können, um es danach – mit der Gewandtheit eines Spezialisten, der diesen Vorgang zum tausendsten Mal wiederholte – in eine transparente Plastiktüte zu stecken, die er mit einer Stecknadel verschloß, an die er einen von seinem Block abgerissenen Zettel heftete. Schließlich, noch bevor er das Stück dann auf einen zweiten Haufen legte, notierte er ausführlich den Inhalt des Tütchens auf dem Zettel, wozu er jedesmal die Füllfeder auf- und wieder zuschraubte und beim Schreiben wie ein Kind die Wörter mit bewegten Lippen mitbuchstabierte: graue Kunststoffsocke mit zerrissener Ferse, fortgeschrittener Verschmutzungsgrad, spezifischer Geruch.

Ausgeleierte und umgewendete Socken, Handtücher mit den Spuren schmutziger Hände, Hemden mit schmutzschwarzem Kragen, zerknüllte und ekelerregende Unterhosen, Bettwäsche mit verdächtigen Flecken, all das zog in einer gründlichen bürokratischen

Parade, einer Schau der Verrottung, an uns vorüber. Vor Scham wollte ich im Boden versinken; einzig tröstlich schien mir, daß wenigstens Valeria schlief. Doch nein, ohne daß etwas oder jemand sie geweckt hätte, folgte nun das gesamte Personal aus meinem Zimmer mit größtmöglichem Interesse und als handelte es sich um etwas wahrhaft Faszinierendes diesem promiskuitiven Schauspiel. Mircea verächtlich, Marga wie verunstaltet durch ihre Neugierde, Valeria angewidert, Florin gekränkt und erstaunt; jeder reagierte so, wie es seiner Art entsprach, dem Temperament und der augenbicklichen Stimmung, alle aber taten so, als hätten sie etwas derart Häßliches und Entwürdigendes nicht von mir erwartet. Ich war so gedemütigt, daß ich nicht einmal protestieren konnte, und gleichzeitig wuchs in mir eine Wut heran, die um so blinder wurde, je weniger ich die Möglichkeit hatte, sie auszudrücken, und die ein gewisses Gefühl des Wundersamen – wenngleich etwas widerwärtig – noch steigerte und sie dabei in eine viel unerträglichere und zwiespältige Lähmung überführte. Nun wurde ein Leintuch durch die Luft geschwenkt, auf das ich Kaffee vergossen hatte und das ich in den Müll geworfen hatte, das von der Müllabfuhr auch schon vor mehr als einem Jahr abgeholt worden war; ein Taschentuch, das ich bei meiner letzten Erkältung benutzt hatte und das ich auf dem Weg zum Pressehaus in der Straßenbahn verloren hatte, wurde vertrocknet und verstaubt, zusammengeknüllt wie eine hyperrealistische Plastik, wiedergefunden; ein T-Shirt, das ich an einem Straßenstand in Verona gekauft hatte und das mir im vergangenen Jahr am Strand von Neptun gestohlen worden war, das aber niemals so verdreckt war und auch nie jene indezenten Spuren von Lippenstift aufwies, die Neacşu nun mit vertraulichem Pflichteifer registrierte: deutliche Farbspuren weiblicher Lippen. Ich konnte nicht verstehen, wie und woher diese Gegenstände in mein Badezimmer und damit in den Haufen gelangt waren, den Neacşu nun seiner Untersuchung unterzog. Aber statt daß mich dieses neuerliche Rätsel beängstigt hätte, erfreute es mich als eine weitere Gemeinheit, die jemand gegen mich ausgeheckt hatte.

– Sie sind noch viel niederträchtiger als ich mir vorstellen konnte, sagte ich zum Boß, der wie unbeteiligt lächelte.

– Was soll's? Der Beruf..., dann nahm auch er ein Notizbuch aus der Tasche und begann, etwas aufzuschreiben.

– Welcher Beruf? wollte ich fragen, doch letztlich war mir das gleichgültig. Sie hätten sagen können, sie seien vom Gesundheitsamt oder von der Wohnungsbaugesellschaft ICRAL, vom ICAB oder von der IDEB, ich weiß ohnehin nicht, was all diese Aneinanderreihungen von Großbuchstaben zu bedeuten haben, welche andere Bedeutung sie haben als die, Verfügungsgewalt über mich zu beanspruchen. Wer ihnen diese Gewalt eingeräumt hatte, war noch schwerer zu begreifen: wahrscheinlich andere Initialen, noch unverständlichere Gruppen von Großbuchstaben, die über noch mehr Macht verfügten. Ich schämte und ekelte mich, schämte mich jedoch nicht etwa wegen dieser unglückseligen, verdreckten Wäschestücke, die man wie einen kurzen Abriß meiner Nichtswürdigkeit präsentierte, sondern für das erbärmliche Interesse, das diese armseligen Flecken bei meinen Freunden auslösen konnten. Ich schämte und ekelte mich vor meiner Unfähigkeit, mich gegen diese widerwärtige Abhängigkeit tatsächlich aufzulehnen, eine Unfähigkeit, die nicht der Feigheit entsprang, sondern der verdammten Einsicht, daß auch die Auflehnung selbst nichts nützen würde. Erschöpft schloß ich die Augen. Der seltsame Vorgang – er glich einer Versteigerung meines Schmutzes – ging weiter, aber er hatte aufgehört, mich zu interessieren. Ist er vorbei, so wird wieder das Telefon klingeln oder aber der Boß selbst wird eine neue Aktion auslösen, die ebenso empörend und einschüchternd sein wird. Außerdem hatte ich beobachtet, daß der Boß, ihr Interesse für die Zurschaustellung der Wäsche ausnutzend, sich Valerias Stuhl genähert und begonnen hatte, eine ihrer langen, ungeordnet abstehenden Haarsträhnen über seinem Finger aufzuwickeln; sie hatte sich nicht bewegt, nicht protestiert, als habe sie nichts gespürt – und die Vorstellung, sie könnte durch dieses vulgäre Schauspiel derart abgelenkt sein, daß sie es nicht einmal spürt, wenn jemand ihr Haar berührt, erschien mir für das Bild, das ich von Valeria hatte, beschämender als selbst die Tatsache, daß sie sich zur Hinnahme jener verstohlenen Liebkosung hätte bereit erklären können. Ich hatte aber weder die Kraft noch den Wunsch, das zu überprüfen. Ich wünschte einzuschlafen, obwohl mir klar war, daß ich – so müde ich auch sein mochte – nicht weiter gelangen würde als bis zu einem Zustand totaler Überreizung angesichts des gesamten Abends, einer Bilderüberflutung, die mir jetzt schon die Augäpfel unter den Lidern glühend kreisen ließ. Mir schien, als sei seit dem Beginn des Abends ein ganzes Leben vergangen, und ich konnte mir die eine oder zwei Stunden zurückliegende Zeit einfach nicht mehr vergegenwärtigen; als ich an diesem Schreibtisch dort schrieb, in dieses Telefon sprach, durchs Fenster schaute oder ins Bad ging, mich anzog oder aß; und all das hatte ich ja nicht im Gefühl der absoluten Freiheit getan, nicht vollkommen frei von dem Gefühl, ständig von jemandem oder etwas beobachtet zu werden (es reichte schon, aus dem Fenster zu blicken, das schamlose Innere der Wohnungen im gegenüberliegenden Block zu sehen, um mir vorstellen zu können, wie auch ich gesehen, ja sogar beobachtet werden kann, die geringe Bedingung vorausgesetzt, jemand hatte ein Interesse daran). Aber, wie auch immer, niemand hinderte mich daran, die Abertausenden von unbedeutenden Gesten zu verrichten, aus denen sich zum überwiegenden Teil das Leben zusammensetzt, niemand verwehrte mir, solange ich untätig blieb, innerhalb der Grenzen, die die Gesellschaft festlegte, zu leben oder zu sterben. Übrigens hatte die Gesellschaft für mich nur die undeutliche und irgendwie bedeutungslose Funktion eines Bezugsrahmens, den ich zum Schreiben brauchte. Die Tatsache, daß das, was ich schrieb, mitunter von ihr handelte und daß es sich in ihr verbreitete, erschien mir gleichermaßen selbstverständlich und gleichgültig, einem Bereich zugehörig, dessen Funktionieren nicht von mir abhing und für das ich nicht verantwortlich war. Als sei ich im gewaltigen Mechanismus der natürlichen Wasserzirkulation lediglich die Kraft gewesen, die Wärme, sagen wir mal, die die Verdunstung verursacht, ohne sich für Regen und Überschwemmungen verantwortlich zu fühlen – genauso wäre ich vermutlich weder stolz gewesen, noch hätte ich mich schuldig gefühlt, hätte ich erfahren, daß die Lektüre meiner Bücher Kreuzzüge oder Revolutionen ausgelöst habe: Dies hätte einem Bereich angehört, der nicht mehr in meine Kompetenz gehörte. Meine einzige Pflicht war, mich mit Hilfe des Schreibens auszudrücken, und mein einziger Traum war, diese Pflicht in idealer Weise zu erfüllen. Ich war gleichermaßen anspruchsvoll und bescheiden, hatte ich doch nicht mehr verlangt, als in Ruhe gelassen zu werden, um schreiben zu können, genauso wie ein See nicht mehr verlangt, als in Ruhe gelassen zu werden, um all das spiegeln zu können, was sich über ihm bewegt. Niemals hatte ich mir Illusionen gemacht, mein Ehrgeiz war minimal und überschritt das viereckige Blatt weißen Papiers nicht, das vor mir lag. Meine Zufriedenheit war direkt proportional zur Zahl der Wörter, die sich über dieses absolut private Areal des Universums verteilten – oder nicht. Eigentlich verlor mein Leben jenseits des weißen Papiervierecks jede Bedeutung und zerfiel. Alles Wichtige auf der Welt hatte sich für mich beim Schreiben ereignet. Vielleicht erschien es mir deshalb als normal, geliebt zu werden. Die Bewunderung und Sympathie, die mir meine Leser bei den seltenen Begegnungen, die es gab, entgegenbrachten, wunderten mich nicht, sie erzeugten lediglich eine blasse und bald wieder vergessene Genugtuung und erschienen mir als der selbstverständliche Lohn für meinen Verzicht; ein natürliches Gleichgewicht, das zum Mechanismus des Universums gehört. Es wäre mir lächerlich vorgekommen, mich darüber zu wundern oder mich deswegen geschmeichelt zu fühlen. Was aber die Freunde betraf...

Wieder änderten sich Topographie und Atmosphäre des Zimmers auf sensationelle Weise. Als hätte das gemeinsame Interesse für meinen Schmutz Belagerer und Belagerte geeint – am wenigsten Valeria und Florin, die sich wiederum in ihre Schmerzensklause zurückgezogen hatten –, hatten sich alle um das Tischchen versammelt und mampften die Häppchen mit bulgarischer Pastete und die linkisch zurechtgeschnittenen Brotscheibchen mit den eilig beschafften Oliven, die mir nun, in diesem neuen Zusammenhang betrachtet, noch elender vorkamen, als sie es vorher in der freundschaftlichen Atmosphäre gewesen waren. Ich wollte nachsehen, was *vorher* bedeutete, und sah auf die Uhr. Sie war stehengeblieben. Selbst der Boß hatte sich hingesetzt. Die Beine übereinandergeschlagen, gab er sich entspannt und gelöst, doch fehlte auch der heimliche Hinweis nicht, daß alles, was er tat, zu einem Plan und einem Auftrag gehörte; in der Hand ein Häppchen haltend, von dem er einmal abgebissen und das er dann scheinbar vergessen hatte, fuhr er fort, leicht amüsiert einen Gedanken zu entwickeln, dessen Anfang ich, als sei ich nicht im Zimmer gewesen, nicht mitbekommen hatte.

– Was denn sonst, als irgendwelche Personen, Gestalten, deren Eigenschaften und Verhalten von anderen bestimmt werden? Sie brauchen sich nicht gekränkt zu fühlen. Es wäre unklug. Die Tatsache, daß diesmal ich der Autor und Regisseur bin, schützt mich nicht davor, meinerseits wiederum die Figur eines anderen zu sein, und dabei machte er eine zweideutige Geste in Richtung des Telefons: Er sprach mit offensichtlicher Selbstzufriedenheit, und die anderen hörten ihm, wie mir schien, schmeichlerisch zu.

– Figuren, sagten Sie? antwortete Marga, die plötzlich von jenem Licht verändert war, das sie immer dann erstrahlen ließ, wenn sie jemanden erobern wollte. Aber für die Existenz von Figuren reicht das Vorhandensein von Autoren allein nicht aus oder, meinetwegen, von Regisseuren, es muß auch ein Stück geben, eine Geschichte, die sie verbindet, die Verwicklung, und sie blickte ihn, plötzlich verjüngt, verführerisch geworden, mit strahlenden runden Augen an.

– Die Geschichte? wunderte sich der Boß lachend, wobei er offensichtlich auf ihr Spiel einging und seine Zähne die Pfeife ganz natürlich wippen ließen. Was ist das denn? Dieser Abend, die Geschichte, die uns, ohne einander zu kennen, im gleichen Zimmer vereint hat? Dieses Abenteuer, von dem ihr keine Ahnung habt, nicht wißt, wie ihr da wieder herauskommt?

– Haben Sie eine Ahnung? fragte Marga mit einer mädchenhaften Schläue und war mir zum ersten Mal seit langer Zeit wieder sympathisch.

– Ich? Dies amüsierte auch den Boß, denn es war ganz deutlich, daß ihm diese Situation größtes Vergnügen bereitete. Ein ganz klein wenig mehr als Sie. Womit ich sagen will, daß die Tatsache, daß zu der Rolle, die für meine Figur vorgesehen ist, auch die Schaffung und Lenkung eurer Figuren gehört, mir eine etwas andere Gewichtung und einen anderen Blick auf die Dinge verleiht. Will sagen, daß die Macht, Sie zu demütigen, meine Demütigungen durch andere an Bedeutung verlieren läßt.

Ich begann, ihm aufmerksam zuzuhören. Die Art, wie er seine Gunstbezeugungen in den objektiv beleidigenden Kontext einfügte, war wahrhaft faszinierend, worüber, wie zu merken war, auch er selbst bestens Bescheid wußte und entzückt war.

– Aber den Sinn, den Sinn dieses ganzen Spiels, den Sinn dieser strikt hierarchisch gegliederten Rollenzuweisung, kennen Sie den, den Zweck der Geschichte?... intervenierte Mihai, auch er sichtlich begeistert und angetan von der Öffnung des Dialogs, wobei er auf die ihm eigene fragende Art auf seinem Bart herumkaute, so daß man bei seinem Anblick unwillkürlich lächeln mußte.

– Den Sinn?! wunderte sich der Boß breit grinsend. Weißt du, du gefällst mir. Warum fragst du mich nicht: »Was ist das Leben?« packen wir's bei der Wurzel. (Er hatte den zweideutigen Reiz von vorhin abgelegt.) Ja, glaubst du denn, ich bin nicht ganz dicht? Glaubst du, wenn ich's wüßte, hätte ich nichts Eiligeres zu tun, als auf dich zuzukommen, dich am Ärmel zu packen und es dir zu verraten: »Paß auf, Genosse. Der Sinn der Sache ist der und der...« Und warum sollte ich es tun, wenn es, ganz im Gegenteil, meine Sache ist, dich zu erschrecken, weil du nichts weißt, damit du dich ständig mit bibbernder Seele fragen mußt, was dir wohl noch alles zustoßen mag...

– Und was wird uns noch alles zustoßen? brachte Marga das Gespräch wieder in das Fahrwasser, in dem sie sich wohl gefühlt hatte, und ihre Stimme klang, als böte sie ihm ein liebgewordenes Spielzeug an.

– Nun, was wird euch wohl noch geschehen? empörte sich der Boß leicht verwöhnt, als empfände er es als unter seiner Würde, allzuschnell die vorherige Verärgerung abzulegen... Es wird euch, der Teufel wird euch alle, das wird geschehen... Tatsächlich aber war seine Verärgerung verflogen, und das Entgegenkommen der Frau schmeichelte ihm ganz offensichtlich. Ihr habt selbstverständlich keine Chance, das gehört zu der Rolle, die man für euch vorgesehen hat. Als wüßtet ihr's nicht, dabei seid ihr intelligente Menschen... Intellektuelle, was? Wieder hatte er den Ton gewechselt, es bereitete ihm offensichtlich Vergnügen, den Dummen zu mimen. Was er – ebenso offensichtlich – nicht im geringsten war.

– Warum lachen Sie? fragte ihn Marga süß. Sind Sie etwa kein Intellektueller? und in ihrer Stimme lag keine Ironie, eher ein Vorwurf, jedenfalls klang sie eher vorwurfsvoll als ironisch.

– Ich, ein Intellektueller? Gott bewahre! Ich mag wohl dumm sein, aber doch nicht so! und er lachte so herzhaft, daß er fast in Atemnot geriet und beinahe den Inhalt des Glases verschüttet hätte, das er Marga zum Nachschenken hingehalten hatte. Marga füllte allen, die sich um den Tisch versammelt hatten, mit dem Ausdruck ruhiger Freundlichkeit auf dem Gesicht die Gläser nach und tat so, als hätte sie die Antwort nicht gehört oder als habe sie sie nicht berührt. Ihr Gesicht verdunkelte sich nur einen Augenblick lang, als sie einen schnellen und spitzen Blick auf die Gruppe warf, die Valeria und Florin bildeten, wobei sie sich offenbar fragte, ob sie auch jene bedienen müsse, was sie jedoch sofort wieder verwarf. Mich würdigte sie keines Blickes. Ich hatte tatsächlich das Gefühl, unsichtbar zu sein. Schon seit geraumer Zeit hatte keiner mehr die geringste Andeutung gemacht, der zu entnehmen gewesen wäre, daß auch ich noch da war. Mehr noch, in einem gewissen Augenblick hatte der dunkelhäutige Neacşu den Kopf fragend aus dem Bad gestreckt, es sah so aus, als suche er etwas, einen Gegenstand oder vielleicht ein Werkzeug, und dabei streifte mich sein Blick so, als hätte ich mich tatsächlich nicht an der Stelle befunden, wo ich saß, und dann schloß er die Tür wieder und nuschelte etwas durch die Zähne, was so klang, als habe ihn niemand gesehen.

Wie zufällig setzte Marga sich, nachdem sie die Gläser gefüllt hatte, nicht mehr an ihren alten Platz zwischen Mihai und Mircea, sondern sie wechselte den Platz und setzte sich zwischen den Boß und Ilie, der auf dem Schoß des Doktors schlief. Ebenfalls wie zufällig und noch im Lachen begriffen, legte der Boß seine Hand, die vorher das Glas gehalten hatte, auf ihre Schulter, die sich, leicht sich zu ihm hinneigend, willig berühren ließ. Aufgeweckt von all diesen Bewegungen und dem Gerede, öffnete Ilie die Augen und wollte zum Glas greifen, doch brauchte er seine Bewegung nicht auszuführen, denn Doktor Mircea Dan, der

große Chirurg, bei dem die Patienten Wochen und Monate zu warten hatten, der sich in Paris und Seattle spezialisiert hatte, hob mit beinahe mütterlicher und erstaunlich zärtlicher Geste den gewaltigen Kopf, der auf seinen Knien gelegen hatte, hoch, stützte ihn vorsichtig ab und gab ihm wie einem Kind zu trinken. Der Dicke trank gierig das Glas leer und ließ sich mit einem glücklichen Seufzer auf die Knie des Doktors zurücksinken, der sofort mit fast tonloser Stimme und ohne jedes Selbstvertrauen, jedoch eilig, damit er, falls eine Chance dazu bestand, seinen Lohn bekäme, fragte:
– Meinen Sie, ich könnte jetzt meine Frau anrufen? Wissen Sie, sie hat Notdienst, fügte er nach einiger Zeit mit noch geringerem Selbstvertrauen hinzu.

Aber niemand antwortete ihm. Ich glaube, außer mir hatte ihn auch niemand gehört. Ilie hatte seine Augen wieder geschlossen und war vermutlich wieder eingeschlafen. Mihai hatte ihn im Verlauf der Szene, die eine groteske Pietà suggerierte, mit einem Erstaunen betrachtet, das jede Kommunikation ausschloß, Marga und der Boß aber hatten sich einfach in die Arme genommen und küßten sich so, als befänden sie sich allein im Zimmer.

Nein, nicht das war der Augenblick, um dessentwillen ich all dies erzählt habe. Der Augenblick kam einige Sekunden später, als ich zu Valeria und Florin als dem letzten, wie auch immer fragwürdigen Stützpunkt in diesem grotesken und absurden Universum des durch Vulgarität und Niedertracht verhunzten Zimmers hinüber sah und sie in einer geradezu gewaltsamen Geste der Absonderung aneinandergelehnt schlafen sah, mit einem – dem gleichen – Ausdruck der Verachtung allem anderen gegenüber, daß mich eine Welle schwarzen Hasses überströmte und eine plötzliche Blindheit befiel. Der Haß auf sie – die sich auf eine derart unbewußt überlegene Weise in sich selbst zurückgezogen hatten – war noch viel heftiger als auf die, die sich in ihrer offen eingestandenen Feigheit und Promiskuität suhlten; ein Haß, der mich zwang, aufzustehen, meine Körperhaltung zu verändern, damit ich weiter atmen konnte. Feiglinge! hätte ich schreien mögen, und vielleicht habe ich es auch geschrien, aber es gab niemanden mehr, der es gehört hätte. Feiglinge, da rennen sie wie Feiglinge davon, bilden sich ein, mit ihrer unglückseligen Verachtung etwas zu bewirken, mit der Flucht in ihr elendes Gewissen, das sie sogar noch hochhalten wie Kleider, die sie fürsorglich über den Kopf halten, um etwas anzuziehen zu haben, wenn sie den Sumpf und den Schlamm überwunden haben, der ihnen in Mund und Augen eindringt und über den Kopf steigt – um sich trocken und sauber anziehen zu können, wenn der Morast ein Ende hat. Aber sieh, dieser Morast nimmt kein Ende, während sie, statt zu schwimmen, statt dagegen anzukämpfen, statt den Sumpf trockenzulegen, statt wenigstens selber an ein Ufer zu gelangen, sich um nichts anderes kümmern als um diese unglückseligen sauberen Kleider. Als benötigte in jener anderen Welt irgend jemand ihr unnützes reines Gewissen, als fragte sie irgend jemand nach ihrem Tode, ob sie sauber angezogen seien. Feiglinge, Feiglinge..., und beinahe ohne es zu wissen, wann und weshalb, begann ich zu weinen, was ich erst bemerkte, als mein Hemdkragen von den Tränen naß geworden war. Wie besessen wischte ich mir mit dem Handrücken die Tränen ab, als wollte ich mich reinigen von ihnen, als hätte dieses Weinen – in dem nicht so sehr die Erniedrigung, die ich durch die drei Alptraumgestalten erfahren hatte, aus mir herausbrach, als vielmehr die Enttäuschung darüber, kein Wesen gefunden zu haben, mit dem ich mich gegen sie hätte verbünden können – mich beschmutzt, als sei es das Eingeständnis meiner endgültigen Niederlage gewesen. So sehr ich mich auch anstrenge, und ich bemühe mich darum, mir fällt keine andere Situation in meinem Leben ein, in der ich einen so tiefen Haß empfunden habe. Vielleicht sollte ich mich wundern, doch nein, damals habe ich begriffen, und auch heute ist mir klar, daß ich ihnen damals nicht verzeihen konnte, mich aus ihrer Solidarität ausgeschlossen zu haben, daß sie – die einzigen, denen ich mich zugehörig betrachtet hatte – mich nicht als ihresgleichen empfanden. Die Faszination, die Valeria seit Jahr und Tag auf mich ausübte, eine Faszination, die sich mit der Zeit in ein seltsames Gefühl verwandelt hatte, ein Gefühl von großer Klarheit und Intensität, für dessen Reinheit ich oftmals Scham empfunden hatte, mitunter aber auch Stolz, und das merkwürdigerweise nie die Sympathie trüben konnte, die ich für Florin hegte – all diese vielschichtigen und komplizierten Gefühle hatten sich mit einem Mal in ebenso viele Enttäuschungen verwandelt, in ebenso viele, meine Einsamkeit vertiefende Umstände. Ich hatte diese Einsamkeit immer für schöpferisch gehalten, nun aber war sie entblößt, nackt, beschämend und entwürdigend. Dazu kam, daß ihre Illusion, die Vereinzelung könne sie vor dem Verrat bewahren und sie überlegen erscheinen lassen, mich um den Verstand brachte. Physisch, ja, physisch, nicht geistig, auch nicht intellektuell, physisch konnte ich es nicht mehr ertragen, ich mußte etwas tun. Und ich wandte mich zur Tür. Während ich, ohne daß jemand diesem Vorgang eine Bedeutung zumaß, das Zimmer durchquerte, konnte ich, immer wieder vom dröhnenden Pochen des Blutes im eigenen Ohr unterbrochen, das Gespräch des turtelnden, frischen Liebespaares mitverfolgen.

– Du mußt schon zugeben, daß wir nicht nur irgendwelche typische Gestalten sind, kokettierte Marga mit irgendwie sinnlich und zärtlich aufgeweichten Silben.

– Typische? lachte der Boß. Welche Bedeutung sollte das denn haben? Ihr seid symbolisch, und zwar in höchstem Maße, dabei beugte er sich nahe zu ihr hin und flüsterte ihr, den Mund tief in ihr hinter dem Ohr sich wellendes Haar vergraben, etwas zu.

– Nein, nein, verteidigte sich Marga und lachte gekitzelt auf, du willst doch nicht etwa behaupten, wir repräsentierten sogar das Vol..., nein, nein..., nein das kann ich nicht akzeptieren, lachte sie, ohne das rätselhafte Wort aussprechen zu können. Das letzte Ereignis im Zimmer war Mihais Blick, der wie zufällig auf meinen traf, ohne daß ich ihn gesucht hätte und ohne daß er es zu bemerken schien, ohne den Wunsch, mir oder jemand anderem etwas mitzuteilen, der jedoch auf seine übertrieben ausdrucksstarke, beinahe komisch wirkende Art, eine große Neugierde und nicht die geringste Andeutung von Auflehnung ausdrückte. Mit dieser verblüffenden Feststellung – der vollkommenen Abwesenheit von Aufbegehren in diesen Augen eines betrogenen Ehemannes –, mit dieser bitteren Verblüffung, die dem unfaßbaren Universum des Zimmers eine zusätzliche und letzte Eigenheit anfügte, ergriff ich die Türklinke, die ich als verständnisvoll und voller Sympathie für mich empfand, bereit, mir, wenn sie es gekonnt hätte, beizustehen, so daß sie ein geringes, schnell wieder vergessenes Gefühl der Dankbarkeit und ein zärtliches, ja eher hilfloses Bedauern wie beim Abschied von einem Verwandten bei mir auslöste.

Ich öffnete die Tür mit dem Gefühl, die letzte Regung zu vollführen, bevor ich im Nichts versänke, fragte mich nicht, ob ich mutiger oder feiger sei als die anderen, wenn ich davonliefe. Fragte mich auch nicht, was der Boß gemeint haben könnte – obwohl diese Frage dann den Kern der Alpträume und Obsessionen meiner unzähligen schlaflos verbrachten Nächte darstellte –, was er geglaubt haben mag, wen oder was die erbarmungswürdige Versammlung meiner Gäste repräsentieren sollte. Wenn ich bei den unzähligen bedrückenden Erinnerungen an jene Nacht darauf zurückkam, dachte ich mitunter, ich hätte mehr vom Irrsinn jenes *Stücks*, wie der Boß es nannte, verstanden, wenn ich noch so lange abgewartet hätte, bis ich dieses von dem augenscheinlichen Regisseur der Vorstellung als archetypisch eingestufte Wort verstanden hätte. Vielleicht hätte ich den Augenblick besser begriffen, der in meinem

Leben den Bruch zwischen Sein und Betrachten markierte.

Denn schon seit damals – als meine Flucht ein physischer Akt war, vielleicht auch ein symbolischer, jedenfalls ein sehr realer, ein Rennen, eine Hetzjagd, eine materielle Entfernung, in deren Verlauf man zwar etwas *sehen*, jedoch nichts anderes *tun* kann, als zu laufen – verstand ich, daß das Betrachten, die Kontemplation, eine Art Flucht ist.

3

Um nicht zu Hause zu sitzen, hatte ich mir angewöhnt, beinahe wahllos alle Einladungen anzunehmen, vor allem solche aus der Provinz. Auf die Weise hatte mein Leben seinen Verlauf nicht verändert, nur die Bewegungsrichtung war eine andere geworden. Es verlief jetzt in der genau entgegengesetzten Richtung. Ich hatte, was geschehen war, beinahe vollständig aus dem Gedächtnis verloren. Eigentlich erinnerte mich nichts mehr daran. Nicht einmal Valeria, mit der ich recht häufig telefonierte, oder Mihai, den ich in der Redaktion traf. Beide benahmen sich ganz normal, ohne eine Spur von Verkrampfung, aber auch ohne die geringste Anspielung zu machen – was mich am Anfang erschreckte, denn es ließ den Verdacht aufkommen, es sei möglicherweise gar nichts gewesen. (Als hätte ich darüber, daß sich die Sache nicht in der Wirklichkeit zugetragen hat, nicht froh sein können.) Zeitweilig verfolgte mich der Gedanke, sie einfach zu fragen. Aber wie hätte ich das tun können, ohne als verrückt zu erscheinen? Ich zog es vor, unter einem Vorwand den »Großen Chirurgen« zu besuchen. Ich hoffte, er würde bei einem kleinen Geplauder von sich aus auf den seltsamen Abend in meiner Wohnung zu sprechen kommen. Er tat es nicht, schien sich aber auch nicht davor hüten zu müssen. Ich sagte ebenfalls nichts. Trotzdem war etwas nicht in Ordnung. Während ich woanders hinschaute, spürte ich, wie seine Blicke mich neugierig, ja fast boshaft beobachteten.

Hat es deine Frau nicht in Schrecken versetzt? fragte ich unvermittelt, während ich mich fertig machte, um zu gehen, und er mir munter von einigen Intrigen aus seiner Klinik erzählte.

– Was sollte sie denn in Schrecken versetzen? gab er mit einer aus dem vorhergehenden Satz herübergeretteten Heiterkeit zurück.

– Daß es letztes Mal bei mir so lange gedauert hat und du erst so spät nach Hause kamst..., sagte ich leise, fast schon murmelnd, wobei ich boshaft auf die Antwort wartete.

– Wegen so einer Kleinigkeit erschrickt sie nicht, lachte er entspannt und kam auf seinen früheren, unvollständig gebliebenen Satz zurück, während er mit den Augen und den Händen etwas in seinen Kitteltaschen zu suchen schien.

Ich kam nicht mehr darauf zurück. Wenn da nichts gewesen wäre, hätte er sich noch mehr wundern müssen über meine Frage, hätte protestieren müssen, hätte sagen müssen: »Bist du verrückt geworden? Wann war ich denn bei dir?« Er aber begnügte sich damit, das Thema zu wechseln und, um sich nicht durch seine Blicke zu verraten, in seinen Kitteltaschen herumzustochern, die noch steif und angeklebt von der Reinigung waren. Dennoch wirkte er nicht wirklich verlegen, und sollte er verlegen gewesen sein, dann vielleicht nur aufgrund meiner merkwürdigen Frage. Schließlich kam neben dem Abend, an den ich mich erinnerte, und der Tatsache, daß es diesen Abend nicht gegeben hatte, noch eine zarte dritte Möglichkeit in Frage: daß es ein ganz gewöhnlicher Abend gewesen war mit Gerede, Witzen, interessanten Gedanken, Schnapsideen, Langeweile und Einsamkeit, also ein Abend wie viele andere. Seltsam nur, daß sich das Problem der Begegnungen und Besuche nicht mehr stellte. Davon wurde einfach nicht mehr gesprochen, als sei es selbstverständlich gewesen, daß es so war. Das aber gab meiner Version recht, die nicht nur die wahrscheinlichste von allen war, sondern auch die deprimierendste.

– Warum treffen wir uns nicht mehr? fragte ich, nicht ohne einen gewissen Sadismus, eines Tages Valeria.

– Ach, wir sind so beschäftigt, antwortete sie wie erleichtert, erfreut, daß sie etwas klären konnte, und gleichzeitig verlegen, oder sie wollte nur, daß es wie Verlegenheit aussah. Florin studiert den ganzen Tag, und ich weiß überhaupt nicht, wann ich zum letzten Mal dazu gekommen bin, aufzuräumen. (Immer wenn Valeria über Haushaltsprobleme sprach, war das ein Zeichen, daß sie sich nicht recht wohl fühlte in ihrer Haut.)

– Wir könnten uns ja bei mir treffen, gab ich mitleidlos und, obwohl wir telefonierten, mit einem diabolischen Grinsen zurück. Valeria begnügte sich damit, lange und unsicher zu lachen, wie über einen ausgefallenen Scherz, den sie nicht recht zu deuten wußte. Ich spürte plötzlich, daß ich keine Kraft mehr hatte, weiterzureden.

Dann aber, mit der Zeit, habe ich – ich weiß auch nicht mehr, wie – angefangen zu vergessen. Ein wirkliches Vergessen, wenngleich es bei wachem Bewußtsein geschah. Alles, was noch übriggeblieben war, war dieses ständige Bedürfnis, wegzugehen, mich meiner Wohnung zu entziehen. Ich nahm jede Einladung zu Begegnungen mit den Lesern wahr, fuhr zu allen Symposien und Konferenzen, und zwar mit noch größerem Vergnügen, wenn sie in den entfernteren Ecken und Winkeln des Landes stattfanden. Genauso wie ich früher solche Anfragen mit Nein beantwortete (nicht in den nächsten drei Monaten, hatte ich mir zu sagen angewöhnt, und unterbrach damit telefonische Einladungen, oder aber ich hatte wochenlang den Stecker des Telefons herausgezogen), sagte ich nun ja, noch bevor der Einladende mir das Datum und die Einzelheiten des Programms mitgeteilt hatte. So geschah es auch mit Tirgul Mare, einem weit entlegenen Ort, wo ich also begeistert zusagte. Alles, woran ich mich im Zusammenhang mit dem Ort erinnere (dem gegenüber ich etwas unklare Empfindungen habe, vielleicht ein schlechtes Gewissen, als würde ich ihm unrecht tun, nur so wenig von ihm behalten zu haben), sind eine ärmliche Straße, ein armseliger kleiner Park mit einem Rondell voller Wiesenblumen. In dessen Mitte stand ein Sockel, von dem man die Büste entfernt hatte (vielleicht hatte sich auch niemals eine darauf befunden). Ferner waren da ein großes Tor mit grün gestrichenen Eisenstäben, dahinter ebenso grüne, den Blick versperrende Blechplatten sowie eine lange gelbliche Mauer, die man in Tornähe mit einem Pförtnerhäuschen versehen hatte. Jedesmal, wenn ich den Namen dieses Städtchens im Norden höre, habe ich das Bild dieser Straße, des Sockels und des Tores vor Augen (seltsamerweise nicht auch das der Dinge, die ich hinter dem Tor gesehen habe), und ich erinnere mich auch noch daran, daß ich frustriert war, als ich im Fernsehen eine Sendung über Tîrgul Mare sah und mein Bild darin nicht vorkam. Wäre es darin vorgekommen, so hätte es die von mir erlebte Episode beglaubigt. Es hätte das allgemeine und nichtssagende Bild der Stadt mit dem mir im Gedächtnis gebliebenen Bild in einen Zusammenhang, in einzelnen Punkten zur Deckung gebracht, so daß mein Bild verbürgter und das allgemeine Bild der Stadt beunruhigender geworden wäre. Was nicht heißt, daß ich den Wahrheitsgehalt meiner Erinnerungen anzweifle. Wenn überhaupt, dann bezweifle ich lediglich ihren Ort. Was schließlich jedoch keine Bedeutung hat.

Ganz allgemein war ich, als ich am Bahnhof ankam (an den ich mich nicht mehr erinnere) und von einem jungen Mann empfangen wurde (von dem ich ebenfalls nichts mehr weiß), von der Nacht, die ich mit zwei Kollegen, die wie ich eingeladen worden waren, im Zug verbracht hatte, ganz schön gelangweilt. Ich hatte nicht gewußt, daß ich nicht allein sein würde. Ich hatte nicht gefragt und hatte den Organisatoren vermutlich auch keine Zeit gelassen, mir das mitzuteilen, so daß die Überraschung, noch zwei weitere Kollegen im Schlafwagen vorzufinden, eher unangenehm war. Eigentlich handelte es sich um eine Kollegin und einen Kollegen, deren Bücher ich gelesen hatte und die ich schätzte, die ich aber kaum persönlich kannte. Zuerst standen wir etwas länger als eine Stunde auf dem Gang und diskutierten über allerlei literarische Probleme. Diskutieren ist schon zu viel gesagt, denn Maria Sǎrescu sprach beinahe ohne Unterbrechung allein und hielt nur dann für kurze Zeit inne, wenn einer von uns beiden etwas äußerte, wobei sie ungeduldig darauf wartete, daß wir zum Ende kämen, um dann ihre hochtrabende Rede wiederaufzunehmen, als hätte sie uns überhaupt nicht zugehört. Sie redete laut, betonte die einzelnen Wörter dermaßen, daß man den Eindruck hatte, sie rede nicht mit den Lippen, sondern mit den Zähnen. Dabei hatte sie eine merkwürdige Stimme, eine ganz besondere Stimme, die mich immer wieder an einen harten Gegenstand denken ließ, mit dem jemand nervös über eine Glasfläche fährt und ein durchdringendes, schrilles Geräusch erzeugt. Diesem Ton gesellte sich noch ein zweiter, so etwas wie ein Hilfston, hinzu, der tiefer ansetzte und etwas weniger bestimmt klang. Außerdem färbte dieser Tonfall, den ich nur sehr schwer ertragen konnte, auf meine Meinung über ihre Bücher ab, die ich für wahrhaftig und authentisch gehalten hatte, die ich jedoch nicht mehr anders als mit der Stimme der Autorin im Kopf lesen konnte, was ihren Zauber auflöste und ihren Sinn entstellte. Aus diesem Grunde – und auch wegen ihres gesamten Verhaltens, das ihr auf fatale Weise und zu unrecht Antipathien eintrug – fühlte ich mich meiner Kollegin gegenüber immer in gewisser Weise schuldig, was dazu führte, daß ich sie mit einem mir unerklärlichen Masochismus ertrug. Sie hatte kategorische Meinungen, die keinerlei Nuancierungen zuließen, und obwohl diese in den meisten Fällen mit meinen Ansichten übereinstimmten, führte die beinahe gehässige Intoleranz, mit der sie diese äußerte, dazu, daß ich zurückschreckte und die Neigung entwickelte, ihr jede Solidarität zu verweigern. Sie war dermaßen unsympathisch – ja, auch ihre sprichwörtliche Häßlichkeit war eher ein Reflex dieser abstoßenden Art –, daß sie bei mir Mitleid hervorrief, als sei es nicht ihre Schuld, als schwebte die Antipathie, stärker als sie selbst, wie ein Fluch über ihr, eine Macht des Schicksals. Also hörte ich ihr mit dieser unverdaulichen Mischung von nahezu aufrichtiger Zustimmung, tatsächlichem Mitleid und wachsender Irritation zu, einer Verstörung, die sich immer wieder einstellte, wenn ich mich dem Rhythmus ihrer abgehackten Sätze auslieferte, bei dem sie, bis zum Zahnfleisch die Zähne entblößt (die mit hellgrauen, grobschlächtig gearbeiteten Brücken aus Plastik überkront waren), ihre harten Worte zu zerbeißen schien, um sie dann schwer, äußerst materiell und in ihrer festen, gläsernen Struktur noch deutlich sichtbar von den Bißrändern gezeichnet, niederfallen zu lassen. Schließlich wurde ich müde, gab eine – sich außerdem wirklich einstellende – Migräne vor und zog mich zurück mit dem Gefühl akuter Unzufriedenheit, einer unerklärlicherweise auf mich selbst gerichteten Wut und einem Selbstekel, der mir nur allzu vertraut war, den ich jedoch lange schon nicht mehr mit solcher Intensität empfunden hatte. Es war, als hätte sich der nahezu magische Haß dieser Frau verselbständigt und sich wie ein Gift in mich ergossen. Wegen des Mitleids, das ich für sie empfunden hatte, war ich wütend auf mich selbst. Auf sie war ich wütend, weil sie so war, wie sie war, und mich damit provozierte, sie zu hassen. Vor allem aber war ich wütend über meine mangelnde Immunität den Giften gegenüber, mit denen ich in Berührung kam, und ich war unzufrieden mit mir, wie ich das immer schon gewesen bin, wenn ich meine Schwäche eingestehen mußte, meine Verletzlichkeit, die mir wie ein beschämender Makel vorkam, etwa wie eine Behinderung oder ein nicht ausreichendes Talent. Ich ließ Maria Sărescu mit dem Kritiker auf dem Gang zurück. Der Kritiker hatte mich noch mit einem Blick voll komisch wirkender Wut verabschiedet, folgte mir dann aber überraschend schnell nach. Wir teilten uns das Abteil, so daß ich mir auch weiterhin die in alle pikanten, lustigen oder auch geschmacklosen Einzelheiten gehende Schilderung einer überraschend langen Kette amouröser Abenteuer der Frau anhören mußte, die uns eben noch auf den Nerven herumgetrampelt und den Eindruck erweckt hatte, als bestünde sie eher aus Blech, Ziegeln und Glaswolle denn aus Fleisch und Blut, die empfänglich waren für erotische Gefühle. Und, seltsam, diese Unstimmigkeit zwischen dem Eindruck, den sie hinterließ, und den Tatsachen, die man ihr zuschrieb und die ich ihr nicht zugetraut hatte, gab der Schilderung des Kritikers eine geschmacklose Note von tiefster Trivialität. Obwohl die Glaubwürdigkeit des Erzählers keinerlei Zweifel zuließ, erschienen mir die geschilderten Ereignisse zu übertrieben, als daß ich sie vollständig hätte glauben können. Ich hörte dem jungen Mann zu (nein, er war nicht mehr jung, aber sein glattes Gesicht – ich würde *zart* sagen, fürchtete ich nicht, mich lächerlich zu machen – zeigte keinerlei Fältchen, überhaupt keinen Ausdruck, es hätte mit dem gleichen Recht das Gesicht eines zehnjährigen Kindes sein können), ich hörte also dem gepflegt und jünglingshaft aussehenden Mann zu, der als schön hätte gelten können – und ich glaube, er galt tatsächlich als schön –, wäre er nicht aus einem zu weichen Material geschnitzt gewesen, so weich, daß ich den Eindruck hatte, bei einer Berührung Spuren davon an den Fingern zurückzubehalten:

– Das ist absolut sicher, mir hat es sogar einer von denen erzählt, die die Mikrophone installiert haben, im übrigen ein sympathischer Junge, der seine Prüfungen als Fernstudent bei mir abgelegt hat (ich habe ihn selbstverständlich bestehen lassen, obwohl er nichts gewußt hat, aber was hätte ich schon tun können?).

– Was für Mikrophone? fragte ich etwas überrascht und in der Annahme, meinem nicht sehr aufmerksamen Ohr sei im Verlauf der Schilderung etwas entgangen.

– Ach was, ein Scherz. Die Jungs, die ohnehin mit allem ausgestattet waren, was sie brauchten, haben, um sich zu amüsieren und weil sie annahmen, daß auch das Männchen noch kommen würde, in ihrem Hotelzimmer einige Mikrophone installiert. Du mußt schon zugeben, daß die beiden ein ganz spannendes Pärchen abgaben. Und es scheint auch, als habe sich diese kleine Mühe gelohnt. Er erzählte mir, sie hätten fast bis zum Morgen zugehört und sich wie verrückt amüsiert. Nun ja: Dekan, Klinikchef, Akademiemitglied, Mitglied in allerlei Komitees und Kommissionen, Großvater und erster Liebhaber, das ist nichts Geringes. Und was die Braut angeht...

Offensichtlich war mir etwas entgangen, hatte ich im Verlauf ein Schlüsselglied verpaßt, doch verzichtete ich darauf, noch einmal nachzufragen. Nachdem ich vorher innerlich vergiftet worden war, hatte ich jetzt das Gefühl, als überzöge sich meine Haut mit einem klebrigen Schleim.

– Und weißt du, was das schönste war? Was diese Jungs, die letzlich, so widerwärtig sie sich auch anstellten, ziemliche Einfaltspinsel waren, was die also am meisten überraschte? Daß sie auch dann noch, und zwar während der gesamten Übertragungszeit, um es mal so zu nennen, geredet hat, daß sie nicht aufhören konnte, klar und deutlich zu reden, und sich dabei nicht scheute, die Dinge konkret beim Namen zu nennen. Ha, ha, ha, lachte der Kritiker lauthals und wie ausgelassen vor Vergnügen am Tratsch. Er war entspannt und amüsierte sich nun über die wirklich bedeutsame Seite der Dinge. Weißt du, was dieser Fernstudent, dieser Mikrophon-Spezialist, mir sagte: als sei sie Sportreporterin beim Rundfunk gewesen, sagte er. Was sagst du? Ist das nicht stark? Bei der Prüfung hat er nichts gewußt, aber daß er keinen Humor gehabt hätte, kann man nicht sagen. Und er lachte noch einmal, diesmal aber mit einem leicht traurigen Unterton, was ihn menschlicher werden ließ. Sein Zehnjährigengesicht nahm eine gewisse Zärtlichkeit an, was ihn, nach der Trivialität, in der er sich gesuhlt hatte, erstaunlich schnell rehabilitierte.

Mir fiel dabei ein, daß er als Frauenheld bekannt war. Einige Skandale, mit denen er in Verbindung gebracht wurde, gingen mir durch den Kopf. Auch einige Frauennamen aus der literarischen Welt waren mir im Zusammenhang mit seinem Namen zu Ohren gekommen, und ich betrachtete ihn einen Augenblick lang mit gesteigerter Aufmerksamkeit, während mir der absurde und amüsante Gedanke kam, daß dieser Mann von der unangenehmen Frau draußen auf dem Gang erregt war – was mich plötzlich erheiterte.

– Ab ins Bett, sagte ich lächelnd, und er gab lachend zurück:

– Ab ins Bett.

Ich schlief schnell ein, als hätte diese leichte und triviale Belustigung unvermittelt meinen Seelenzustand verändert. Ich glaube, ich habe seit langem zum ersten Mal wieder gelächelt.

Am nächsten Morgen sind wir sehr spät aufgewacht, wenige Minuten bevor der Zug in den Bahnhof einfuhr. Wir zogen uns hastig an und traten schlaftrunken mit dem Gepäck in der Hand auf den Gang hinaus, wo unsere Kollegin, die offenbar schon lange vorher aufgestanden war, fertig geschminkt und in bester Stimmung schon auf uns wartete. Sie amüsierte sich über alles, erschien spielerisch, und das mit einem Lächeln, das nicht frei war von Nervosität und trotzdem nicht unangenehm oder jedenfalls nicht befremdend, was sie zum Guten hin veränderte und beinahe attraktiv aussehen ließ. Ich hätte sie einer solchen spielerischen Verfassung nicht für fähig gehalten und sah sie verwundert an, ich wollte damit eine kleine Anerkennung für die angenehme Überraschung, die sie mir bereitet hatte, ausdrücken. Ich erinnere mich, nachher noch öfter an dieses kleine Gefühl der Dankbarkeit gedacht zu haben, mit dem jener Tag begann.

Wir stiegen an dem Bahnhof aus, an den ich mich nicht mehr erinnere, wurden von dem jungen Mann empfangen, den ich ebenfalls vergessen habe, der uns jedoch – ja, das habe ich nicht vergessen – während der ziemlich langen Fahrt mit dem Auto mehrfach in einem übertrieben und beinahe komisch respektvollen Ton mitteilte, daß die Genossin Mardare uns erwarte..., sie habe gesagt ..., habe ihm aufgetragen ..., habe betont ..., was Claudiu Jacob, den Kritiker, treuherzig fragen ließ, ob die Genossin Mardare denn wisse, wer wir seien, denn wir wüßten nicht, wer sie sei. Ich glaube aber, für eine Antwort war damals keine Zeit mehr geblieben, denn das Auto umkreiste ein Rondell mit Wiesenblumen, das ein Sockel ohne Denkmal beherrschte, und hielt vor einem breiten Tor aus grün gestrichenem Eisen, das zwei lange Mauern verband. Diese machten auf der einen wie auf der anderen Seite jeweils eine Biegung um die Ecke. Während unser Begleiter ausstieg, um mit dem Pförtner über die Öffnung des Tores zu verhandeln, betrachtete ich die kleine ungepflegte Straße, die Mauer, das Tor sowie das unleserliche Firmenschild, das eigentlich aus der Aneinanderreihung unverständlicher Initialen bestand.

– Habt ihr eigentlich eine Ahnung, wer uns eingeladen hat? fragte ich meine Kollegen, die auch ihrerseits das stehende Bild betrachteten, das, ohne beunruhigend zu sein, die rätselhafte Macht besaß, sich endgültig in unser Gedächtnis einzugraben.

– Ich glaube, es ist eine Schule, ein ganzer Schulkomplex, etwas in der Art, murmelte Claudiu Jacob plötzlich verdrossen. Was für eine Idiotie, Hunderte Kilometer zu reisen, ohne zu wissen...

– Es sieht eher nach einem Gefängnis aus als nach einer Schule, meinte immer noch heiter und spöttisch Maria Sărescu. Wir werden ja sehen, ob wir von den Häftlingen oder von den Wärtern eingeladen worden sind...

– Tertium non datur? scherzte ich recht gezwungen, vor allem da unser Begleiter nicht zurückkommen wollte, was uns, ohne zu wissen, ob es ein gutes oder eher schlechtes Vorzeichen war, beunruhigte.

– Wie wäre es, wenn wir abhauten, sagte immer noch lachend Maria, die das jedoch gar nicht mehr so scherzhaft meinte, während Claudiu ernsthafte Anstalten machte, auszusteigen. Doch der Chauffeur, der ebenfalls ausgestiegen war und rauchend neben dem Auto stand, lachte lauthals wie über einen guten Witz, obwohl er allein dastand. So sah es aus, als habe er uns zugehört, was uns einen Augenblick lang erstarren ließ, worauf aber auch wir wieder wie gedemütigt zu lachen begannen und uns ansahen, als wollten wir uns wohlvertraute Nachrichten zukommen lassen und uns noch einmal vergewissern, daß auch der andere sie kennt.

Schließlich kam der junge Mann zurück und sagte, er müsse sich für die Verspätung entschuldigen, aber die Genossin Mardare sei zur Zeit gerade beschäftigt, wolle uns jedoch unbedingt persönlich am Tor empfangen, so daß wir noch nicht hinein könnten, sie bitte uns, noch ein bißchen zu warten. Wieder sahen wir uns an und sagten kein Wort. Wir stiegen aus. Draußen wehte ein scharfer, unangenehmer Wind. Nach einer Runde um den Platz – auf den drei Straßen mündeten und der an der einen Seite von der erwähnten Mauer begrenzt wurde, die uns auf Ideen gebracht hatte, und an den beiden anderen Seiten von einstöckigen siebenbürgischen Häusern mit ihren mächtigen, ins Gemäuer eingelassenen Hoftoren – begaben wir uns fröstelnd zurück ins Auto.

– Ist diese Genossin Mardare die Direktorin der Schule? fragte Maria, und aus ihrem Munde klang diese Frage, obwohl sie der Satzform nach ganz unschuldig gestellt war, wie ein Urteil, als sei damit etwas auf den Punkt gebracht.

– Welcher Schule? wunderte sich gelassen der junge Mann.

– Dieser Institution, an deren Tor wir stehen, platzte der Kritiker heraus. Was ist die denn sonst, wenn sie keine Schule ist?

– Ah, berappelte sich der Gastgeber, ja, auf ihre Weise ist sie auch eine Schule. Gewiß, entschuldigen Sie bitte. Plötzlich war er etwas verlegen, genauer gesagt, er gab sich so, als wollte er verlegen erscheinen, was ihn noch unsympathischer und zwielichtiger werden ließ.

– Könnten Sie so freundlich sein und sich etwas genauer ausdrücken, mischte ich mich ein. Erklären Sie uns doch bitte, was die Institution, deren Gäste wir sind, noch ist außer einer Schule. Ich weiß nicht, ob meine Worte ironisch oder bloß naiv geklungen haben, doch begann der Chauffeur ebenso plötzlich und beunruhigend zu lachen wie vorher. Er schien äußerst belustigt, während der junge Mann, nachdem er ihn einen Augenblick lang bewundernd von der Seite angesehen hatte, zu dem Schluß gekommen war, daß keine Antwort mehr nötig sei und – als wollte er das Reden dem immer noch lachenden Chauffeur überlassen – bescheiden lächelte. Ich muß allerdings hinzufügen, daß beide nicht den Eindruck erweckten, als wollten sie sich über uns lustig machen, eher, als amüsierten sie sich lediglich über einen Gegenstand, den sie uns nicht so recht erklären konnten und den wir ohnehin in kürzester Zeit kennenlernen sollten. Meine Beunruhigung wich der Neugier.

Im gleichen Augenblick begann sich das Tor auf kleinen Rollen zur Seite zu schieben, und es erschien eine dickliche Frau mittleren Alters mit einem hoch aufgetürmten Haarknoten auf dem Hinterkopf und dick geschwollenen Beinen, die in schmalen hochhackigen Schuhen steckten. Über die Schulter ihrer gepflegten Kostümjacke, die einen für ihre Figur mächtigen Busen einquetschte, hatte sie einen kirschroten Kittel von der Art, wie man sie in Krankenhäusern trägt, geworfen.

– Willkommen in unserem Komplex, war ihre ungewöhnlich sonore und nicht so recht zu ihr passende Stimme zu hören, die trotzdem ein gewisses Volumen nicht verbergen konnte. Wir sind glücklich, so hervorragende Repräsentanten unserer Literatur und Kunst in unserer Mitte begrüßen zu dürfen.

Wir stiegen aus, um zu grüßen und uns bekannt zu machen. Nun erst sah ich, daß hinter der Frau in respektvollem Abstand eine Gruppe von fünf bis sechs Personen stand, Männer und Frauen, hauptsächlich jedoch Männer, die uns aufmerksam betrachteten, die jedoch viel aufmerksamer noch auf die Reaktionen der Genossin Mardare achteten als auf unsere. Wir schüttelten allen die Hand und gingen dann in geschlossener Gruppe die zentrale Allee hinab, die, breit wie eine Chaussee, die Domäne von einem Ende bis zum anderen zu durchqueren schien. Die Domäne? Ja, das ist, so glaube ich, die genaueste Bezeichung für den Park, der riesig zu sein schien und verlassen und in dem man zwischen und hinter den hohen, vermutlich sehr alten Bäumen solide gebaute zweistöckige Gebäude sehen konnte, die alle einander glichen. Das Ende der Allee, auf der wir voranschritten, entzog sich beinahe unseren Blicken. Jedenfalls gelang es nicht, mit Gewißheit festzustellen, was es außer den Bäumen in dem mysteriösen Nebel am Ende des Blickfeldes noch gab. Denn zu dieser Herbstmorgenstunde war der Park von einem zarten, den Blick absorbierenden Nebel verhangen, der die Sicht zwar nicht verhinderte, aber die Gegenstände veränderte, ihre Konturen verschwimmen und die Kanten sanfter erscheinen ließ, er rundete Ecken und Schroffheiten ab, machte sie trügerisch und unsicher, bedrohlicher, obwohl sie sanfter aussahen und leichter zugänglich. Wie wir nun so fröstelnd und fremd auf der Allee einhergingen (nachdem sie ihre begeisterte Ansprache gehalten hatte, schritt die Genossin Mardare eilig und, als hätte sie nichts mit uns zu tun, vorneweg und klapperte laut mit ihren spitzen Absätzen, die aussahen, als würden sie beim nächsten Schritt in kleinste Stückchen zerbersten), ärgerlich über uns selbst und zähneklappernd, (denn der unablässig pfeifende Wind wehte ab und zu eine Nebelwolke über die Allee und faßte uns dabei mit spitzen Fingern zwischen Hals und Schal) sah der *Komplex*, wie unsere Gastgeberin das Gelände genannt hatte, eher wie eine Szenerie aus, in der sich blutige Mordtaten und sonstige schreckliche Ereignisse mit unheimlichen Gestalten und Gespenstern ereignen könnten. Hinzu kam, daß zwischen den Bäumen links und rechts der Allee im Nebel unsicher hin und her wogende Figuren mit undeutlichen Silhouetten zu sehen waren, die jener Welt angehören mochten.

– Sie sind die Herrin über ein richtig großes Anwesen, wandte ich mich an die Genossin Mardare, mehr um überhaupt etwas zu sagen. Ich hatte die Engelsflugstille in Konversationen noch nie gut ertragen können.

– Ja, eine Domäne der wissenschaftlichen Forschung, die in den letzten Jahren einen nie gekannten Aufschwung genommen hat, in diesen Jahren des Aufbaus und Erblühens der Wissenschaft mit ihrem zweifachen Charakter, dem eines Erkenntnismittels und dem eines unmittelbaren Produktionsmittels.

Verblüfft sah ich sie von der Seite her an. Ich hatte den Eindruck, ich hätte nach dem Einwurf einer Münze auf den falschen Knopf eines Sprechautomaten gedrückt.

– Aber es sind keine neuen Gebäude, sagte ich, eher neugierig, ob es mir gelingen würde, sie zu unterbrechen, sie scheinen noch vor dem Krieg erbaut worden zu sein, vielleicht sogar schon am Anfang des Jahrhunderts ...

– Das stimmt, aber wenn man von der Grundvoraussetzung, das heißt von der Notwendigkeit einer globalen Entwicklung ausgeht, die alle Bereiche des Wissens und der praktischen Tätigkeiten erfassen muß und die allgemeine, harmonische und gleichgewichtige Entwicklung einer materiellen Basis zu gewährleisten hat, die in der Lage ist, widerzuspiegeln, welch...

Sie schien über eine große Rednerpraxis zu verfügen, denn es gelang ihr, weit davon entfernt, ihre Schritte zu verlangsamen, ihre Rede geschickt zu rhythmisieren, sie heftiger und dynamischer werden zu lassen. Ich glaube, sie hätte noch lange so weiterreden können, ohne Anzeichen einer Ermüdung erkennen zu lassen und ohne den absurd und mit mechanischer Schnelligkeit aus dem vorfabrizierten Repertoire der Albernheit zusammengesponnenen Faden zu verlieren. Sie fing meinen seitlich forschenden Blick auf und lächelte mir, ihn offenbar falsch verstehend, zwischen zwei Wörtern einen Augenblick lang überraschend freundlich und mit einer Art kindlichen Stolzes zu. Ich folgerte daraus, daß es ihr am Anfang irgendwann einmal schwergefallen sein mußte, diese Maschine zur seriellen Wörterproduktion zu bedienen und daß sie jetzt stolz darauf war, sie zu beherrschen. Sie erweckte darüber hinaus den Eindruck, als erwarte sie es in stolzer Bescheidenheit, beglückwünscht zu werden. Auch ich lächelte ihr nun zu, fühlte mich durch ihr nicht zum Rest ihrer Erscheinung passendes Lächeln dazu ermutigt, einen Versuch zu unternehmen, sie menschlich zu finden.

– Tatsache ist, daß das Gelände mit diesen alten Bäumen und diesen gleichförmigen Gebäuden eher noch wie der ungewöhnlich große, ja, überdimensionierte Garten eines Klosters denn wie ein Schloßpark aussieht. Selbstverständlich eines verlassenen Klosters, fügte ich scherzhaft hinzu; und während ich mich unvermittelt ihr zuwandte, um sie zu überraschen, fragte ich: Wo ist die Kirche?

Aber ich muß mich unterbrechen. Meine Gesprächspartnerin war mit einem komischen Ausdruck von Verblüffung, mit Bewunderung und Empörung im Gesicht, stehengeblieben, und unsere Begleiter, ziemlich weit hinter uns – nun erst merkte ich, wie schnell wir vorangeschritten waren –, beschleunigten besorgt und neugierig ihre Schritte.

– Woher wissen Sie das? fragte sie streng, aber auch bittend, während ich ihr wieder zulächelte, und zwar nicht nur, weil mir zum Lächeln zumute war, sondern auch, weil ich vermutete, mein Lächeln würde sie verunsichern.

– Was soll ich wissen?, fragte ich aufrichtig erstaunt, aber auch erfreut über die Verwirrung, die ich bei ihr angerichtet hatte.

– Daß es ein Kloster war...

Nun war ich an der Reihe, mich offenen Mundes zu wundern.

– Was für ein Kloster? fragte ich von ihrer Verblüffung angesteckt wie ein Dummkopf.

– Woher wußten Sie, daß es ein Kloster war? fragte

sie noch einmal mit wiedergewonnener Selbstsicherheit in einem offizielleren Tonfall, das heißt vorsichtig und gleichzeitig so, als verdächtige sie mich.

– Ich wußte es nicht, antwortete ich heiter, wobei mir wegen der Wendung, die unser Gespräch nun genommen hatte, zum Lachen zumute war. Doch merkte ich gleichzeitig, daß Heiterkeit nicht angebracht war. Ich habe gescherzt, fügte ich unschuldig hinzu. Aber da ich nun mal ins Schwarze getroffen habe, wo ist die Kirche?

Während dieses Gesprächs hatten die Untergebenen von Frau Mardare und meine Kollegen uns eingeholt, so daß sie gerade rechtzeitig zur Stelle waren, um meine völlig unbefangen geäußerte Frage mitzuhören. Was meine Gesprächspartnerin zu verärgern schien.

– Sie belieben zu scherzen, Herr Schriftsteller, sagte sie streng. Und wir haben keine Zeit. Die jungen Leute hier bei uns erwarten Sie und brennen darauf, von Ihnen die großen Ideen kennenzulernen, die ihren jungen Schritten den Weg weisen können.

– Trotzdem, wo ist die Kirche? beharrte ich der Situation nicht ganz angemessen, doch da ich keinen anderen Ausweg aus dieser verfahrenen Situation sah, in die ich uns hineinmanövriert hatte, und ich mich gern an der Person rächen wollte, die dafür verantwortlich war, blieb ich dabei.

– Was für eine Kirche, Genosse? Hier gibt es keine Kirche, wo wollen Sie hier eine Kirche hernehmen? tönte Frau Mardare und versuchte, die nackte Angst, die sie gepackt hatte, mit vulgären Ausdrücken zu überdecken. Was sie ängstigte, war ganz offensichtlich die

Vorstellung, einer unserer Begleiter könnte annehmen, ich hätte von ihr etwas über die Existenz der Kirche erfahren, woran ich nun überhaupt keinen Zweifel mehr hatte. Außerdem begann die Kirche mich zu interessieren. Deshalb ging es ihr darum, daß alle ihr Dementi hörten, und nicht darum, mich zu überzeugen.

– Verzeihen Sie, aber Sie, die Schriftsteller, Sie lassen sich viel zu sehr von der Phantasie leiten, als daß Sie sich überwiegend auf die Wirklichkeitsfaktoren einließen, die die Qualität und Effizienz der vorrangigen Entwicklungsnotwendigkeiten..., schloß sie kurz und bündig und ging plötzlich weiter.

– Aber, aber, Genossin, wie können Sie so etwas von uns denken? hörte man die krächzende Stimme von Maria Sărescu, die ihre Worte spöttisch in die Länge zog, so daß ich es vermied, sie anzusehen. Wie kämen wir denn auf die Idee, hier könnte eine Kirche sein? Wir sind bewußte Genossen, die Hoffnungen stützen und nähren, wir kennen die grundsätzlichen Prioritäten und die Art und Weise, in der sich das Problem der ideologischen Ressourcen im Einklang mit den geistigen Notwendigkeiten und Tendenzen stellt, welche die Wissenschaften in all ihren Entwicklungsstrategien zutiefst einschließen.

Ich hatte gefürchtet, die Einmischung der Romanautorin würde eine neuerliche Aufwallung provozieren, doch zu meiner Verwunderung schritt unsere Gastgeberin im Rhythmus eines ironischen Deliriums voran. Sie schien zufrieden, daß die Dinge wieder den gewohnten Verlauf nahmen, wenn auch nicht ihrem Inhalt nach, so doch wenigstens durch die Benützung des gleichen Vokabulars, und das genügte. Der Effekt dieser sprachlichen Fertigteile wirkte dermaßen beruhigend auf sie, daß selbst der giftig in ihnen dahinfließende Sarkasmus von ihr unbemerkt hingenommen wurde. Nun wagte ich, den Kopf umzuwenden und begegnete zuerst den kräftig geschminkten und von einem Lächeln verschönten Augen Marias und danach den ernsten, Verwunderung und Angst zu verbergen suchenden Augen Claudius; und zum ersten Mal, seit ich sie im Zug getroffen hatte, fühlte ich mich solidarisch mit ihnen und freute mich, sie bei mir zu wissen. Ich ging schneller, den Kopf gesenkt, war plötzlich müde geworden von der Vergeblichkeit meiner Flucht, der es nicht gelungen war, mich von all diesen Sinnlosigkeiten zu entfernen, im Gegenteil, die mich noch vertrauter mit ihnen machte, mich all ihre unendlichen Erscheinungsformen kennen lehrte. Alles, was ich mir wünschte, war, allein in einem hellen und warmen Zimmer zu sein, in dem es einen Stuhl, einen Tisch und ein Bett gab und wo ich keinen Menschen sehen oder hören würde.

– Wie kämen wir dazu, uns vorzustellen, hier gäbe es eine Kirche?! hörte man wieder Marias durchdringende Stimme. Selbst wenn wir davorstünden. Und Maria Sărescu begann auf eine Weise verächtlich zu lachen, daß ich, entschlossen, auf irgendeine Art zu intervenieren, den Blick vom Boden hob. Aber es war nicht mehr nötig. Vor unseren Augen schälte sich, wie in einer Illustration zu Märchen von Eminescu, aus dem grauen und zarten Nebel – mit einer Bewegung, deren Mechanismus man nicht durchschaute – eine kleine, zarte und zerbrechliche Kirche, die wie ein gemalter Tabernakel in der Hand eines durstig dampfenden Woiwoden aussah. In unmittelbarer Umgebung ihrer dunklen Konturen schien der Nebel aufgrund des Kontrastes heller als sonst. Die seltsame Wirkung dieses optischen Naturphänomens bestand darin, daß ihre überaus reine Silhouette, aus der Ferne betrachtet – wo der Blick noch die gesamte Landschaft miterfassen konnte –, so aussah, als sei sie von einer immateriellen, jedoch nicht wegzuleugnenden Aura umgeben.

Es war eine Holzkirche, wie man sie in Maramureş baute, unvorstellbar hoch und zartgliedrig, so daß sie sich in den schwerfällig sich wiegenden Nebelschwaden zu bewegen schien, als sei sie kaum verankert und ritze mit ihrer Turmspitze den Himmel.

Erst einmal sah ich zu Frau Mardare hin, doch diese war ziemlich weit voraus und hatte uns schon lange zurückgelassen, und da wir stehengeblieben waren, vergrößerte sich der Abstand zwischen ihr und uns zusehends. Sie schritt so selbstsicher voran, daß mir die Vermutung durch den Kopf ging, sie habe die Kirche womöglich überhaupt nicht gesehen, mehr noch, die Kirche habe sich uns erst gezeigt, nachdem sie vorbeigegangen war. Mit diesem Gedanken wandte ich mich den anderen zu. Meine Kollegen blickten die Kirche verzaubert, mit plötzlich verjüngten, großen und leuchtenden Augen an, als wollten sie die kurze Zeit nutzen, die ihnen zur Verfügung stand, und als warteten sie darauf, daß sie von einem Augenblick auf den nächsten verschwände. Die restlichen Begleiter – es waren fünf, jetzt erst hatte ich Zeit, sie zu zählen und sie mir aufmerksam anzusehen –, beachteten sie nicht, sondern sahen verlegen zu Boden oder in eine andere Richtung. Das jedoch in einer Weise, die nicht annehmen ließ, sie hätten sie noch nie gesehen, im Gegenteil, sie schienen alle Anstrengungen zu unternehmen, von ihrer Anwesenheit abzusehen. Es waren vier Männer – einer von ihnen war der junge Mann, der uns vom Bahnhof abgeholt hatte – und eine Frau, die einen Krankenhauskittel trug und die mich durch ihre Schönheit verblüffte. Ich war erstaunt, daß ich sie nicht schon gleich wahrgenommen hatte, doch gelang es mir nicht, ihrem Blick zu begegnen. Im Grunde sah mich keiner von ihnen an, alle taten so, als hätten sie beschlossen, sich nicht einzumischen, darauf zu warten, daß alles vorüberging – und Gott allein wußte, wie es enden würde, schienen sie zu sagen –, ohne selbst für die weitere Entwicklung der Dinge verantwortlich gemacht zu werden. Diese Kategorie von Menschen kannte ich viel zu gut. Ich wandte mich wieder der Kirche zu, die sich wie die geschmeidige Spitze eines übertrieben hoch aufgeschossenen Bäumchens im Winde wiegte. Es handelte sich gewiß bloß um eine optische Täuschung. Die amorphen Nebeldecken, die hin und her wogten, ihre Plätze tauschten, sich feucht und ungewiß um sie herumwanden, erweckten den Anschein, als bewegten sie sich selber in unbestimmter und unsicherer Weise, so daß sich die ganze Landschaft wie in das sanfte Schwingen eines Pendels versetzt ausnahm – das nur noch nicht weiß, welche Stunde es anzukündigen hat. Ebenso traf zu, daß das Holz, das in ihrem vom Wind beseelten Wesen noch lebendig war, ab und zu pfeifende Seufzer hören ließ, ein lang anhaltendes Knirschen, das die pflanzliche Illusion nährte und die Bewegung glaubhaft suggerierte. In einem bestimmten Augenblick sah es so aus, als bereite der Nebel sich vor, in die Höhe zu steigen, und die Kirche schien sich vom Boden zu lösen. Mir war, als erblickte ich ihre dicken Grundmauern, vom Alter wie mineralisiert, Stein und Holz, brüderlich vereint in der Anstrengung des Widerstands und der Unbeugsamkeit – und über diesen Mauern, weniger als einen Meter darüber, verlief ein Wulst wie ein Seil, das eine Meisterhand aus dem Holz herausgeschnitzt hatte, damit es mit seinen ineinander geflochtenen Strängen anzeigte, wo Himmel und Erde einander berühren. Gleich darauf senkte sich, immer dichter werdend, der Nebel und, als könnte er sich nicht mehr in der Schwebe halten, breitete er sich wie ein Vorhang, herabgelassen, um alles zu verdecken, auf dem Boden aus. Die Vorstellung war beendet. Wortlos ging ich weiter, jedoch mit dem paradoxen Gefühl eines Sieges und mit dem Eindruck, daß die hinter mir erleichtert folgten.

Genossin Mardare erwartete uns am Ende der Allee erstaunlich gelassen. Doch als wir sie beinahe erreicht hatten, ging sie weiter. Wie ein gewissenhafter Reiseleiter, der pedantisch genau seinen Beruf ausübt. Ich hatte den Eindruck, sie habe beschlossen, weitere Diskussionen zu vermeiden – so daß sie vermutlich trotz allem wußte, weshalb wir stehengeblieben waren –, und wenn ich ehrlich sein soll, ich wollte nichts anderes. Ich sah sie in einem Gebäude verschwinden, das genauso aussah wie die, die wir rechts und links neben der Allee wahrgenommen hatten. Es war rechteckig, hatte hohe, symmetrisch angeordnete Fenster, die zu beiden Seiten des quadratischen, mit einer Glastür verschlossenen Eingangs in regelmäßigem Abstand über die gesamte Vorderfront verteilt waren. Es verströmte einen alten und müden Atem, der jedoch nicht frei war von Strenge – und wir beeilten uns, hineinzukommen.

Im Inneren entsprach alles den Vorstellungen, die man sich von der Funktion des Gebäudes machte. Lange rechtwinklige Flure mit hoch, höher als mannshoch ansetzenden Fenstern, die deshalb vielleicht auch ein gewissermaßen unpersönliches Licht durchließen, mit streng und regelmäßig in die Wände eingelassenen Türen. Diese waren in einem häßlichen Braun gestrichen, das zusammen mit dem vergilbten Weiß der Wände den Eindruck einer von vornherein unerreichbaren, mittlerweile auch nicht mehr angestrebten Sauberkeit erweckte. Die Absätze der Genossin Mardare klapperten auf dem grauen Beton des Fußbodens noch lauter und noch autoritärer, während ihr Baumwollkittel rhythmisch flatterte und unserem Vorwärtsschreiten etwas Würdiges aufprägte, als flatterte uns eine Standarte voran. Wir bogen mehrmals ab, lauschten, ohne zu sprechen, auf unsere Schritte, die von den hohen Decken widerhallten, waren von der Stille eingeschüchtert, die seit Jahrzehnten hier zu herrschen schien, stiegen dann eine breite und merkwürdig niedrige Treppe hinauf, so daß man bei jedem Schritt wegen des zu geringen Steigungswinkels zu stolpern drohte. Es waren Treppen, in der Mitte ausgetreten von den Schritten der Generationen, die mit ihrer sanften Beharrlichkeit die strengen Linien des Betons nicht verwischen konnten, sie aber gemildert hatten, so daß das Treppenhaus nun wie aus einem weichen Material geformt schien, das ohne innere Spannung war und bereit, von Stufe zu Stufe zu fließen. Deshalb kam mir der Aufstieg äußerst gemächlich vor, jedoch war er gerade deshalb seltsamerweise besonders ermüdend – wegen der Anstrengung, die es kostete, gegen den gewohnten Rhythmus anzugehen –, und die Strecke bis zu dem einzigen Stockwerk war in mehrere Kurven und endlose Geraden aufgeteilt. In diese eiszeitliche Stille drang von oben ein fernes und stetiges Gemurmel, das gleichermaßen mineralischen wie tierischen Ursprungs sein konnte..., ein undurchschaubares molekulares Knirschen, Blätter- und Zweigeraschseln oder angsterstickte menschliche Stimmen. Der obere Flur sah genauso aus wie der im Erdgeschoß, und wir schritten in der gleichen Weise voran, folgten der rhythmisch flatternden Standarte der Genossin Mardare. Scheinbar zufällig hatte sie eine der braunen, wie in einer Kaserne entlang der Wand angeordneten, Türen ausgewählt, und als ihre dickliche Hand die alte Klinke hinunterdrückte – eine Klinkenform übrigens, die schon lange nicht mehr im Gebrauch war –, erstarb mit einem Mal das Gemurmel, das bis dahin die Räume besänftigend ausgefüllt hatte, und machte einer eisigen und bedrohlichen Stille Platz.

Wir betraten einen großen Saal, viel größer, als ein Klassenraum hätte sein müssen, der jedoch mit Schulbänken, einem Katheder und einer an der Wand befestigten schwarzen Tafel möbliert war und der gerade wegen des Widerspruchs zwischen seinem Zweck und seiner Größe einen merkwürdig beunruhigenden Eindruck machte. Auf dem Podest um das Katheder hatte man zwei Stuhlreihen aufgestellt, gewiß für uns und unsere Begleiter. Die Bänke davor waren von hundert oder sogar zweihundert Jugendlichen besetzt, die allesamt größer waren, als es das Schüleralter zugelassen hätte, und die sich in die viel zu engen Sitzreihen zwängten. Als wir über die Schwelle traten, sprangen sie in einer einzigen kollektiven Bewegung hoch, drohten, die Bänke, die dabei im Wege waren, zu Kleinholz zu machen und begannen stehend uns frenetischen Beifall zu spenden. Der Applaus hielt lange an, so lange, bis wir uns alle auf einen Stuhl gesetzt und die Genossin Mardare eingerahmt hatten, die vor einem Stuhl in der Mitte stehengeblieben war und darauf wartete, daß der Applaus aufhörte; und was nun meine Aufmerksamkeit erregte, war die Abruptheit, mit der, wie von der Geste eines Dirigenten abgeschnitten, das Beifallklatschen aufhörte. Ich erinnere mich auch, die Hände dieser Frau betrachtet zu haben, die da gleich sprechen würde, sie waren unbewegt und abwartend auf das Katheder gestützt. Während ihrer Rede jedoch wurde die Sache äußerst faszinierend. Am Anfang wirkte alles übertrieben, doch schien man noch die Grenze des Hinnehmbaren wahren zu wollen; nach jedem Namen, nach jeder Vorstellung, brach stürmischer Beifall aus. Maria Sărescu war die erste, die angekündigt wurde, ich wunderte mich – ja, es war für mich ein kleiner Schock – über die Begeisterung, die noch stürmischer wiederkehrte, als die Titel der von ihr veröffentlichten Bücher genannt wurden. Der zweite war ich, und ich muß zugeben, daß mir der entfesselte Beifallssturm, der mich empfing und der offensichtlich länger anhielt und noch lauter ausfiel als bei meiner Kollegin, gefiel. Als der Titel meines letzten Buches genannt worden war, war die Begeisterung so groß, daß ich zwei- oder dreimal aufstehen mußte, um mich bei denen zu bedanken, die nicht müde wurden, mir ihre Bewunderung auszudrücken. So peinlich das auch sein mag, so muß ich doch gestehen, daß mir in diesem Stadium noch nichts ungewöhnlich vorkam. Erst als der Kritiker Claudiu Jacob noch unendlich viel mehr Beifall bekam als ich, was wahrhaft beunruhigend war (trotzdem, der Applaus verführte mich dazu, sein pausbäckiges Gesicht zu betrachten, über dessen Ausdruckslosigkeit das Entzücken wie eine Schicht warmes Öl glänzte, aufgetragen aus kosmetischen Gründen), kam mir der Gedanke, daß da etwas nicht stimmte, und ich wandte den Kopf um zu denen hinter uns in der zweiten Reihe, um festzustellen, ob sie meine Beunruhigung teilten. Sie aber sahen mich mit ernster Miene an, als wohnten sie einer Galavorstellung bei, von der man von vornherein wußte, daß sie langweilig sein würde und keinerlei Überraschung bereithielt. Andererseits hätte ich schwören können, daß der Applaus zum gegenwärtigen Zeitpunkt Claudiu völlig normal vorkam.

Als unsere Vorstellung beendet war und Genossin Mardare begonnen hatte, eine Rede voller Wiederholungen zu halten über das, was bevorstünde – es war wie bei einem Puzzle, dessen Teilstückchen mit den Figurendetails in eine gewisse Ordnung gebracht werden müssen, die aber, da sie einander sehr ähnlich sind, auch in einer anderen Reihenfolge ausgelegt werden können, wobei sich ein anderes Bild ergibt oder lediglich lauter vertraut anmutende Vorstellungen, die jedoch keinen Sinn ergeben, auch wenn sie mit Macht ineinander verhakt werden –, da hatte keiner von uns dreien, so meine ich, noch irgendeinen Zweifel über den Wahnsinn, der da ablief, ohne daß wir jedoch zu dem Zeitpunkt schon die Formen ahnen konnten, zu denen er sich noch entwickeln würde. Sehr viel später, als ich daran zurückdachte – und selbst jetzt noch, da ich mir die Mühe mache, davon zu erzählen –, erschien und erscheint mir alles nur noch unglaubwürdig und übertrieben. Nicht einmal unmittelbar nach dem, was sich da zugetragen hatte, hielt ich die soeben erlebte Szene für real, wie ich auch, kurz bevor alles begann, nicht in der Lage war, dergleichen vorauszusehen. Das einzige, was nicht anzuzweifeln war, war die schlichte Erfahrung des Irrsinns in der Gegenwart, in der ich jedoch kaum Zeit fand, das, was ich sah, aufzunehmen und zu glauben. Sobald Genossin Mardare zu sprechen begonnen hatte, lief alles in einem beschleunigten Rhythmus ab, der immer schneller und erdrückender wurde.

Ich fand kaum Zeit, mir den Saal voller Gesichter anzusehen, die uns mit einer merkwürdigen Wißbegier betrachteten. Schwerlich hätte ich etwas anderes als Aufmerksamkeit in all den Augen erkennen können, aus denen bei allen der gleiche Geisteszustand sprach, so daß sich die Personen auch physisch zu gleichen schienen – als hätte man in einer rätselhaften künstlerischen Absicht eine Zeichnung mehrfach kopiert und als sei der ganze Saal der Ausstellungsraum für eine faszinierende Serigraphie. Zu solchen Feststellungen fehlte mir, wie gesagt, die Zeit. Vor mir schnellten die Hände unwillkürlich hoch und begannen, sich rhythmisch zu bewegen, so daß sie die Gesichter verdeckten, die vermutlich weniger zu sagen hatten, als ich ihnen hier unterstelle. Es waren jedenfalls die Gesichter von jungen Menschen, vielleicht sogar von Jugendlichen, die jedoch von der bis zur Schematisierung ihres Ausdrucks vorangetriebenen Uniformisierung auf merkwürdige Weise älter gemacht wurden, was ihnen eine einheitliche Härte aufzwang. Wenn sie zu klatschen begannen, veränderte sich nichts in ihren Gesichtern, keine Spur von Begeisterung entkrampfte ihre rigiden, endgültig festgefrorenen Mienen, keinerlei Bewunderung trübte die heitere Leere ihrer Pupillen. Höchstens die physische Anstrengung, die mit der rhythmischen Bewegung verbunden war, zuckte in ihnen wie ein mehr geahnter als wahrnehmbarer Pulsschlag auf.

Liebe Genossen, versuchte die Moderatorin geduldig, diese lästigen, rhythmischen Ovationen zu unterbrechen, aber der Applaus ging, als heizte ihr Appell ihn noch an, mit um so größerer Heftigkeit weiter. Ein Prozeß der Perfektionierung und Modernisierung ..., nahm sie ihre Rede auf und hob dabei die Stimme etwas; der Applaus nahm jedoch noch zu, als gehörte es zur Pflicht der Applaudierenden, sich nicht übertönen zu lassen..., der Auswertung sämtlicher Rohstoffquellen, aller Energien..., fuhr sie entschlossen fort, doch der Applaus erstickte ihre Stimme mit selbstgefälliger Heftigkeit, ... der Optimierung aller materiellen und humanen Anstrengungen..., auch der Tumult unternahm noch eine Anstrengung mehr und erhob sich heldenhaft darüber hinweg, ... mit berechtigtem Stolz..., hörte man ihre Stimme noch einmal wie vom Grund einer Schlucht, über die sich klatschend hinabstürzende Erdklumpen unabwendbar hinweg wälzten... Es ist uns vollauf bewußt, daß wir handeln müssen..., gelang es ihr noch, durch die Schicht des immer dichter und immer undurchdringlicher werdenden rhythmischen Kraches zu äußern, ... zur permanenten Anhebung..., schwang sie sich noch einmal auf, aber wiederholte Applausexplosionen zersprengten ihre Laute, ... und einem spezifischen Beitrag..., rief sie noch von den Wogen des entfesselten Wahnsinns hochgeschwemmt, ... die kontinuierliche Anhebung des..., doch nun konnte man wirklich nichts mehr verstehen, denn ein wahrhaftiges Donnertosen rollte über unsere Köpfe hinweg, und die Genossin Mardare, die sich halb zu uns hin umwandte – eigentlich mehr noch zu ihren Untergebenen hin, die in der zweiten Reihe saßen –, machte den verwirrten und unentschlossenen Eindruck einer Person, die nach der Meinung des anderen fragt oder sie verantwortlich machen will, dies jedoch auf recht zweideutige Weise, die auch dem eigenen Stolz Rechnung trägt. Dann setzte sie sich, als habe sie ihre Pflicht erfüllt. Das aber schien erst das Zeichen für den Beginn des Irrsinns zu sein. Nicht mehr von Wörtern unterbrochen, enthemmte sich nun der Applaus zu seinem Reinzustand, zum Applaus an sich. Jede rhythmische Ordnung schien aufgegeben, das Getöse hatte sich selbständig gemacht und wollte nicht mehr aufhören. Noch etwa zweimal versuchte Genossin Mardare sich zu erheben, um die Klatschenden zu unterbrechen oder um ihnen zu danken, aber die geringste Geste ihrerseits gab dem Gelärme neuen Auftrieb, ein wahrer Begeisterungstaumel erhob sich bei jedem noch so geringen Beschwichtigungsversuch wie ein Proteststurm. Schließlich gab sie es auf und wartete ab – wir alle warteten ab –, und das mit einem Fatalismus, der sich seiner eigenen Lächerlichkeit bewußt und gleichzeitig unfähig war, etwas anderes an seine Stelle zu setzen. Wir warteten darauf, daß es von allein aufhörte, was nicht geschah. Wie für einen Prozeß aufgereiht, saßen wir auf unseren Stühlen auf diesem Schulpodest aus armseligen geteerten Brettern, und das Beifallklatschen fiel wie Steinwürfe auf uns herab oder wie ein Blumenhagel auf offener Bühne – sinnlos, vergeblich. Ich betrachtete die Klatschenden genauso wie diese uns betrachteten, Auge in Auge wie in einem Kampf, in dem es um nichts geht, wie bei einem Blickwechsel, bei dem man sich nichts mitzuteilen hat. Einen Augenblick lang ging mir sogar durch den Kopf, daß eigentlich nichts Ungewöhnliches oder Seltsames an dieser ganzen Geschichte sei, daß es sich nur um ein paar Leute handelte, die sich verabredet hatten, sich über uns lustig zu machen, doch erinnere ich mich, diesen Gedanken ganz schnell wieder aufgegeben zu haben, denn die unbewegten

Gesichter der Applaudierenden, die in einer mit sich selbst versöhnten Gleichgültigkeit erstarrt waren, schlossen den Gedanken an einen Streich oder gar an eine lustig gemeinte, irgendwie humorvolle Veranstaltung völlig aus, wie andererseits gerade die Gleichförmigkeit des Ausdrucks auf diesen Gesichtern auf paradoxe Weise die Vorstellung eines solidarischen Vorgehens oder einer Verabredung als unmöglich erscheinen ließ. Schließlich hörten sie tatsächlich auf, aber nicht vor Erschöpfung, nicht, indem sie etwa nach und nach leiser geworden wären, sondern etwa so, wie man ein Band durchschneidet oder wie man einen Wasserhahn abdreht: mit einem Mal, durch einen plötzlichen Entschluß, der zwangsläufig einen dirigierenden Willen voraussetzte und den ich dennoch vergeblich zu entdecken suchte.

Nun folgte eine unnatürliche Stille, und zwar nicht nur, weil sie auf diesen Heidenlärm folgte, sondern auch, weil sie ganz offensichtlich der Angst entsprang, der geringste Laut könnte dieses absurde Getöse von neuem beginnen lassen. Als ich mich entschloß, aufzustehen, tat ich das mit dem Gefühl, mich in ein Wasser zu stürzen, von dem ich noch nicht wußte, ob ich darin auch würde schwimmen können. Daß mein Aufstehen, in der Absicht, zu lesen, keinen Weltuntergang auslöste und nichts anderes zur Folge hatte als eine gelassene Ruhe, führte bei mir zu dem Gefühl, hoch oben über einer noch unbegreiflichen Leere zu schweben – und um die Metapher vom Schwimmen noch nicht fallen zu lassen –, ich fühlte mich, als sei ich in ein Becken gesprungen, von dem ich erst während des Sprunges feststellte, daß in ihm kein Wasser war. Es gab bei mir sogar einen Augenblick des Zurückzuckens, als wollte ich noch einmal zurückweichen – wobei es schwer gewesen wäre, zu sagen, was ich darunter verstand –, dann aber klappte ich mein Buch auf und begann mit sanfter, nicht aufreizender Stimme vorzulesen. Die ersten zwei, drei Verse konnte man in der ungewöhnlichen Stille besonders deutlich hören, als seien sie in die Luft gemeißelt, mit übertrieben viel Raum um sie herum und starker Klangfarbe, etwa wie Gegenstände erscheinen, die von zu viel Licht angestrahlt werden. Auch fand ich noch Zeit, daran zu denken, daß der Applaus vielleicht gerade deshalb nicht einsetzte, weil das Publikum diese sauber aus dem Schweigen herausgearbeiteten Worte hören wollte, die auch mir unvertraut und eindrucksvoll klangen. Dann aber brach, völlig unerklärlich, mitten in einem Wort, noch ehe ich es hätte ganz aussprechen können, das Beifallstosen mit einer Gewalt los, die mir im Vergleich zu allem davor noch mächtiger vorkam und mich zwang, aufzuhören, und zwar nicht nur wegen des Lärms, der mich ohnehin zum Verstummen gebracht hätte, sondern auch, weil ich nicht verstehen konnte, was genau diese beinahe sportliche Entfesselung von Energie ausgelöst hatte. Gewiß, mir wurde klar, wie lächerlich ich mich ausnahm, als ich so dastand, das aufgeschlagene Buch in der Hand, wartend, ohne zu wissen wie lange, daß etwas zu Ende gehe, das eher ein Naturphänomen zu sein schien als etwas, das gesellschaftlichen oder seelischen Bereichen zuzuordnen gewesen wäre. Doch das hinderte mich nicht, nun meinerseits zum Zuschauer zu werden und ohne Aufgeregtheit oder gar Beflissenheit die merkwürdigen Wesen, die mir gegenüberstanden, zu beobachten. Was sie taten, ließ sie rätselhaft erscheinen. Rätselhaft war ihr Verhalten, ebenso die erschreckende Gleichheit ihrer Reaktionen und ihres Aussehens, was man durch perfekte Gleichschaltung erreicht hatte – und das auf dem gemeinsamen Niveau einer beschämenden Absurdität. Wer aber hatte das getan? Und warum? Zu Anfang wunderte ich mich noch bei dem Gedanken, das kollektive Wesen da vor meinen Augen sei das Produkt, das Werk, eines bestimmten äußeren Willens, der ihm sicherlich überlegen war. Ich wunderte mich darüber wie über einen extravaganten Einfall, und in den darauffolgenden Minuten sah ich das als die einzig verständliche Erklärung an, ja, als den Ausweg aus der logischen Sackgasse, in der wir uns befanden. Ich ließ das Buch herabsinken und sah denen vor mir ins Gesicht, wobei ich mich fragte, ob die Festigkeit meines Blicks nicht vielleicht einen Einfluß auf sie haben könnte, wie unbedeutend der auch immer sein mochte. Aber nein, sie betrachteten mich mit Augen, die völlig leer von Gefühlen und Gedanken waren, sie blickten weder begeistert noch aufbegehrend, aus ihnen strahlte die Klarheit erfüllter Pflicht und ruhiger Beherrschtheit. Ich war es, der den Blick abwenden mußte. Die gleiche Ruhe und Gelassenheit, den gleichen Anflug von Stolz konnte man auch von den Gesichtern unserer Gastgeber ablesen. Sie schienen endlich der Sorge, die Dinge könnten nicht so ablaufen, wie sie sollten, enthoben zu sein, und befriedigt über den Verlauf, entspannten sie sich. Ein wenig beunruhigt über das Geschehen verbargen meine Kollegen unter der Maske tatsächlicher Sorge auch eine kleine, eine sehr kleine Genugtuung über die Schwierigkeiten, in denen ich mich befand. Ich beschloß, mich zu setzen, doch der Applaus hielt unvermindert an, ohne auch nur im geringsten auf meine Initiative zu reagieren. Nun war es an mir, ein kleines Rachelächeln zu verbergen, denn ich sah, wie verstört Maria war, die sich nun zu erheben hatte – und das auch nach beinahe endlosem Zögern tat – und die nicht wußte, was sie tun sollte, wenn sie aufgestanden war und der Applaus ihr keine Gelegenheit gäbe, das Wort zu ergreifen. Als hätte man sie schon seit langem ungeduldig erwartet, beschleunigte sich bei ihrem Aufstehen der Rhythmus der klatschenden Hände, um nach einigen Sekunden zu einer mittleren Lautstärke zurückzukehren, was für die unvorhersehbare Dauer der Übung leichter durchzuhalten war. Zweimal versuchte Maria mit ihrer unnachahmlichen Stimme, die Lesung zu beginnen und die gleichförmige Geräuscherzeugung der unbegreiflichen Hände zu übertönen. Dabei sprach sie in noch höherem Tonfall und noch schneidender als sonst. Doch jedesmal begannen die Hände sich noch eifriger und noch ungestümer zur Wehr zu setzen. Vielleicht handelte es sich dabei um einen Protest, um ein Sich-Aufbäumen derer, die befürchteten, ignoriert zu werden. Alles geriet zu einem über sich selbst aufgebrachten Heidenlärm, der unüberwindlich schien, so daß Maria aufgeben mußte. Da es nun nicht mehr um mich ging, konnte ich mit wacher Aufmerksamkeit diese Kampfszene verfolgen – wie hätte man das Ganze auch sonst nennen können? – und erstaunt daran denken, daß die jungen Leute, die uns da gegenübersaßen, ihr Beifallsklatschen in eine Waffe umgewandelt, zur einzigen Waffe, die ihnen zur Verfügung stand und die sie geschickt und mit wirklicher Meisterschaft zu handhaben gelernt hatten. Vor meinen Augen entfaltete sich ein wahres Scharmützel. Ich zweifelte nicht, daß Maria würde aufgeben müssen, wie auch ich aufgegeben hatte. Sie würde besiegt werden von dieser ins Euphorische umgebogenen Travestie irgendwelcher unauslebbaren Revolten. Einen Augenblick lang hatte ich das Bild eines ganzen Volkes vor Augen, das verzweifelt, wütend und erbittert applaudiert und sich auf diese Weise verteidigt, das widersteht und die verknöcherte Maske der Bewunderung in einen Schild verwandelt, den es geschickt ausgerechnet gegen das zu bewundernde Objekt wendet. Dann verschwand dieses Bild und wurde ersetzt durch die Realität der klaren Augen und der Gleichförmigkeit ihres Aussehens, davor tobten die vom Klatschen rot gewordenen Hände wie unermüdliche mechanische Flügel. Der Applaus war frenetisch geworden, bedrohlich und abgehackt, während Maria Sărescu mit dem Ausdruck eines eigensinnigen Hasses, der ihr eine anziehende Wildheit verlieh, feierlich und mit einer gewissen Unbeugsamkeit einige Sätze skandierte, die sich über das Getöse legten – das sich wie gegen feindliche Klippen anbrausende Sturmwellen anhörte –, dabei unverständlich wurden und wie das beschwörende Abrakadabra von Zaubersprüchen klangen. Abgesehen von dem, was einem Angst machen konnte, war die Situation derart albern, daß Claudiu Jacob plötzlich laut loslachte. Doch weil weder die Applaudierenden noch die Lesende ihn wahrnahmen, fügte sein Gelächter sich wie ein zusätzlicher Beitrag der geistverlassenen Szene ein und wurde in das symphonisch gewordene Heidenspektakel mit eingeflochten, während unsere Podiumskollegen ihm erstaunte und mißbilligende Blicke zuwarfen, als wollten sie stumm und ohne den Verlauf der Lesung zu stören, diese respektlose Äußerung verurteilen und sich von ihr distanzieren. Claudiu aber, als sei er wirklich verrückt geworden, konnte nicht mehr aufhören zu lachen, und jedesmal, wenn er sich zu beherrschen versuchte (indem er einige Sekunden lang den Atem anhielt), platzte er noch lauter heraus, die Tränen flossen ihm in Strömen übers Gesicht. Es sah wie ein Wahnsinnsanfall aus. Alles hatte begonnen, dem Ausbruch eines Deliriums zu gleichen. Als sie plötzlich für ein paar Minuten innehielten – eine Art *Rührt-Euch*-Befehl, den sie sich selbst gegeben hatten, um neue Kräfte zu sammeln –, gaben die Applaudierenden Maria die Illusion, sie habe sie überwunden, so daß sie in einem schnelleren und triumphierenden Rhythmus weiterlas, als wollte sie die verlorene Zeit wieder gutmachen. Es handelte sich um ein Prosafragment, in dem verschiedene Personen aufgebrachte Dialoge miteinander führten, und die Vortragende wechselte von Person zu Person die Stimme, wobei sie geradezu groteske Register zog. Da dieses absurde Theater vom enthemmten Gelächter des Kritikers begleitet wurde, überlagerten sich beide Stimmen in einer hysterischen Kontrapunktik, und der Vortrag bekam den beängstigenden Beiklang einer sich ankündigenden Katastrophe. Zum Glück begann der Applaus ebenso unerklärlich, wie er aufgehört hatte, von neuem, so daß nunmehr nichts anderes mehr zu hören war, als das abgehackte, aufdringliche Klatschen, das nach und nach bestimmender wurde und schließlich alles andere überdeckte. Ganz selten gelang es einem Lacher oder einigen Sprachfetzen, sich in dem Beifallsbrausen zu behaupten. Dann glich alles noch mehr jenen Alpträumen, in denen die Angst und das Gefühl von einem bevorstehenden Unglück auf paradoxe Weise dem barocken Durcheinander von lächerlichen Gestalten und heiteren Begebenheiten entspringen.

Ich stand auf und wandte mich zum Gehen, beinahe ohne an die anderen zu denken, in einer nicht zu unterdückenden Regung, etwas tun zu müssen, einerlei, was, etwas zu unternehmen oder wenigstens mir die Entschuldigung zu verschaffen, irgend etwas versucht zu haben, um dem Wahnsinn Einhalt zu gebieten, von dem ich spürte, daß er mich zu erfassen drohte. Doch zu meiner Überraschung erhoben sich gleich darauf auch die anderen vom Podium und folgten meinem Beispiel auf die selbstverständlichste Weise – als hätten sie lediglich auf mein Zeichen gewartet, ja, als hätte ich dies schon lange geben müssen –, und so wandten wir uns zwischen den Bankreihen mit den Entfesselten, die ebenfalls aufgestanden waren, hindurch und dem Ausgang zu. Maria kaute dabei noch auf einigen unverständlichen Silben herum, und Claudiu lachte unter Tränen, hatte die Hände in die Seiten gestemmt, als wollte er die allzu große Last des Gelächters in seinem

Inneren abstützen. Genossin Mardare, die ganz selbstverständlich die Führung übernommen hatte, machte mit ihrer dicklichen Hand nach rechts und links Dankeszeichen, während die Zuschauer mit unverwandtem, ernstem und leerem Blick ihre unermüdliche Gymnastik, die so vieles und auch nichts bedeuten konnte – was noch erschreckender war –, fortsetzten.

Nun durchschritten wir den Flur in der umgekehrten Richtung, dann die flachen Treppen hinunter, die aussahen, als hätte man sie aus einem nicht aufgegangenen Teig geschnitten, ein Teig, der seine Form nicht wahren konnte, wobei keiner von uns ein Wort sagte und wir uns von den Flügeln des kirschroten Krankenhauskittels vor uns leiten ließen, der im Rhythmus des nach wie vor hörbaren Klatschens flatterte. Claudiu lachte nun nicht mehr, und Maria hatte das Buch in ihrer Handtasche verstaut. Ich versuchte, sie nicht anzusehen.

Vielleicht sollte ich hier Schluß machen, da über dem Geschehen, so grauenhaft es auch sein mag, noch eine rätselhafte Aura schwebt, der es noch gelingen sollte, Kanten abzuschleifen und Formen zu adeln; solange die Antwort noch nicht wie ein zerfledderter Kadaver auf dem Küchentisch liegt, als Erklärung und als Auflösung. An dieser Stelle hat das Geschehene noch die Chance, symbolisch zu wirken, parabelhaft, phantastisch, magisch oder absurd, während es später nur noch eine Bedeutung haben kann, die hoffnungslos und eindeutig sein wird. Doch habe ich schließlich nicht nur einmal festgestellt, daß der wichtigste Zeuge der Geschichte die Hoffnungslosigkeit ist, daß nur an diesem Nullpunkt aller Versuche, es doch noch gut zu Ende zu bringen, daß nur dann, wenn es beim Roulette der Illusionen heißt *rien ne va plus*, nur dann die alles aufreißende Explosion des Keims einer neuen Jahreszeit stattfindet. Solange man noch die allergeringste, die unsinnigste Hoffnung hat, daß das eigene Blut nicht ohnehin vergossen werde, vergießt kein Mensch sein Blut.

4

Wieder befanden wir uns in dem Park, aus dem sich die Nebelschwaden nun allerdings verzogen hatten und der nun, im etwas düsteren Licht dieses Novembertages nicht mehr so beeindruckend wirkte, etwas weniger bedeutungsschwer. Wir hatten die Hauptallee verlassen (gern hätte ich gesehen, wie die kleine Holzkirche ohne die verrätselnden Nebelschleier aussieht, aber wir hatten die Richtung gewechselt, und es gelang mir nicht mehr, herauszufinden, wo ich sie hätte suchen müssen) und gingen nun parallel zur Außenmauer auf ein Gebäude zu, das genauso aussah wie die anderen, doch gepflegter wirkte. Jedenfalls war es erst vor kurzem gestrichen worden und sah deshalb nicht nur frischer, sondern auch etwas aufdringlicher aus als die anderen. Es fehlte ihm jene Würde, die die Zeitläufte, wie erbärmlich sie auch immer sein mögen, den von ihnen berührten Gegenständen verleihen. Unsere Gastgeber wurden plötzlich aufgeräumter, als hätte das Verlassen der Hauptallee auch die Preisgabe eines bestimmten Verhaltens ermöglicht, und diese Veränderung war so einschneidend, daß sie uns hätte seltsam vorkommen können, wäre unser Sinn für Merkwürdigkeiten durch das, was dieser Tag uns davon schon geboten hatte, nicht längst erschöpft gewesen.

Und als hätte jemand nach Beendigung des offiziellen Teils mit einem geheimen Gong den Beginn eines anderen Stückes angeschlagen, für das auch sie eine Rolle gelernt hatte, fand ich plötzlich die junge Gestalt weiblichen Geschlechts an meiner Seite, deren Schönheit mich, als ich sie bemerkte, überrascht hatte, und zwar, weil ich sie nicht schon vom ersten Augenblick an wahrgenommen hatte. Sie lächelte mich an wie ein Engel, wage ich zu behaupten, ein Lächeln, das von dem weißen Kittel aus seinem Zusammenhang geschnitten wurde und dadurch zu einem surrealistischen Element – etwa wie Nylonstrümpfe, die man zum Trocknen auf das Fallbeil einer Guillotine gehängt hat – verwandelt wurde.

– Ich habe mich bis jetzt nicht getraut, Sie anzusprechen, sagte sie mit einer bei ihr nicht zu erwartenden Stimme, sie klang ein bißchen heiser, wie die Stimme eines zehnjährigen Jungen, wirkte aber durch ihr überraschendes Timbre verwirrend und sinnlich. Ich bewundere Sie sehr.

Das hätte sie nicht zu sagen brauchen, dachte ich in merkwürdiger Objektivität und bedauerte irgendwie, daß diese schöne Erscheinung von allein vom Sockel ihrer Einmaligkeit herabstieg in den Bereich der unzähligen, vollkommen uninteressanten Menschen, die es als ihre Pflicht betrachteten, sich zu Bewunderern zu erklären. (Weil mich die, die ich bewunderte, immer dermaßen eingeschüchtert hatten, daß ich es nie wagte, sie anzusprechen, ja, sogar die Neigung hatte, ihnen aus dem Weg zu gehen, als hätte ich vor ihnen etwas zu verbergen gehabt, glaubte ich nie an die Bewunderung derer, die sie mir geradeheraus gestanden; vielleicht war ich deshalb mitunter auch ungerecht, aber ich betrachtete dieses Mißtrauen als einen großen Vorzug meines Wesens oder meiner Intelligenz, als eine Art Schild, der mich vor Zweideutigkeiten und Lächerlichkeit schützte.) Ich bedauerte aufrichtig, daß die junge Frau mit der Jungenstimme und den silbernen Fädchen im blonden, kurz geschnittenen Haar sich in eine Kategorie Menschen eingereiht hatte, der ich eine gewisse seelische Schlichtheit zuzuschreiben mir angewöhnt hatte, und doch mußte ich mich gleichzeitig über die Echtheit meines Bedauerns wundern.

– Ich habe alle Ihre Bücher zu Hause und bedauere es nun, nichts davon gewußt zu haben, denn sonst hätte ich sie mitgebracht und Sie gebeten, sie mir zu signieren (»wieso hat sie's nicht gewußt«, kommentierte ich im stillen irritiert ihre Rede und freute mich insgeheim über meine Irritation), und ich muß Ihnen gestehen, daß ich nie zu hoffen gewagt habe, irgendwann einmal so mit Ihnen sprechen zu können, wie ich es jetzt tue. Was hätte ich darauf antworten können? Dieser Ton blankgeputzter Formalität hinderte mich nicht nur daran, ihr zu glauben, sondern auch, einen Dialog zu beginnen, während ihre länglichen Augen, die zärtlich von den geschlossenen Lidern konturiert wurden und ein blasser, wie gemeißelter, nicht etwa bloß gezeichneter Mund mit sanft hervorspringenden Lippen und verblüffend entschlußkräftigen Zügen mich geradezu aufforderten, genau das zu tun.

– Ich danke Ihnen, sagte ich wenigstens ebenso plump wie sie und lächelte mit einer Art Neugier, während sich auf ihrem Gesicht etwas abzeichnete, das man für ein Lächeln hätte halten können, aber auch für ein leicht ironisches oder schmollendes Grinsen. Sind Sie Ärztin? fuhr ich fort und begab mich damit auf etwas vertrauteres Gelände, wobei ich fragend ihren Kittel betrachtete. Dessen Öffnung ließ einen grauen wollenen Rollkragenpullover sehen, der ihr bis unters Kinn reichte und die Rolle eines ionischen Kapitells zur Unterstützung ihres Kinns übernommen hatte.

Nun betrachtete auch sie ihren Kittel so, als habe sie ihn eben erst entdeckt und frage sich, was er zu bedeuten habe. Dann lächelte sie mir still statt einer Antwort zu. Ich sah sie erstaunt an, wartete. Sie aber schien sich keiner Pflicht bewußt zu fühlen, schritt mit erhobenem Kopf, der wie eine Frucht auf den Kelchblättern des runden Pulloverkragens ruhte, voran und hatte ein selbstvergessenes und irgendwie verträumtes Lächeln in den Augen und Mundwinkeln (vielleicht wirkte es auch nur träumerisch, weil es dort vergessen worden war). Von vorne war die unternehmungslustige und durchdringende Stimme der Genossin Mardare zu hören, die in der grauen Luft Kapriolen schlug.

– Es ist uns eine Auszeichnung, Sie als Gäste hier zu haben, und die Ehre, die Sie uns bereiten, indem Sie an dem bescheidenen kollegialen Mahl teilnehmen, das wir Ihnen zu Ehren organisiert haben, wird ebenso in den Annalen unseres Komplexes eingetragen bleiben, wie der beispiellose Erfolg der Begegnung, die soeben zu Ende gegangen ist, ein Beispiel und ein Fixpunkt in unseren Aktivitäten sein wird. Kommen Sie, bitte schön, kommen Sie!

Nun sprach sie auf Claudiu Jacob ein, den ich nur von hinten sehen konnte, ja eigentlich sah ich nichts außer seinem Schal und seinem Hinterkopf, was mich nicht daran hinderte, anhand der ungewöhnlichen Kopfbewegungen, die er ab und zu vollführte – es sah aus, als wolle er seinen Kopf von dem langen Hals schrauben, der in den Schal gewickelt war –, die Wut und Verzweiflung meines Kollegen zu erraten.

»Der beispiellose Erfolg« war nun tatsächlich eine vieles umfassende Formulierung, die sogar den Wahnsinn einbeziehen konnte, dem wir soeben entkommen waren. Nur allzugern hätte ich den Gesichtsausdruck der Genossin Mardare gesehen, als sie dies aussprach. Denn ihre Stimme hatte so, wie sie bis zu mir durchgedrungen war, keine zusätzliche Nuance ausgedrückt, keine, nicht die allergeringste Erklärung für diese gewiß von einem Lächeln begleitete großartige Ausdrucksweise. Fragend sah ich die junge Frau an, die mich begleitete und die das bestimmt auch gehört hatte. Sie erwiderte den Blick heiter und unbefangen, so als habe sie nichts gehört oder als sei das, was sie gehört hatte, völlig bedeutungslos. Wir schauten uns einige Augenblicke lang in die Augen, ich, indem ich beharrlich bei meiner Frage blieb, und sie in schweigsamer Verwunderung, überzeugt von der Sinnlosigkeit einer Antwort; Augenblicke, die mir sehr ausgedehnt und aufregend vorkamen, denn sie begründeten ironisch die Hinnahme von Nichtkommunikation und gleichzeitig von so etwas wie Komplizenschaft.

Vielleicht waren sie aber tatsächlich recht kurz, denn sie endeten mit dem Versuch der Frau neben mir, die Augen abzuwenden, ja, sogar unterwürfig auf den Boden zu schauen, was sie sich jedoch schnell anders überlegt haben mußte, denn sie hob den Blick wieder – ironisch, wie mir schien –, und mit ihm kamen die Antwort und ihr Lächeln.

– Sozusagen.

– Ich verstehe nicht, sagte ich überrascht und auf eine Beleidigung gefaßt.

– Sie haben mich gefragt, ob ich Ärztin sei, erklärte sie mir gutmütig, indem sie die Silben so deutlich aussprach, als spräche sie mit jemandem, der nur schwer versteht, und ich antwortete Ihnen: sozusagen.

– Ich verstehe immer noch nicht, sagte ich trocken und merkte, wie in mir eine Abneigung gegen diese anziehende und zwielichtige Frau entstand, die sich auf rätselhafte Weise jener anderen, jener abstoßenden und lächerlichen Frau, die allem Anschein nach ihre Vorgesetzte war, anzuverwandeln begann – vermutlich hatte sie sich ihr immer schon angepaßt.

– Es ist auch gar nicht so einfach zu verstehen, lachte sie ganz bezaubernd, und ich wußte nicht, ob dieses Lachen als spöttisch oder bloß als belustigt zu verstehen war. Ich bin Psychologin.

– Also Psychologieprofessorin, präzisierte ich, wobei ich merkte, daß mein Insistieren nicht ganz angebracht war, obwohl ich gleichzeitig das Bedürfnis verspürte, die Dinge tatsächlich zu klären, als hätte ich geahnt, daß von ihrer Klärung wieder andere und noch viel schwerer verständliche Sachverhalte abhingen.

– Nein, nein, antwortete sie belustigt über meine Schlichtheit. Auf keinen Fall Professorin. Und nach einer kurzen Pause, plötzlich ganz ernsthaft: Ich lehre niemand etwas, ich teste lediglich die psychologischen Fähigkeiten und Eigenschaften derer, die erzogen werden sollen. Und dann wieder langsamer und verständlicher: Ich organisiere Tests, fertige charakterologische Karteien an und stelle Gutachten über gewisse Befähigungen aus.

Nun merkte ich, daß ich mich doch etwas danebenbenommen hatte. Alles, was sie sagte, schien alltäglich, deutete auf Routinearbeit hin, war die Beschreibung eines ganz normalen Berufes, ein Gespräch, damit die Zeit schneller vergeht. Außerdem waren wir angekommen, wir betraten jenes frisch gestrichene Gebäude, das gerade deshalb verdächtiger wirkte als die anderen. Ich konnte aber nicht umhin, im Inneren der wie gelangweilt wirkenden Rede meiner bezaubernden Begleiterin einen verborgenen und unverständlichen Unruhepunkt zu vermuten.

– Wen testen Sie? fragte ich also, um das Gespräch nicht abreißen zu lassen. Wem stellen Sie diese Befähigungsnachweise aus?

Sie wandte mir ihren Blick zu, betrachtete mich einen Augenblick lang prüfend, ohne zu lächeln und etwas verwundert, so als wolle sie überprüfen, ob ich es tatsächlich nicht wisse und ob sie mir wirklich antworten müsse, vielleicht aber auch, ob ich zu jenen gehöre, mit denen sie über solche Dinge reden konnte. Doch schien es, als habe sie sich meinen Gesichtsausdruck nicht recht erklären können. Mein bekannter Name und ihre Vorurteile über Schriftsteller waren jedoch einfach stärker, denn plötzlich – für meinen Geschmack viel zu schnell – brach sie in ein ganz kurzes schrilles Gelächter aus und antwortete mir mit einer unangenehmen Überlegenheit, die nicht auf mich gemünzt war, sondern auf die, von denen sie sprach:

– Selbstverständlich die, die man mir zur Umerziehung herbringt. Den Rohstoff, den man mir zur Verfügung stellt, damit daraus solche Menschen geformt werden, wie wir sie benötigen.

– Sie sprechen von den Jugendlichen, die uns Beifall geklatscht haben, sagte ich tonlos und ohne eine Frage damit zu verbinden, wobei ich ängstlich auf ihre Bestätigung wartete und hoffte, meine Gesprächspartnerin nicht zu erschrecken oder zu enttäuschen. Sie aber wiederholte das kurze und schrille Lachen, das die Welt und sich selbst zu verachten schien, ein Lachen, das sie auf ganz besonders ungewöhnliche Weise mit der ganzen Geschichte verbunden zeigte, während es sie gleichzeitig davon ausnahm, und das sich wie eine beidseitig geschliffene Messerklinge zwischen sie selbst und den Gegenstand ihrer Rede schob. Sie lachte immer noch, als wir schon durch einen Flur gingen, in dem ihr Lachen und die Stimme der Genossin Mardare von der hohen Decke widerhallten und sich mit Männerstimmen mischten, mit vereinzelten Wörtern, heiterem Gekicher, den nicht identifizierbaren Geräuschen aus einem Raum rechter Hand, durch dessen weit offenstehende Türen ein festlicher Duft zu uns drang, der Geruch von Salami und die zarte Fahne von altem Schnaps. Bevor sie den Saal betrat, empfand die Genossin Mardare es offenbar als ihre Pflicht, auf mich zu warten. Sie nahm mich beschützend am Arm und geleitete mich in den riesigen Saal, möglicherweise einen Klassenraum, in dessen Mitte eine lange Tafel offenbar aus mehreren kleineren Tischen, vielleicht sogar Schultischen, zusammengefügt worden war. Bedeckt war die Tafel mit Tischtüchern oder weißen, zusammengestückelten Leintüchern. In regelmäßigem Abstand standen Teller mit Bestecken, dicke Kantinengläser, Brotkörbe mit geschnittenem Brot, grüne Flaschen mit bäuerlich improvisierten Stopfen, die wie eine Beglaubigung der Echtheit des darin enthaltenen Schnapses wirkten, Papierservietten, die man in der Mitte einmal durchgeschnitten hatte und Joghurtgläser mit ärmlichen, vor dem Rauhreif geretteten Blumensträußchen, rostfarbenen Wucherblumen und jämmerlichen Dahlien, denen es immerhin gelang, diesem kläglichen Fest einen Anflug von Freundlichkeit zu verleihen. Um den Tisch herum standen vier oder fünf Frauen in weißen Schürzen und mit weißen Kopftüchern, wahrscheinlich Putzfrauen, die man provisorisch in Kellnerinnen verwandelt hatte und die sich bei unserem Eintreten verpflichtet fühlten zu klatschen, was mich reflexartig zurückzucken ließ, eine Reaktion, die der feste Arm der mich begleitenden Frau spürte, so daß sie mich – ermutigend und streng – festhielt und sehr bestimmt vorwärts zog. Außerdem war der Applaus nur eine kleine Formalität, und bevor wir uns niedersetzten, merkte ich, daß viel mehr Plätze am Tisch vorhanden waren, als für uns nötig gewesen wären. Doch sah ich auch, daß ganz offensichtlich alle Plätze besetzt wurden. Unzählige, nicht genau identifizierbare Personen, die lediglich eine Art respektvoller Bescheidenheit – die bestimmt geheuchelt war – miteinander verband, strömten aus dem Flur herein und setzten sich schweigend an den Tisch, der sich ins Endlose zu verlängern schien. Ich hatte die Ehre, zwischen der Gastgeberin und einem ziemlich hohen Herrn plaziert zu werden. Er trug einen weißen Kittel, auf dessen Tasche mit rotem Faden mehrere Initialen gestickt waren: DR die ersten beiden, und die anderen drei – nicht entzifferbar – der Anfang seines Namens oder sein Monogramm. Ich sah ihn in der Absicht an, mich mit ihm bekannt zu machen oder mich wenigstens durch ein Lächeln auf unsere Nachbarschaft zu beziehen. Er aber merkte nicht, daß ich ihn ansah, oder aber er fand, daß es nicht wichtig sei, mich anzusehen. Er wandte seinen Blick, obwohl ihn das zu einer ganz ungewöhnlichen Verrenkung nötigte, nicht von der Genossin Mardare, als fürchtete er, den Augenblick zu verpassen, da das Festmahl beginnen sollte. Und tatsächlich, als alle sich gesetzt hatten – was relativ schnell geschah, denn die neu Hinzugekommenen zeigten durch ihre Eile eine ganz seltsame Beflissenheit, nicht wahrgenommen zu werden –, wurde die unvermeidliche Ansprache heruntergehaspelt, die das früher übliche Tischgebet und die Segnung der Speisen ersetzt hatte. Während die Sätze, die wieder einmal das furchterregende Thema der errungenen Erfolge aufgriffen, mich in keiner Weise berührten, suchte ich mit den Augen verzweifelt nach einem Haltepunkt, einem Blick, einem Gesicht oder wenigstens einem Gegenstand, auf dem sie ohne die

Befürchtung hätten ruhen können, daß er wegrutschte, etwas, von dem anzunehmen war, es würde nicht schon bei der geringsten Veränderung der Stimmung seinen Aggregatzustand verändern. Auf der anderen Seite der Sprechenden saß, parallel zu mir, Claudiu Jacob. Aus seinem Gesichtsausdruck hatte die Verärgerung alle Konturen getilgt, so daß sein Gesicht wie ein weißes Oval aussah – etwa so, wie Kinder Gesichter zeichnen –, das darauf wartete, daß die Punkte aufgetragen werden, die für Nase, Augen und Mund stehen. Neben ihm saß die schöne Autorin der psychologischen Tests, hatte die Augen mit den schwarzen Wimpern, die wie waagerechte, kräftig markierte Klammern aussahen, auf ihren Teller gesenkt, den blassen Mund zu einem angedeuteten Lächeln verzogen, das alles anzuzweifeln schien, alles, doch vor allem die eigene Heiterkeit, die eigene Fähigkeit zum Lächeln. Neben ihr saß ein schmächtiger junger Mann, der wie in Pastellfarben gemalt schien und mit großen aufmerksamen Augen zum Kopf des Tisches hinschaute. Seine Miene drückte einen so deutlichen Ekel aus, der so wenig zu seinem runden Gesicht paßte – man hätte eher eine gewisse Leutseligkeit von ihm erwartet –, daß man es am liebsten mit einem in Putzmittel eingeweichten Scheuertuch abgerieben hätte, um diesen enervierenden Zug daraus zu entfernen – der weniger als Reaktion auf die aufmerksam verfolgte Rede zu verstehen war als eine Folge dieser unterwürfigen Aufmerksamkeit, die ihm das Recht verlieh, zu verachten. An seiner Seite saß eine kleine, ungeschickt geschminkte Frau mit häßlicher Frisur, eine unbedeutende Person, die bestimmt zu bemitleiden gewesen wäre, hätten nicht die offenbar noch recht frischen, jedoch zahlreichen Falten auf ihr vermutlich ausdrucksloses Gesicht ein ganzes Alphabet des Hasses und des Neids eingeschrieben. Dann ... Doch ich mußte mich nun wieder dem Kopf des Tisches zuwenden, wo die Rede beendet und das Schnapsglas zum Abschluß wie auffordernd erhoben und auf mich gerichtet worden war. Auch ich erhob nun mein Glas, wobei ich so tat, als verstünde ich nicht, daß auch ich nun einige Worte sagen müßte. Ich ließ anstelle einer Antwort meinen Blick – das erhobene Glas in der Hand – über die Tischgesellschaft schweifen. Dabei entdeckte ich Maria Sărescu, die an der Seite des Doktors neben mir saß, und lächelte ihr, erfreut, dem Blick eines mir bekannten Wesens begegnet zu sein, zu. Sie aber sah mich unverwandt an, griff nicht nach ihrem Glas, deutete nicht einmal eine Bewegung an.

Mir verging das Lächeln, ich trank mein Glas in einem Zug aus, dann senkte ich meinen Blick auf den Teller, auf dem ein Stück Schafskäse, drei Scheiben Salami und einige Oliven kreisförmig angeordnet lagen. Wie viele solcher Teller habe ich wohl schon gesehen? fragte ich mich und empfand plötzlich eine tiefe Vereinsamung, obwohl es lächerlich gewesen wäre anzunehmen, daß dieser erbärmliche Teller mit den Lebensmitteln darauf das heftige Gefühl von Ödnis und Kälte, das mich erfaßt hatte, noch würde steigern können. Man hatte mein Glas wieder gefüllt, und ich beeilte mich, es sofort wieder zu leeren, obwohl ich wußte, daß es mir nicht gelänge, mich zu betäuben.

Doch hatte ich den dringenden Wunsch, etwas an der unerträglichen Situation zu ändern. Und tatsächlich, das plötzlich einsetzende Wärmegefühl gestattete es mir, mich meinem Nachbar etwas unbefangener zuzuwenden.

Er war, wie ich schon festgestellt hatte, ein schmaler und hoher Mann mit beinahe kahlem Schädel, einer dieser verschüchterten Glatzen, die eher nach einem mottenzerfressenen Fell aussehen und dem gesamten Erscheinungsbild der Person, die im übrigen recht vornehm wirkte (er hatte regelmäßige Züge, kräftige Augenbrauen und einen Adamsapfel, der eine starke Persönlichkeit vermuten ließ), einen verdrossenen, ja beinahe jämmerlichen Ausdruck verleihen. Wie er so über seinen Teller gebeugt dasaß und mit einem Appetit, der gar nicht zu seinem eher asketischen Äußeren passen wollte, sein Essen verschlang, war das Auffälligste an ihm der Schädel.

– Entschuldigen Sie, sagte ich zu diesem unterwürfigen und gierigen Schädel, da uns das Schicksal nun einmal zu Nachbarn auserkoren hat, möchte ich mich vorstellen. Ich heiße ... Doch ich kam nicht zu Ende, denn mein Nachbar schluckte in aller Eile, als hätte ich ihn bei einer verbotenen Tätigkeit ertappt, verschluckte sich dabei fast an dem Bissen, den er gerade im Mund hatte, und antwortete mit einer überraschend kultivierten Baritonstimme – die nicht nur deshalb so überraschte, weil ihr diese Verhaspelung vorausgegangen war, sondern auch wegen ihres unterwürfigen und diese Unterwürfigkeit gleichzeitig auch bedauernden Anklangs, der in dieser Stimme mitschwang.

– Ich bin derjenige, der sich vorstellen muß, unterbrach er mich und wischte sich mit der halben Serviette den Mund ab, knetete sie mit den Fingern zu einem feuchten Papierklümpchen zusammen und ließ sie auf den Boden fallen. Dr. Bentan, Psychiater. Und fügte sofort, als wollte er verhindern, daß ich seinen Namen oder seinen Beruf kommentierte, hinzu: Wer kennt Sie denn nicht? Außerdem war auch ich im Saal, ich habe Ihnen zugehört.

– Und wie hat es Ihnen gefallen? fragte ich plötzlich befreit, als hätte ich in halsbrecherischer Fahrt endlich das Bremspedal gefunden. Wobei ich, um ihn unter Zugzwang zu setzten, hinzufügte: Sie sind doch Arzt.

– Ich weiß nicht, was das damit zu tun..., stotterte er. Es geht nicht um den Beruf. Selbstverständlich war es ein Erfolg... für uns, meine ich..., und beschloß schließlich, mitten im Satz abbrechend und mich nicht mehr ansehend, zu schweigen.

– Warum für Sie? fragte ich unnachgiebig und spürte, daß ich damit ein ernsteres Terrain betrat, daß die Dinge um mich herum zwar schmutzig waren, aber begonnen hatten, genauere Konturen anzunehmen.

– Natürlich auch für Sie, beeilte er sich, seinen Satz zu vervollständigen. Selbstverständlich vor allem für Sie... Und er streckte sich, griff sich von der Mitte des Tisches die Schnapsflasche, goß sich ein und trank. Dann fügte er mit etwas mehr Selbstsicherheit und vielleicht auch etwas geringschätzig hinzu: Aber auch für uns! Und schenkte sich noch einmal ein.

– Herr Doktor, fragte ich, nachdem er auch dieses Glas ausgetrunken hatte, Sie wollen mich wohl auf den

Arm nehmen? Ich hatte meine Worte ganz normal ausgesprochen, hatte den Ton nicht erhoben. Es war mehr als Protest oder Neugier, es war ein Ausdruck der Verwunderung, aber auch die Gewißheit, nun endlich den Schlüssel zu dem in den letzten Stunden erlebten Wahnsinn zu erhalten.

– Nein. Wie könnte ich es mir erlauben? antwortete er ernsthaft und sehr ruhig.

– Wie können Sie dann von Erfolg sprechen?

– Aber es war doch ein Erfolg, ich versichere Sie, stammelte er, wobei er ganz eigenartig mit der Stimme über die Wörter hinweghüpfte. Ein Erfolg und eine Überprüfung, wie sie aussagekräftiger nicht gelingen kann, fügte er etwas rätselhaft hinzu. Und nach längerem Schweigen, das trotzdem nichts anderes war als eine Pause, sagte er: Sie wissen ja gar nicht, wo wir angefangen haben, um schließlich zu einem solchen Applaus zu gelangen...

– Ich hoffe, unser Gast langweilt sich nicht, unterbrach ihn die Trompetenstimme unserer obersten Gastgeberin und nötigte mich, mich ihr zuzuwenden. Genosse Doktor, ich mache Sie verantwortlich, scherzte sie, und der Doktor begann, als verstünde er ihren Scherz nicht, lebhaft zu widersprechen.

– Nein, davon kann keine Rede sein, kam ich ihm zu Hilfe. Wir sprachen gerade über den Applaus. Genauer, über die Art und Weise, wie man ihn erreicht hat.

Aber sie ließ mich nicht ausreden. Ohne auf meine Antwort zu hören, oder im Gegenteil, um sie zu überspielen, stieß die Genossin Mardare einen Katastrophenschrei aus:

– Sie haben ja überhaupt nichts gegessen! Sie haben unsere Leckereien ja noch nicht einmal angerührt. Weder haben Sie die vorzügliche, von unserer örtlichen Industrie produzierte Salami probiert noch den Schafskäse, um den uns alle Provinzen des Landes beneiden. Essen Sie bitte, Sie können das nicht abweisen, ohne zu wissen, worum es sich handelt. Sie war so laut geworden, daß zu meiner Verblüffung alle am Tisch das Essen einstellten und mich neugierig und sogar mißbilligend anschauten; offenbar wollten sie sehen, ob ich dieser Aufforderung nachkäme. Bevor ich dann – von allen beobachtet – zu essen begann, hatte ich einen Moment lang den Eindruck, in ihren Blicken eine Art Drohung wahrzunehmen, und der Gedanke, ich sei feige, durchzuckte mein Gehirn. Aber ich kaute weiter, ohne einen Geschmack zu spüren, wobei ich mit einiger Erleichterung feststellte, daß auch die Zuschauer nun wieder zu ihrem Besteck griffen ... Hastig schluckend, wandte ich mich wieder meinem Nachbarn zu: Er hatte schon lange aufgegessen und erwartete meine Hinwendung mit einer wachen Aufmerksamkeit, die offensichtlich den Anweisungen meiner Beschützerin zu verdanken war, doch hinter der ich noch etwas anderes vermutete, den verborgenen Wunsch, das begonnene Gespräch fortzusetzen. So fing er, als ich mich ihm wieder zuwandte, sofort zu reden an.

– Eigentlich bezweifle ich, ob Sie wissen, wo Sie sich befinden, begann er und sah mich intensiv, aber auch in einer Weise an, daß ich vermuten mußte, sein Blick erfasse gleichzeitig auch die Genossin Mardare.

In einer Art Schule, nehme ich an, sagte ich an die unbeantwortet gebliebenen Fragen denkend und mit gespielter Gleichgültigkeit.
– Schule? Ja, man kann es auch so nennen, gewiß..., und er dehnte seine Wörter, während er mit dem Blick etwas überprüfte, was er offenbar hinter meinem Rücken sah. Dabei gönnte er sich lange strategische Pausen zwischen den einzelnen Wörtern, um sie schwerer verständlich werden zu lassen. Er schien gleichermaßen bereit, fortzufahren, wie plötzlich, wenn ihm dies als angezeigt erscheinen sollte, das Thema zu wechseln... Eine Schule des besseren Verhaltens vielleicht, jedenfalls wäre es genauer...
Ich sah ihn stumm an, entschlossen, ihn nicht zu unterbrechen. Ich war überzeugt, daß eine Einmischung meinerseits, wie geschickt ich es auch immer angestellt hätte, den Fluß der etwas nervösen Erklärungen gestört hätte. Dabei war ich mir sicher, daß er fortfahren würde. Außerdem trank der Doktor noch ein Glas mit der Geste eines Mannes, der entschlossen ist, nicht länger zu zögern.
– Sie haben sich offenbar noch nicht gefragt, was ich an dieser Schule für ein Fach unterrichte. Er machte eine Pause, die ich schweigend verstreichen ließ. Denn ich kann mir nicht vorstellen, daß Sie so sehr Dichter sind, anzunehmen, die Psychiatrie sei Unterrichtsgegenstand an einer Schule, die einen nie dagewesenen Aufschwung erlebt hat, wobei sie von den Voraussetzungen der Notwendigkeit einer globalen Entwicklung ausging, die alle Bereiche der Erkenntnis und der Akti-

vitäten zu umfassen hatte..., parodierte er und begann, so heftig zu lachen, daß er sich verschluckte.

– Ich fürchte, ich verstehe nicht, worauf Sie sich beziehen, sagte ich und senkte instinktiv mit einer Vorsicht, die meine ihn betreffende Besorgnis ebenso umfaßte wie seine Verunsicherung wegen der neben mir sitzenden Frau, die schon aufmerksam geworden war, die Stimme.

– Wie sollten Sie auch, erwiderte er kurz und ebenso leise, griff nach dem Schnapsglas, überlegte es sich jedoch im letzten Augenblick, nahm das Wasserglas und trank. Dabei schien er sich wieder zu fassen oder doch zumindest in eine andere Gemütslage hinüberzuwechseln. Er schwieg ein paar Sekunden lang, als wolle er einen Entschluß fassen, dann sagte er leise:

– Wir befinden uns hier in einem Umerziehungskomplex.

Ich erinnere mich noch, daß ich im ersten Moment die Bedeutsamkeit und den mysteriösen Ton, die seine Enthüllung begleiteten, für übertrieben hielt.

– Also eine Besserungsanstalt, sagte ich in normalem Tonfall und mit dem Wunsch, die Dinge wieder auf die Dimensionen herunterzuholen, die ihnen entsprachen.

Er aber sah mich traurig, und ohne etwas zurückzunehmen, an. Ich indes fühlte mich zunehmend erleichtert.

– Dann können wir also sagen, daß wir unseren außergewöhnlichen Erfolg diesen minderjährigen Sträflingen verdanken, amüsierte ich mich. Das ist ja nun nicht besonders schmeichelhaft, dafür ist es wenigstens beruhigend. Die haben sich über uns lustig gemacht, Ihre Lümmel hier, aber wir haben schließlich auch nichts Besseres verdient. Es fällt mir schwer, Ihnen zu erklären, warum, aber Ihre Enthüllung hat mir richtiggehend Vergnügen bereitet. Nimmt man all dies ohne Humor, dann erscheint es einem als irrwitzig und verursacht eine schwer zu beherrschende Unruhe. Ich hatte das Gefühl, dies sei lediglich die alptraumhafte Einleitung zu etwas viel Schlimmerem, das ich schon ahnte und ängstlich erwartete. Deshalb habe ich Ihnen so aufmerksam zugehört. Wie auch immer, ich danke Ihnen. Da ist man gefaßt darauf, leiden zu müssen, und dann erweist sich alles als Ulk. Wenn ich es recht bedenke, haben Sie mir eine Lektion erteilt, auf die ich auch in anderen Situationen, wie ich meine, mit einigem Gewinn werde zurückgreifen können. Ich neige allzu sehr dazu, Tragödien zu vermuten, wo es sich doch bloß um Varietéstücke handelt. Ich muß Ihnen danken. Ich nehme an, das ist ein hinreichender Grund, anzustoßen. Auf Ihr Wohl, Herr Doktor.

Ich goß beide Gläser voll und trank, wobei mir durchaus bewußt war, daß ich nun etwas übertrieb. Doch befreite ich mich damit gleichzeitig von einer Besorgnis, die plötzlich zu verfliegen schien, sich in Lächerlichkeit auflöste, gewiß, aber auch in nichts. Erst als ich mein Glas wieder abstellte, merkte ich, daß der Doktor seines nicht berührt hatte. Er blickte mich reglos und irgendwie mitleidig an.

– Ich glaube, ich habe mich nicht verständlich genug ausgedrückt, sagte er müde und trank noch etwas Wasser. Hier handelt es sich weder um Minderjährige noch um Sträflinge.

– Und auch nicht um Beifallsenthusiasten, wenn ich Sie richtig verstehe, ließ sich nun Maria Sărescus Stimme vernehmen, und der Arzt zuckte erschrocken zusammen und wandte sich ihr zu.

– Sie haben mir zugehört, sagte er nüchtern, wobei er vergaß, seinen Worten das Fragezeichen anzufügen, und seinen Blick unruhig zwischen ihr und mir hin und her wechseln ließ. Dabei konnte er sich nicht entscheiden, wen er nun fragen sollte.

– Entschuldigen Sie bitte, sagte ich; ich fühlte mich schuldig wegen meines vorherigen Tons und wegen der Taktlosigkeit meiner Kollegin. Maria, ich stelle Dir Herrn Doktor Mircea Bentan vor; meine Kollegin, die Romanautorin Maria Sărescu.

– Ja, ich habe zugehört, zerbiß sie die Wörter mit ihren zu diesem Zweck entblößten Zähnen, was ein naiver Mensch als Lächeln hätte mißverstehen können. Dabei ließ sie meine Worte wie ungehört verklingen. Der Doktor, der ihr vermutlich die Hand reichen wollte, hielt diese nun in der anderen fest und drückte sie nervös, was bei einem Mann wie ihm überraschend kindlich aussah. Dabei sah er mich an, als erwarte er eine Bestätigung, eine Erklärung oder als hielte er mich schlicht und einfach für schuldig.

– Entschuldigen Sie bitte, sagte ich noch einmal völlig sinnlos, und mir war klar, daß es sinnlos war, ich habe begriffen, daß ich falsch liege, daß ich Sie falsch verstanden habe, ich meine... Aber auch jetzt... Mir kommt es ganz *unglaublich* vor... Vielleicht habe ich nicht verstanden...

Es gibt Augenblicke in meinem Leben, die ich liebend gern streichen würde, Augenblicke, die ich nicht entschuldigen kann, sie in keiner Weise zu erklären vermag, Augenblicke, in denen alles, was ich überwunden zu haben glaubte, die Dummheit, Feigheit, Heuchelei..., auf unerklärliche Weise an die Oberfläche dringen, Augenblicke, in denen nichts mein Verhalten rechtfertigt und in denen ich weiß, das, was ich mache, ist dumm und sinnlos. Es stimmte nicht, es war mir nicht unglaublich vorgekommen! Im Gegenteil: Von Anfang an, schon beim ersten Applaus hatte ich dies vermutet, hatte ich mich davor am meisten gefürchtet. Ich wollte es mir nicht eingestehen, gewiß, aber ich wußte es, wußte es vom ersten Augenblick an, ja, sogar noch früher, als ich vor dem Tor stand und spürte, daß es besser wäre, ich bliebe draußen. »Es kommt mir ganz unglaublich vor«, hatte ich mit dieser extra dafür ausgedachten Heuchelei gesagt, nicht etwa, um mir einen anderen Ausweg zu eröffnen, sondern lediglich, um mir noch etwas Zeit zu verschaffen, damit ich mittlerweile das Inakzeptable akzeptieren konnte. Außerdem hatte ich es, gerade weil es unglaublich schien, vom ersten Augenblick an geglaubt. Schließlich war die Wirklichkeit schon dermaßen widersinnig, daß lediglich noch eine so monströse Unsinnigkeit wie diese zu ihr paßte, die ich zu sehen und anzuerkennen mich geweigert hatte. Dabei war sie gar nicht darauf angewiesen, daß ich sie anerkannte, denn sie war meiner Vorstellungskraft entsprungen – in der verängstigten Gestalt einer absurden Vermutung, gewiß –, und zwar schon zu einem Zeitpunkt, da die Wirklichkeit noch verhaltene Zeichen gab und unverständliche Botschaften aussandte. Mein Freudenausbruch, als ich »es falsch verstanden« hatte, war beinahe echt, das heißt, ich wäre glücklich gewesen, wenn es so gewesen wäre (eine Art von »wie gut wäre es gewesen, wenn...«). Doch während ich sprach und meine Erleichterung – an die ich zu glauben begonnen hatte – zum Ausdruck brachte, war ich ständig darauf vorbereitet, unterbrochen zu werden, darauf aufmerksam gemacht zu werden, daß ich mich irre, daß man mir sagte, es müsse sich um eine Verwechslung handeln...

Während ich noch sprach und unter den, wie mir schien, konsternierten Blicken des Arztes und den verächtlichen Blicken Marias immer erbärmlicher stotterte, hörte ich das jungenhafte, sprudelnde Lachen der Psychologin. Den Blick ihr zuwendend, sah ich, wie sie mich über den Tisch hinweg ironisch anschaute, als habe sie mich schon lange beobachtet und als verstehe sie die gesamte Situation, die ihr im übrigen äußerst amüsant erschien. Ich sah sie wütend an, was sie offenbar noch mehr amüsierte, und tat so – aufgrund eines widersinnigen Dranges, etwas, einerlei was, zu tun –, als wollte ich vom Tisch aufstehen, doch im gleichen Augenblick stieß meine Nachbarin einen sinnlichen Vergnügensschrei aus: die Suppe! Dabei packte sie mich am Ellbogen und zwang mich, zur Tür hinzusehen, von der ein mächtiger Kantinenduft herüberwehte, dem die indianisch aufgereihte Schlange der Gelegenheitskellnerinnen folgte, die beim Voranschreiten ängstlich darauf achteten, nichts aus ihren dampfenden Schüsseln zu verschütten.

– Wie zu Hause bei Muttern, versicherte sie mir, während sie mir den Teller füllte. Das werden Sie nicht vergessen, und ihr rundliches Gesicht, über dem sich gewaltig die kompliziert hochgekämmten und mit Haarspray verklebten Haare wölbten, leuchtete vor aufrichtiger Freude; einer Freude, die ebensogut ihrer Eßlust wie ihrer Dünkelhaftigkeit und Selbstsucht oder schlicht und einfach einem Opportunismus entsprungen sein konnte, der bis zur Hypokrisie reichte. Ich sah sie an und fragte mich, ob sie es war, die mich eingeladen hatte. Aber ich konnte mich nicht mehr an die Stimme am Telefon erinnern, außerdem hatte es nun keinerlei Bedeutung mehr. Der Doktor sprach mit Maria, die ihm mit boshaft – aber es konnte auch nur Traurigkeit sein – verzerrtem Gesicht zuhörte. Claudiu sprach angeregt mit der schönen Psychologin, offenbar flirtete er mit ihr, während seine schönen langen Finger in einer Art fleißiger Hysterie in aller Eile einen recht großen Haufen Brotkrümel kneteten, was ihn auf unverhältnismäßige und beinahe schmerzhafte Weise geschmacklos wirken ließ. Die kleine ärmliche Frau löffelte ihre Suppe langsam, hatte den Kopf über den Teller gebeugt und die Augen neugierig auf die Tischgenossen gerichtet, doch ihre etwas unnatürliche Haltung – etwa wie die eines Kopfes, der in einem unsichtbaren Joch steckt – ließ sie nicht komisch oder lächerlich erscheinen, was selbstverständlich gewesen wäre, im Gegenteil, sie verlieh ihr eine groteske, offensive Note, ließ sie wie auf einer Radierung von Goya aussehen.

– Wie haben Sie diesen Applaus erzielt? fragte ich unvermittelt die Genossin Mardare. Mit welchen Mitteln? Und ich bin sicher, daß sie, noch bevor sie meine Frage verstanden hatte, die Wut in meiner Stimme begriff, und gerade deshalb war ihre Antwort, obwohl sie absurd schien, im Verhältnis zu meiner Frage nicht ohne Taktgefühl und Sinn.

– Genosse, protestierte sie, jedoch leise, darauf bedacht, von den anderen nicht gehört zu werden, und mir scheinbar die Chance einräumend, zu bedauern, zurücknehmen zu können, bevor es, zum Skandal ausgeweitet, nicht mehr rückgängig zu machen wäre, was erlauben Sie sich? Und tatsächlich, hätte sie jemand gehört, er hätte glauben müssen, ich habe ihr einen unsittlichen Antrag gemacht oder versucht, sie zu vergewaltigen.

– Und wie lange hat es gedauert, fuhr ich unbeirrbar mit einem Sadismus fort, der sich genauso gegen mich wie gegen sie richtete.

– Wie lange haben Sie gebraucht, um aus wahrscheinlich normalen Menschen diese Roboter zu machen, die nicht einmal genau aufeinander abgestimmt sind?

– Genosse Şerban, Genosse Schriftsteller, fauchte sie flüsternd, was nicht zu ihr paßte und aus ihrem Munde klang, als entwiche es einem mechanischen Spielzeug, dabei entsprang es einer Stelle irgendwo zwischen ihren großen Brüsten und dem gewaltigen Haarturm, Sie wissen nicht, was Sie sagen, achten Sie bitte auf Ihre Ausdrucksweise. Ich verbiete es Ihnen, unsere Arbeit in den Dreck zu ziehen, schließlich schmieden wir ein neues Bewußtsein, das zu den grundsätzlichen Prioritäten zählt. Besinnen Sie sich, Genosse Schriftsteller!

– Waren Sie es, die mich angerufen und mich hierher eingeladen hat? unterbrach ich sie, und sie nickte bestätigend und wohl auch in der Hoffnung, mich beruhigt zu haben, dabei wischte sie sich den Schweiß vom Gesicht, indem sie es vorsichtig abtupfte, um die Schminke nicht zu verschmieren.

– Warum haben Sie mich eingeladen? fuhr ich mit einer Wut fort, die mich den regelmäßigen Pulsschlag in den Adern spüren ließ und die nur meine blanke Stimme und meinen unruhig über ihre festen Locken und die kalt gewordene Suppe streifenden Blick entließ. Brauchten Sie ein Lackmuspapier, wollten Sie die Ergebnisse Ihrer Arbeit überprüfen? Brauchten Sie ein paar pawlowsche Klingeln, die den applaudierenden Speichelfluß anregen sollten?

Ich merkte, daß sie mich für betrunken hielt, und in gewisser Weise war ich es auch (obwohl der Alkohol lediglich die Angstpfropfen aufgelöst hatte, jene widerlichen Gebilde, die unser inneres Magma im Kontakt mit der Luft gerinnen lassen). Doch ich merkte nicht, daß – ich hatte den vertraulichen und mich selbst beleidigenden Tonfall der Komplizenschaft aufgegeben, es war mir vorgekommen, als hätte ich sonst geradezu mit dem Prinzip der Mystifikation paktiert – alle am Tisch aufgehört hatten zu essen, und mir zuhörten.

– Als ich hörte, wie Sie von einem nie dagewesenen Erfolg sprachen, dachte ich mir in meiner Naivität, Sie machen sich lustig über uns, ebenso als Sie von einem wirklichen Sieg sprachen, von einem Triumph, den Sie im Kampf gegen das nicht in Funktionsnormen eingezwängte Leben errungen hätten. Und was das Verhöhnen betrifft, verhöhnt haben Sie uns vorher, als Sie uns eingeladen haben und davon redeten, wie sehr Sie uns schätzten, welche Ehre es für Sie sein würde, als Sie uns wie unter Laborbedingungen in jenen Applaussaal geleiteten, der wie der perfekt gesteuerte Wahnsinn funktionierte.

Ich hatte gemerkt, daß alle mich ansahen, und sprach weiter, ohne jemanden anzublicken, beobachtete Claudius Hand auf dem Tisch, die immer nervöser mit den zu einer besorgniserregenden Menge angewachsenen Brotkrümeln spielte. Auf der gleichen Fläche, dem mit einem gelblich-weißen oder vielleicht auch grau-weißen Tuch bedeckten Tisch – es war schwer zu entscheiden, welchen Farbbereichen dieses ausgefranste, oft und mit zweifelhafter Gründlichkeit gewaschene Gewebe zuneigte – erfaßte mein Blick noch: leere Suppenteller, an deren Rändern erkaltete weißliche Fettkügelchen klebten, mit einem Rest trübe glänzender Brühe, in der wie Würmer aussehende Nudeln und kleingehackte Petersilieblätter schwammen, billige verzinnte Löffel, Gabeln mit verbogenen Zinken, Brotreste und grünliche dickwandige Gläser. Und vor allem, ganz im Vordergrund, die weichen und verzweifelten Finger des Kritikers, wie sie die Brotkrümel zerkneteten; »Stilleben mit Nerven«, dachte ich und sah diesen obszönen Tisch plötzlich aus dem fremden und trostlosen Raum herausgelöst wie eine Großaufnahme des Elends und der Erniedrigung. Er löste in mir keinerlei Mitgefühl aus, nur Ekel und Müdigkeit.

Ich blickte auf und sah Maria Sărescu an. Ich war überrascht gewesen, daß sie plötzlich schwieg, die doch nie still sein konnte und jetzt hätte reden müssen, und ich begegnete einem starren Gesicht, aus dem mich verächtlich oder auch nur mißbilligend ihre aufgerissenen Augen anstarrten. Aus ihnen sprach die Überzeugung, im Recht zu sein. Der Arzt neben ihr sah mich mit demonstrativ zur Schau gestellter Empörung an. Sie zeichnete sich auf seinem Gesicht äußerst genau ab – sie lag über den bitteren Linien um seinen Mund ebenso wie über der intelligenten Zeichnung seines bewimperten Augenschnitts. Wie diese Maske sich über die lebendigen Gesichtszüge gelegt hatte, besaß etwas Tragisches und Lächerliches, wie eine Clownsmaske, durch die das mangelnde Selbstvertrauen des Schauspielers hindurchschimmert – es war tragisch, lächerlich und zutiefst abstoßend. Ich weiß nicht, ob ich noch weiterredete, jedenfalls erinnere ich mich nicht mehr, was ich gesagt habe. Ich glaube, ich wußte nicht einmal mehr, warum ich redete, als ich die erstaunlich sanfte, ja, beinahe nach Parodie klingende Stimme der Genossin Mardare hörte, die in besorgtem und affektiertem Tonfall sagte:

– Genossin Sabina, der Genosse Schriftsteller fühlt sich nicht wohl, er braucht ein Glas Wasser.

Da sah ich recht verdutzt, wie sich die schöne Psychologin erhob und ernsthaft und beherrscht, wie jemand, der zu einer Mission aufbricht, den Saal verließ, während gleichzeitig das fast bis zum Rand gefüllte Wasserglas neben dem leeren Schnapsglas vor mir auf dem Tisch stand, was aber außer meinen Kollegen niemanden zu einer besonderen Reaktion veranlaßte. Nicht einmal Verwunderung über die reichlich lächerliche Situation schien aufkommen zu wollen, ja, selbst ich protestierte nicht, nicht einmal, indem ich etwa von dem Wasser getrunken hätte, das vor mir stand. (Claudiu drehte sich auf seinem Stuhl um und verfolgte mit dem Blick seine Tischnachbarin, dann wandte er sich verwundert, aber auch irgendwie fordernd mir zu, und Maria reckte ihren Hals und blickte zur Tür hin, wie ein Tier, das die Witterung aufnimmt, um rechtzeitig die unbezweifelbar drohende Gefahr zu erkennen.) Eigentlich war mir nicht übel, wenn dieses von klebrigem Ekel und Müdigkeit verursachte Aufbegehren an sich nicht schon Übelkeit genug war, um von der Seele auf den Körper übergreifen zu können. Für mich war lediglich die Vorstellung nicht hinzunehmen, daß ich mich in diesen Räumen befand, unter diesen Menschen, die ich nicht kannte und die für mich zu irgendwelchen sprachlichen oder plastischen Figurenskizzen zusammenschrumpften, die ihrerseits Teile eines unbegreiflichen mechanischen Apparates darstellten. Vor allem diese Wiederholung, die unüberwindliche und unverständliche Gleichartigkeit von zwei Vorgängen war bedrohlich, schien sie mir doch zu beweisen, daß man – ebenso wie man zwischen zwei Punkten – zwischen zwei Vorkommnissen eine Linie ziehen kann, wenn diese den letztlich labilen Rahmen des Verstehbaren verlassen haben und man auf die Existenz eines ganzen, gegen die Gesetze der Logik aufgewühlten und absurden Universums schließen kann. Und eben als ich dies dachte, durchfuhr mich im tiefsten Inneren ein Stromstoß, der mir bedeutete, daß gerade dieser Gedanke den Beweis für die Verwirrung darstellt, die auch mich erfaßt hatte, ein Irresein, das sich, um sich zu verbergen, absurd gab. Ich verstand ganz genau, was sich während jener entwürdigenden Invasion in meinem Zimmer abgespielt hatte, und ebenso genau begann ich nun zu verstehen, was sich zwischen den scheinheiligen Mauern dieses ehemaligen Klosters abspielte. Doch schien es mir einfacher, bei meiner Begriffsstutzigkeit zu bleiben, als zu akzeptieren, daß es innerhalb der verstehbaren Grenzen des Universums derart ausgeklügelte Widerwärtigkeiten gab.

Genossin Mardares Intervention hatte den kalten und leeren Raum in ein angespanntes Schweigen versetzt. Alle schienen sie gespannt darauf zu warten, was nun passieren würde, als sollte tatsächlich etwas Wichtiges, etwas Unumkehrbares geschehen. Auch ich zweifelte keinen Augenblick lang daran, daß etwas Bedeutsames bevorstand, daß ich noch zehn, neun, acht, sieben, sechs, fünf Sekunden lang abwenden konnte. Doch zugleich war mir klar, daß ich nichts unternehmen würde, daß ich mit tragischer, liederlicher Neugier abwarten würde, um zu sehen, was geschähe.

Trotzdem sagte ich, ich bin nicht krank, und da meine Stimme ärgerlich vorbeugend und wie eine Entschuldigung geklungen hatte, fügte ich noch hinzu: jedenfalls nicht kränker, als die applaudierenden Jugendlichen es waren, bevor sie zum Applaudieren programmiert wurden.

Obwohl ich laut genug gesprochen hatte, um zu sehen, wie die Pupillen meiner Zuhörer sich vor Schreck einen Moment lang weiteten, um unmittelbar danach, darum bemüht, so zu erscheinen, als hätten sie nichts gehört, wieder auf ihr normales Maß einzuschrumpfen, hatte die Genossin Mardare mich nicht gehört. Vielleicht, weil sie schon begonnen hatte, entzückt in die Hände zu klatschen, die Frauen mit Beifall bedenkend, die äußerst vorsichtig mit Bergen von Krautwickeln und Maisbrei auf ihren Servierplatten nahten.

– Das Maisbreichen! schrie sie noch viel schriller, als ich es bei ihr für möglich gehalten hatte, Genossen, der Maisbrei ist da! Und sie klatschte, wie Mädchen beim Spielen klatschen, mit einer albernen Geziertheit, die ihre fleischigen Wangen beben und die dicken Strähnen ihres Haarberges hüpfen ließ. Ich blickte sie aufmerksam und in der Absicht an, sie dazu zu bringen, mich ebenfalls anzusehen, doch sie sah so zu meinem Platz herüber, als sei er leer, mit einem vollkommen neutralen Blick, der einen merkwürdigen Kontrast zu ihrem leutseligen Gehabe und der Lächerlichkeit ihrer Bewegungen bildete. Dabei sprach sie ununterbrochen weiter.

– Die Spezialität unserer Köche ... zu Ehren unserer lieben Gäste ... um den Erfolg zu feiern...

Die Frauen stellten die Platten auf den Tisch, und dichte Dunstschwaden stiegen aus den warmen Speisen in die kalte Luft des Saales empor, frivole und dunstig-feuchte Heiligenscheine, die zwischen den Tischgenossen hingen. Doch keiner sah sie an. Und auch auf die durchdringenden Worte, die wie glühende Metallfunken durch die Luft flogen und herabzufallen vergaßen, achtete niemand. Alle hatten sie den Kopf der Tür zugewandt, durch die, mit langsamen Schritten und übertrieben achtsam ein Glas Wasser auf einem Tablett tragend, Sabina trat. Sie schaute niemanden an, blickte starr auf das Wasser im Glas und schritt beinahe würdevoll voran, hatte einen konzentrierten, der Trauer sehr ähnlichen Ausdruck, der sich auf ihr schönes, aus dem hohen Pulloverkragen ragendes Gesicht gelegt hatte. Ich betrachtete sie mit Wohlgefallen, obwohl mir klar war, daß nicht nur ich sie ansah und daß alle anderen sie anders sahen als ich, und darauf warteten, daß ihr etwas geschehe oder daß sie etwas tue oder, mehr noch, wissend, was ihr geschehen oder was sie tun würde. Ich betrachtete sie, wie gesagt, mit Wohlgefallen und mit wacher Neugierde, betrachtete sie noch, als sie schon um den Tisch herumgekommen war, neben mir stand und immer noch auf das Glas starrte, als warte sie darauf, daß ich beschlösse, was nun zu geschehen habe. Ich aber wußte nicht, was geschehen würde. Eher neugierig als fragend sah ich den Doktor an, der aber schlug die Augen nieder, um sie gleich darauf wieder zu erheben und seine Chefin unterwürfig anzuschauen. Doch nur für den Bruchteil einer Sekunde, denn sein Blick, noch trauriger als vorher, kehrte zu mir zurück, und er flüsterte mit matter, trockener Stimme:

– Es wäre gut, wenn Sie jetzt trinken würden, Sie werden sich dann besser fühlen.

– Aber ich bin nicht krank, antwortete ich automatisch, leicht belustigt, aber auch von der Absurdität der Situation etwas aufgebracht. Und ich habe überhaupt keinen Durst. Im gleichen Augenblick spürte ich, daß ich eigentlich Durst hatte, und ich hätte dies mit einem Lächeln kommentiert, hätte die aufgelöste Gestalt des Doktors mir nicht ein Gefühl plötzlichen Alarmiertseins übermittelt.

– Ich soll trinken? fragte ich unsicher, vielleicht auch rhetorisch, doch mit falscher Betonung, wobei ich die Überbringerin des Glases anblickte, so daß es aussah, als stelle ich ihr diese Frage und mache sie dadurch zur Schiedsrichterin. Gleichzeitig erfaßte der restliche Teil meines Blickfeldes das Profil und den Rücken von Frau Mardare, die angeregt mit ihrem Tischnachbarn redete, sowie alle anderen Gesichter, die mir zugewandt waren und seltsamerweise gespannt auf meinen Entschluß warteten.

– Trinken soll ich? fragte ich noch einmal, obwohl mir klar war, daß ich mich unmöglich machte, und als Antwort reichte Sabina mir das Glas, das sie mit entschlossenem Griff – als wollte sie es selbst austrinken oder auf mein Wohl anstoßen – vom Tablett hob. Ich nahm es ihr aus der Hand, wobei ich, als sie es mir wie eine Staffel überreichte, leicht ihre Fingernägel berührte, und begann zu trinken. Es war eiskalt und hatte einen leicht metallischen Geschmack, eher ungewohnt als unangenehm, und während ich trank, ging mir durch den Sinn, daß die Genossin Mardare deshalb so hingebungsvoll redete, damit sie nicht zusehen mußte, wie ich es trank. Doch merkte ich, daß das ein unsinniger Gedanke war, ebenso unsinnig wie der, das Glas hinzuwerfen und die Tür hinter mir zuschlagend zu gehen. Ich stellte das Glas zurück auf das Tablett, wobei ich darauf achtete, es nicht zu heftig aufzusetzen – ich hatte das unangenehme Gefühl, meine Hand habe zu zittern begonnen –, dankte und setzte mich auf meinen Platz zurück. Dabei versuchte ich, möglichst viele Stützpunkte und einen festeren Kontakt mit dem Boden zu finden oder vielleicht sogar den Raum irgendwie festzuhalten, der begonnen hatte, sich immer schneller um mich herum zu drehen.

5

– Und nun werden wir uns erst einmal einem Test unterziehen, war der erste Satz, den ich dann nach langer Zeit, als die Drehbewegungen plötzlich und wie abgehackt zum Stillstand kamen, hörte. Ich öffnete verwundert die Augen, überrascht vor allem, daß ich sie bis dahin geschlossen gehalten hatte, und sah mich mit leicht naivem Erstaunen um – wohl wissend, daß mein Staunen naiv war.

Ich lag in einem weiß gestrichenen Metallbett unter einer bläulichen Decke, die in einem weißen Überzug steckte; in einem Bett, das mitten in einem kleinen, weiß getünchten Zimmer stand – nein, es ist nicht geweißt, korrigierte ich mich sofort, noch während ich das dachte, sondern mit dicker Ölfarbe angestrichen. Hier und da konnte man noch die festgetrockneten Pinselstriche sehen, an manchen Stellen auch eine Borste, die sich vom Pinsel gelöst hatte und nun mit der Farbe an der Wand klebte – mit einem Fenster, das im Verhältnis zu den Dimensionen des Zimmers recht groß und dessen Scheiben ebenfalls weiß gestrichen waren. In einer Ecke des Raumes empfing ein weißes Waschbecken das in großen Abständen aus einem darüber befindlichen Hahn tropfende Wasser, das beim Herabfallen verspritzte und Wand und Zementfußboden mit einem feinen Feuchtigkeitsfilm überzog. Über dem Waschbecken befanden sich ein weißes leeres Wandbrettchen und ein Spiegel, der lediglich ein Stückchen weißlich glänzender Wand reflektierte. Ich erinnere mich, daß mein erster – unbefangener und noch neutraler – Gedanke war, daß alles, obwohl weiß (oder vielleicht gerade deshalb), unsauber und zweifelhaft aussehe, angefangen bei dem trüben, pergamentenen Licht, das von den weiß gestrichenen Fensterscheiben gefiltert wurde, bis zum Bettzeug, das an die Laugen denken ließ, in denen es gewaschen worden war. Außerdem kamen mir diese Leintücher mit ihren knotigen Ausfransungen bekannt vor. Sie erinnerten mich an etwas, und mir fiel auch sofort ein, woran; ohne mich zu wundern und indem ich diese Verbindung sofort akzeptierte, erinnerten mich diese Leintücher an die Tischtücher – oder sie waren gar mit ihnen identisch –, auf denen man die Platten mit den Krautwikkeln und dem Maisbrei abgestellt hatte, Platten, von denen die nach Quendel duftenden Dunstschwaden wie feuchte und würzige Aureolen aufgestiegen waren. Es war der letzte Eindruck, den ich wie ein erstarrtes Standbild aus dem vorher abgelaufenen Film, der dann gerissen war, bewahrt hatte. Erst nachdem ich – objektiv und einigermaßen stolz auf meinen Scharfsinn – auch diese Feststellung getroffen hatte, schaute ich – mir war bewußt, daß ich mich bis dahin gehütet hatte, in diese Richtung zu blicken – zur Tür. Dort stand, ein Heft und einen Kugelschreiber in der Hand, in einem weißen Kittel, aus dessen Halsöffnung der gerollte Kragen eines Pullovers ragte (der gleiche?), Genossin

Sabina (und wie noch? fragte ich mich in Gedanken).
Sie war es, die den ersten Satz, den ich nach dem abrupten und wie abgehackten Ende der Drehbewegungen gehört hatte, aussprach oder gerade beendete:
– Und nun werden wir uns erst einmal einem Test unterziehen.

Sie benutzte genau diese für Kinder oder Schwachsinnige geprägte Formel, die nicht zu ihr paßte, was sie auch merkte, so daß sich in ihren blassen, leicht verzogenen Mundwinkeln ein ironisches, letztlich ein selbstironisches Lächeln festsetzte.

– Wie heißt du? fragte ich sie anstelle einer Antwort und duzte sie zur Strafe für die Art, in der sie zu mir gesprochen hatte. Sie aber antwortete mir ohne sich zu wundern, jedoch etwas lauter als nötig.

– Sabina.

– Und wie noch? fragte ich dankbar über ihre unvollständige Auskunft. Sie ließ mir die Möglichkeit, genau die Frage zu stellen, die ich eigentlich gemeint hatte.

– Achim, antwortete sie, ohne zu zögern, doch etwas leiser; und ohne zu wissen, warum, war ich mir sicher, daß sie gelogen hatte, daß sie irgendeinen beliebigen Namen genannt hatte oder einfach den Namen, den sie gewöhnlich in Ausübung ihres Berufes benützte, der jedoch nicht ihr wirklicher Name war. Ich sagte nichts mehr, das Spiel interessierte mich nicht weiter. Sie aber trat einige Schritte näher, als hätte sie soeben erfolgreich eine Prüfung bestanden, die es ihr gestattete, voranzuschreiten. Sie kam an mein Bett, lehnte sich einen Augenblick mit dem Oberschenkel gegen den Metallrahmen am Fußende, um dann, scheinbar ein heimliches Zögern überwindend, noch zwei Schritte parallel zu meinem Bett vorwärts zu machen und sich etwas linkisch, mit sehr geradem Rücken, die Hände mit dem Kugelschreiber und dem Heft im Schoß, ganz nahe zu meinem auf dem Kissen liegenden und plötzlich von Angst erfaßten Kopf niederzusetzen. Mich ängstigte vor allem meine ungewöhnliche Lage, die mir von vornherein die Position des Unterlegenen zuwies und mir nicht gestattete, ganz normal zu denken und zu sprechen, wie ich auch nicht mehr normal sehen konnte, denn durch sie war mein Gesichtskreis eingeschränkt. Die viel zu große, beinahe wissenschaftliche Aufmerksamkeit, mit der sie mich betrachtete, ließ mich die Augen schließen und mich der Rolle des zu erforschenden Objektes hingeben, während ihre Stimme mir in professoralem Tonfall Fragen stellte, die durch das zweideutig-ironische Lächeln leicht gebrochen wurden, mir Reaktionen abverlangten und mich aus der selbstvergessenen Hingabe rissen. Diese widerstrebenden Neigungen begleitete ein irritierendes Gefühl des Gequältwerdens und der Unsicherheit sowie eine beunruhigende, jedoch nicht unangenehme Erregung.

– Wir fangen mit dem Anfang an, sagte sie und schlug ihr Heft auf. Wie heißen Sie.

– Ist das ein Verhör? fragte ich scherzhaft, denn ich ging davon aus, daß sie es ebensowenig ernst meinte.

– Nein, eine ärztliche Untersuchung, sagte sie viel ernsthafter, als mir lieb war.

– Aber ich bin doch gar nicht krank, lehnte ich mich auf. Mir begann der Spaß zu vergehen.

– Alle behaupten das, erwiderte sie mit einer mich erschütternden Plumpheit.
– Wer, alle? fragte ich eher beleidigt als neugierig.
– Alle unsere Patienten, erklärte sie mit einer merkwürdigen Betonung (verächtlich?, ironisch?, feindselig?) des Wortes »Patienten«.
– Ich bin nicht euer Patient, sagte ich gehässig. Sie setzte das Gespräch nicht fort, sondern beugte sich auf kindliche Art über das Heft auf ihren Knien – als läge es auf einer Schulbank – und hielt in Versalien meinen Namen fest.
– Sie wissen also, wie ich heiße, höhnte ich. Sie schien mich jedoch nicht zu hören und trug pflichtbewußt meine Daten ein (Datum und Ort der Geburt, Adresse, Namen der Eltern, Beruf, Brüder, Schwestern, politische Zugehörigkeit, Auslandsreisen), die sie überraschenderweise kannte und kalligraphisch und ohne jede Eile, aber auch ohne abzusetzen, hinschrieb.
– Kennen Sie auch meine Schuhgröße? fragte ich, doch was ironisch hätte klingen sollen oder wenigstens frech, klang plötzlich tonlos, fast ängstlich.
– Vierundvierzig, sagte sie ebenso tonlos und schrieb weiter. Dabei fügte sie leicht lächelnd hinzu: Konfektionsgröße 50, Weite 1.
– Das nenne ich Verehrung, sagte ich sarkastisch. Tatsache aber war, daß ich nun zum ersten Mal wirklich Angst hatte. Außerdem hatte der Fragebogen, den sie ausfüllte, überhaupt nichts Medizinisches. Er glich den unzähligen Personalfragebogen, die ich im Laufe meines Lebens schon ausgefüllt hatte, nur daß er noch etwas ausführlicher schien. Der weiße Kittel dieser

Frau sowie ihre ungewöhnliche Nähe (ihr schwer zu beschreibendes Parfum war angenehm, zugleich aber auch irritierend, stechend) verliehen ihm etwas zusätzlich Geheimnisvolles.

Selbstverständlich ist die naheliegendste Frage angesichts einer derart absurden Situation, warum ich nicht weggegangen bin. Warum habe ich mich nicht aus jenem Krankenhausbett erhoben, an dem man Personalfragebogen ausfüllte; warum floh ich nicht vor dem ironischen Lächeln dieser Frau, die alle meine persönlichen Daten schon kannte; warum habe ich nicht das weiße und dabei schmuddlige Zimmer verlassen; warum habe ich – da mir doch alles verdächtig vorgekommen war – trotzdem das Glas Wasser mit dem metallischen Geschmack getrunken; warum bin ich – wenn uns angesichts des Irrsinns schon die Haare zu Berge standen – nicht vom Katheder aufgestanden und habe den Zauberkreis jenes aggressiven Beifallsklatschens verlassen? Ich werde bestimmt nicht entschuldigend von Illusionen zu sprechen anfangen, denn die hatten nie bestanden. Auch werde ich nie behaupten, ich hätte den Applaus für normal gehalten, das Wasser für gewöhnliches Wasser und das Krankenhaus für ein Krankenhaus. Im Gegenteil, alles, was ich sagen kann, ist, daß ich die ganze Zeit über den schlimmstmöglichen Ausgang der Sache erwartet hatte, so daß ich jedesmal, wenn eine meiner schrecklichen Vorahnungen bestätigt wurde, tief drinnen auch einen kleinen persönlichen Triumph empfand. Warum bin ich dann geblieben? Eine gewisse Trägheit, die Praxis zivilisierter Umgangsformen, die sich auf Zuvorkommenheit und Höflichkeit stützen und die mir schon in der Kindheit anerzogen wurden, terrorisierten mich geradezu auch in den absurdesten Situationen. Die physische Unfähigkeit, jemandem auf den Kopf hin zuzusagen, »du lügst«, die katastrophale Vorsicht, bloß niemanden zu kränken oder gar jemandem Unrecht zu tun, all das zusammengenommen, erklärt einigermaßen das Ausbleiben einer entschiedenen, normalen und prompten Reaktion auf das Einsetzen des Irrsinns. Doch all das zusammengenommen, macht auch nicht mehr aus als die – gewiß nicht zu übersehende, aber letztlich unwesentliche – äußere Form einer sehr viel schwieriger zu definierenden und zu bekennenden Wahrheit. Im Kern der Passivität verbirgt sich eine wilde und rohe Neugier, ein Bedürfnis – gleichgültig, um welchen Preis –, zu wissen, wie weit das alles gehen kann, eine Begierigkeit, herauszufinden, welches – wenn es sie gibt – die Grenzen der Absurdität sind, ein masochistischer und beinahe lasterhafter Wille, so vollständig wie möglich die Physiognomie des Bösen zu erfassen, ein beinahe systematischer Wissensdurst, der die verschiedenen Spielarten des Absurden so genau wie möglich kennenlernen will. Und das nicht mit der kalten Distanziertheit eines Gelehrten, der die typischen Merkmale einer Krankheit bestimmen will, sondern mit der Verzweiflung dessen, den die Krankheit angesteckt hat und dessen Überlebenschancen davon abhängen, ob sie sich durchsetzt. Allerdings muß ich präzisieren, daß das, was ich sage, meine Passivität erklärt, aber nicht entschuldigt. Was wie ein heldenhafter Einsatz all meiner Erkenntniskräfte aussieht, kann umschlagen – und schlägt letztlich auch um – in eine gefährliche Koexistenz mit dem Bösen, in eine lasterhafte Symbiose, die schmerzhaft, aber sinnlich, promiskuitiv, aber erschöpfend ist. Es blockiert die erworbenen Widerstandskräfte, so daß der Kranke, anstatt zu genesen, in der verzweifelten Umklammerung mit der Krankheit – die einer Umarmung so ähnlich sieht – feststellt, daß er so weit gelangt ist, sich mit ihr zu identifizieren, daß er selbst zur Krankheit geworden ist. All das sind jedoch mehr oder weniger nachträgliche Spekulationen, dazu da, einer Haltung Sinn zu verleihen, die ursprünglich nur aus einem ersten Aufbäumen und einer großen Müdigkeit bestand.

Ich lag also ausgestreckt in meinem Bett, atmete den angenehmen und herben Geruch des Parfums ein und wußte nicht, was ich mit den Augen anfangen sollte, die dem Gegenstand viel zu nahe waren, als daß sie ihn hätten in den Blick bekommen können. So hatten sie die Neigung, sich zu schließen, um dieser ausweglosen Situation zu entgehen.

– Was für Tests hatten sie gemeint? fragte ich, nur um etwas zu sagen, um die feindselige und zweideutige Leere zwischen uns mit Worten zu füllen.

– Selbstverständlich psychologische, antwortete sie und klappte ihr Heft mit einer Gebärde zu, die bedeuten sollte, daß ein Kapitel abgeschlossen sei. Tests, durch die wir alle Ihre Geheimnisse und sogar noch mehr als diese in Erfahrung bringen werden, fügte sie irgendwie scherzhaft, aber nicht ganz ohne einen drohend klingenden Unterton, hinzu.

– Was heißt »mehr als diese«, fragte ich wieder, wobei ich mich noch nicht entschieden hatte, ob auch ich mir ihren Ton aneignen oder bei meiner ungewissen und abwartenden Haltung bleiben sollte.

– »Mehr als diese« heißt mehr noch, als Sie ahnen, viel mehr, als Sie selbst über sich zu wissen glauben, äffte sie mich nach.

– Eine echte existentielle Erfahrung, entschied nun auch ich mich für den ironischen Stil. Aber welchem Umstand verdanke ich denn Ihre so liebenswürdige Fürsorge?

– Einzig und allein Ihren besonderen Verdiensten auf dem Gebiete des Kampfes gegen die Mächte der Finsternis, wie die Genossin Mardare sagen würde, lächelte sie nun, und dieses mir neue Lächeln erwärmte mich, rief dieses seltsame und irgendwie beunruhigende Gefühl in mir hervor, das sich mitunter im Gebirge einstellt, wenn uns zwischen den kalten Windstößen für ein paar Sekunden ein unerklärlich warmer Lufthauch umfängt.

– Nun müßte bloß noch geklärt werden, was die Mächte der Finsternis sind, lächelte auch ich ganz im Widerspruch zum Sinn meiner Worte und gab mich heiter, beinahe lustig, ohne dabei das Gefühl zu haben, mir zu widersprechen.

– Ach, das hat keine Bedeutung, hier zählt nur der Wille, lachte sie aus vollem Herzen, und das Lachen veränderte sie vollends, verlieh ihr eine gewöhnlichere Note, ließ sie kindlich erscheinen und ungeschützter. Fangen wir also an, sagte sie wie jemand, der den Startschuß zu einem Rennen gibt, bei dem er auch selbst die

Zeit mißt, und entnahm ihrem Heft mehrere Karten, die sie fächerförmig in der Hand anordnete wie Spielkarten, nur etwas größer, doch ebenso bunt. Was sagen Ihnen diese Bilder, fragte sie mich und sah mich prüfend an, auf eine – wie soll ich sagen? – objektive Weise, als sähe sie nicht mich an, sondern die Kategorie Menschen, der ich, einem Klassifikationssystem entsprechend, angehörte. Es lag etwas ganz besonders Kränkendes in dieser Art, betrachtet zu werden, und das um so mehr, als eine Absicht, zu kränken, nicht nachweisbar war. Ich spürte eine akute Erregung in mir aufsteigen, eine Art Schüttelfrost, bestimmt gegen die schöne Frau vor mir gerichtet, die mich mit ihrem scharfen Parfum und ihren beleidigenden Tests einwickelte, vor allem aber gegen mich selbst, der ich wie ein Idiot im Bett eines zweifelhaften Hospitals lag – das heißt, ich war überhaupt nicht sicher, ob es sich wirklich um ein Hospital handelte –, der ich mich von dubiosen Bewunderern in die entferntesten Provinzen hatte locken lassen – das heißt, ich hatte von Anfang an geahnt, daß sie weder meine Literatur noch die Literatur von jemand sonst interessierte –; gegen mich selbst, der nun wie im Netz falscher Autoritäten und äußerst diskussionswürdiger Mächte gefangen war, denen ich mich – noch! – hätte entreißen können, indem ich das ganze schäbige Gespinst aus offen gelassenen Anspielungen und nicht ganz ausgesprochenen Drohungen zerriß. Doch versuchte ich es nicht, zögerte, tat so, als verstünde ich nichts, redete mir ein, zu übertreiben, schob alles immer wieder auf, machte mich gemein...

Im Zeichen dieser Erregung begannen die Tests, die ich für ein idiotisches Spiel hielt, eine Laune, während die anderen – ein Wort, dessen Bedeutung ich niemals wirklich verstanden hatte – sie ernst nahmen, sie sogar in Instrumente verwandelten, mit denen sie ihre Zwecke zu erreichen suchten. Diese kamen mir – als ich endlich so weit war und ihre Existenz akzeptierte – lächerlich vor und nicht vertretbar. Jedenfalls glich alles einem Spiel, das mich, wie jedes Spiel, bald langweilte: Sie zeigte mir jeweils eine Karte, die mit bunten Flecken in den verschiedensten und ausgefallensten Formen bedeckt war. Sie waren untereinander ohne jeden künstlerischen Aufwand verbunden und schafften es trotzdem, wenigstens kleinen abstrakten Bildern ähnlich zu sehen, und ich mußte sagen, was die Formen mir suggerierten, die Farben und die Linien, die, wie es schien, nicht ganz zufällig angeordnet waren. Es war ganz deutlich, daß sie von sich aus, ohne daß man sich der Aufforderung einer Frage aussetzte, nichts sagten. Ich habe in meinem Leben zu viel abstrakte Kunst gesehen, die nichts anderes ausdrückte als den Willen des Malers, aus der Anonymität herauszutreten und jemanden, wen auch immer, zu beeindrucken. Dennoch unternahm ich die Anstrengung, der Konvention zu genügen, und betrachtete die außerordentlich beliebigen Darstellungen und erfand dazu dutzendweise irgendwelche Metaphern.

– Was sagt es Ihnen? fragte sie.

Und ich antwortete:

– Ich sehe ein Tal zwischen zwei Hügeln, auf deren Kuppen zwei, beziehungsweise vier Tannen stehen, während auf dem Pfad zwischen den beiden Hügeln eine Form zu sehen ist, die man als menschliche Gestalt interpretieren könnte, gewiß eine Frau, die kupferrotes und sehr langes Haar trägt, aber es könnte auch ein Fuchs sein, der auf den Hinterläufen steht. Im Hintergrund des Tales sieht man ein Häuschen, das man auch als Auto interpretieren könnte, wohingegen die weißen Punkte um die Tannen nichts anderes sein können als Schafe. Was mich beunruhigt, ist, daß man nicht auch den Hirten sehen kann, doch kann der Hirte auch auf eine der Tannen geklettert sein und sich zwischen den Zweigen versteckt haben, wie die Schafe andererseits auch so abgerichtet sein können, daß sie allein grasen.

Ich scherzte offensichtlich und schaute beim Sprechen in ihre grauen Augen, die von einer feinen, beinahe inexistenten Linie konturiert wurden, ihre Augen, die ohne meinem Blick auszuweichen, sich doch nicht auf diese einließen. Sie durchdrangen ihn, betrachteten mich als Gegenstand, schätzten mich ab, studierten die Kategorie, der ich angehören sollte.

– Und diese? fragte sie, wenn ich zu erkennen gab, daß meine Phantasie erlahmte oder daß ich mich zu langweilen begann, und zeigte mir ein neues Stück Karton, das mit anderen Formen bedeckt war, nur geringfügig von den früheren unterschieden, und ich begann von vorn:

– Diese läßt mich an einen Garten voller Blumen mit runden Blütenblättern denken, auf denen bunte Schmetterlinge und Paradiesvögel sitzen. Unter den Blumen verbergen sich Pilze, die man nicht sehen

kann, doch bin ich sicher, daß sie dort sind, und sogar ein Kater, der sich im Gras ausgestreckt hat und schläft, dieser an dem einen Ende schmaler werdende Streifen, der nichts anderes als sein Schwanz sein kann, ist mir Beweis genug. Soll ich fortfahren? fragte ich, überzeugt, daß auch sie diese Kitschübung, die für Literaturstudenten geeignet gewesen wäre, nicht ernst nehmen konnte. Sie aber sah mich ganz ernsthaft und nachdenklich an, als hätte ich sie mit einem Problem konfrontiert, das ernste Folgen haben konnte, und antwortete ohne Lächeln und mit einer fast feindseligen Kälte.
– Gewiß doch, unterbrechen Sie sich nicht.
– Zwischen den Blumen, begann ich wieder, diesmal jedoch viel weniger amüsiert und mit wachsender Unlust, sieht man hie und da kleine, lebendig bemalte Pilze, die durch die Eleganz ihrer Form und ihren Farbenreichtum schon zu erkennen geben, daß sie giftig sind. Damit will ich sagen, daß es ja längst kein Geheimnis mehr ist, daß die Schönheit der Pilze – wie auch bei den Frauen – direkt proportional ist zu ihrer Giftigkeit, das heißt, die häßlichen sind gut und die schönen schlecht. Auf den Pilzen kriechen Ameisen, die man nicht sehen kann, weil der medizinische Maler – wenn Sie mir gestatten, ihn so zu nennen – sie nicht mehr malen konnte, obwohl er dies gern wollte, aber sein Wille sei uns Gesetz; während in den Pilzen, ebenfalls unsichtbar (doch das ist nicht die Schuld des Malers, sondern die der Pilze, die nicht durchsichtig sind), blasse weise Würmer wohnen, weise nennt man sie mit einigem Recht, denn sie können die eßbaren von den giftigen Pilzen sehr gut unterscheiden und

wählen sich nur die eßbaren zum Wohnsitz, während sie sich die anderen zur Bewunderung aus der Ferne aufsparen.

Ich dachte, auch sie müsse sich bald langweilen, doch zu meiner Überraschung wurde sie nicht müde, immer wieder eine neue bunte Karte herauszuziehen, bis zu dem Augenblick, da ich verzweifelt und ahnend, daß sie sich über mich lustig machte, mich weigerte, weiterhin an der bedrohlich gewordenen Stupidität des Spiels teilzunehmen. Sie schien überhaupt nicht überrascht von meiner Verweigerung, sah mich nur etwas aufmerksamer an, jedoch mit der gleichen wissenschaftlichen Aufmerksamkeit, die nicht etwa wegen ihrer Nachlässigkeit verächtlich wirkte, sondern im Gegenteil, wegen der übersteigerten Genauigkeit ihres zweckorientierten Blickes, der eine Gegenseitigkeit ausschloß – etwa wie ein Biologe mit größter Aufmerksamkeit, ja, geradezu leidenschaftlich durch das Mikroskop ein Urtierchen betrachtet, ohne daß auch nur die geringste Möglichkeit für den unter der Linse befindlichen Organismus bestünde, seinerseits den Forscher zu betrachten. Also sammelte sie, ohne zu protestieren, ihre Kartonkarten ein und hielt nur wie zufällig bei einer inne, die sie mir hinstreckte. Diese ist die letzte, lächelte sie mir zu, und ich interpretierte dieses Lächeln als einen persönlichen Sieg, als die Folge meiner Zurückweisung, womit ich den Mechanismus, der mich bedrohte und an dem auch sie Teil hatte, überwunden zu haben meinte.

– Das (antwortete ich und begann im gleichen Augenblick zu lachen, denn die Karte, die sie mir irgendwie schüchtern, wie mir schien, hinhielt, ähnelte tatsächlich einem berühmten Bilderzyklus eines guten Freundes, Bildern, die in der Vorstellung des Malers Fliegende darstellten, die mit offenen Flügeln durch die Nacht der Intuition flogen, die aber, einem in der Kunstwelt weitverbreiteten Witz entsprechend, viel genauer noch die weiblichen Beckenknochen mit allen dazwischen vorhandenen Organen zeigten)..., das, begann ich wieder, wobei ich immer noch gut aufgelegt lachte, das erinnert mich an ein Bild von Dorin Paliu. Und da sie den objektiven Blick aufgegeben hatte und mich fragend und neugierig ansah, berichtete ich ihr, womit, wie man sich erzählte, die Bilder meines Freundes verglichen wurden. Als ich aber geendet hatte, lachte sie nicht, ja, sie lächelte nicht einmal, sondern sah mich einige Sekunden lang an, länger als nötig, als wollte sie sich meinen Gesichtsausdruck oder meine Züge genauestens einprägen. Dann sammelte sie die auf meinem Bett herumliegenden Karten ein, stand auf und ging, ohne mich noch einmal anzusehen, ohne Lächeln oder Gruß, ganz so, wie der Biologe, der auch nicht daran denkt, beim Verlassen des Labors seine Urtierchen zu grüßen, die zwischen den Glasplättchen seines Mikroskopes liegen.

Allmählich verlor ich nicht nur die Geduld, sondern auch die Neugier. Ich erhob mich aus dem Bett, entschlossen, dieses Kapitel mit einiger Entschiedenheit abzuschließen. Doch kaum stand ich auf den Beinen, da sah ich mich in dem Baumwollpyjama (der irgendwann einmal mit bunten Streifen bedruckt gewesen war und der nun, nach unzähligen Wäschen, nur noch einige grau-rötliche Schatten auf einem weißlichgrauen Hintergrund aufwies). Er war mir viel zu klein, so daß ich meine Waden und Unterarme betrachten konnte, die lächerlich und rührend zugleich herausragten wie bei einem Kind, das viel zu schnell der ärmlichen Kleidung entwachsen ist (die ausgefransten Bindfäden waren durch die Knopflöcher auf der Brust geschnürt worden und hatten in der Illusion wer-weißwelcher Ersparnis die Knöpfe ersetzen müssen). Ich stellte fest, daß ich, um weggehen zu können, erst einmal meine Kleider finden mußte, die, wo auch immer, weggeschlossen worden waren, und plötzlich erschien mir die Freiheit viel weiter weggerückt zu sein und viel schwerer zu erreichen, als ich geglaubt hatte. Und deshalb umso zwingender nötig.

In dieser lächerlichen Haltung – ich studierte soeben mein Aussehen: die endlos langen Beine, die barfuß auf dem kalten Zementfußboden standen und ein Paar Kunstlederpantoffel anprobierten, die nur bis zur halben Ferse reichten – traf mich Doktor Bentan an. Er hatte eilig die Tür geöffnet, war aber im Türrahmen stehengeblieben, als könnte er sich nicht entschließen, ob er eintreten sollte oder nicht. Während er mich betrachtete und es dabei vermied, meinem Blick zu begegnen, war er mit seinen Gedanken offenbar ganz woanders. Seltsam, in seinem weißen Kittel und in Ausübung seiner Funktion wirkte er viel imposanter als bei Tisch. Er war groß und aufrecht, seine Schultern waren nur ganz leicht vorgebeugt, nur so weit, daß sie das gewohnte lange Vornübergebeugtsein über die Bücher noch andeuteten, und selbst seine ärmliche Glatze

bekam dadurch etwas Studierzimmerhaftes und Würdiges.
– Guten Tag, sagte er und entschloß sich, einzutreten, doch ließ er die Tür offen. Wie fühlen Sie sich?
– Ich fühle mich sehr gut und will sofort nach Hause fahren, antwortete ich mit einer von dem Aufzug, in dem ich der allgemeinen Neugier preisgegeben war, verstärkten Empörung, doch dafür benötige ich meine Kleider und meine Schuhe, die mir abgenommen worden sind. Ich will meine Kleider zurückhaben, fügte ich noch wütend hinzu und entdeckte entsetzt auch in den Augen des Doktors jenen objektivierend abwägenden Blick, mit dem mich schon Sabina gedemütigt hatte. Dann war ich auch noch wütend, weil ich begriff, daß ich das Gespräch in dieser komischen und gleichzeitig auch jämmerlichen Haltung nicht würde fortsetzen können, wohingegen die Rückkehr ins Bett – die offensichtlich unvermeidlich war – ein Zurückweichen bedeuten mußte und den Beginn einer Niederlage.
– Ich rate Ihnen, ins Bett zurückzukehren, sagte der Doktor, der mein Dilemma erfaßt hatte, weder die Kälte noch die Aufregung können Ihnen guttun ...
– Auch die Absurdität dieser Hospitalisierung kann mir nicht guttun, unterbrach ich ihn und hob die Stimme, denn er hatte in einem sehr leisen, sehr ernsten und beinahe freundschaftlichen Ton gesprochen, mir tut auch die Obszönität dieser Situation nicht gut, die Sie Gott-weiß-warum geschaffen haben, wahrscheinlich, damit ich mich nun abstrampele, um meine allzu zweifelhafte Freiheit wiederzuerlangen, die jedoch von diesem medizinischen Gefängnis aus viel

erstrebenswerter erscheint..., und ich hätte vielleicht so weiter geredet, hätte das Gesicht des Doktors, der einen Blick auf den Flur geworfen hatte, sich nicht plötzlich verändert und mit einem Mal ganz erbärmlich ausgesehen – als befände er sich im Vorzimmer einer Katastrophe.

– Ist etwas geschehen? fragte ich, beinahe ohne es zu wollen, und blickte zur offenen Tür hin, die die Richtung des Unglücks anzugeben schien.

– Gehen Sie ins Bett zurück, sagte er röchelnd und flüsternd, wobei er vor Eile und Verwirrung die Silben übereinanderpferchte, gehen Sie sofort ins Bett zurück und versuchen Sie auf keinen Fall, Widerstand zu leisten.

– Widerstand, wogegen? hatte ich noch Zeit, eher neugierig als verängstigt zu fragen. Doch er machte ein zwingendes und verzweifeltes Handzeichen, und ich beeilte mich, auf ihn zu hören, und legte mich ins Bett. Außerdem hatte sich ein rhythmisches Geräusch, das schon seit einer Weile zu hören war, als eilig näher kommendes Absatzgeklapper auf dem Zementfußboden entpuppt, und noch bevor ich begriff, zu wem dieses Geräusch gehörte, hatte ich das Bild hoher Absätze, die in forscher Entschlossenheit wie schmetternd aufgesetzt wurden, vor Augen. Außerdem hatte der Doktor mir den Rücken zugekehrt und sich ganz zur Tür hin umgewandt, so daß es kein Problem darstellte, zu erraten, zu wem dieser eindrucksvolle Krach auf dem Flur gehörte. Die Genossin Mardare hatte keinen weißen Kittel an, sie hatte nur – wie beim ersten Mal, als ich sie gesehen hatte – einen kirschroten Moltonmantel um die Schultern gehängt, aber ihrer übertrieben aufgeblähten Brust, ihrem völlig humorlosen Blick und dem Haarberg entströmte solch eine gewaltige Selbstsicherheit, solch eine Gewißheit über die Macht, die sie repräsentierte, daß sich die Erniedrigung ihrer Begleiter – die wie ein wandernder Hofstaat wirkten, wie eine lebendige Schleppe aus weißen Kitteln – daraus beinahe von selbst ergab, als eine logische Folge. Es hatte tatsächlich etwas Imponierendes – und ich wunderte mich, daß sie auch mich beeindruckte –, dieses Kräfteverhältnis, das sich ganz zugunsten der Macht hin verschoben hatte. Es war gleichermaßen entwürdigend und beeindruckend. Eindruck machte nicht die Art, in der die Ärzte, die ihr folgten, sich vor dieser Frau niederbeugten, sondern wie selbstverständlich es ihr war, daß sie das taten. Es sah aus, als zöge ihre Selbstsicherheit die Realität selber hinter sich her, als ließen nicht sie, die Schwachen und Willenlosen, sich von ihr beherrschen, sondern als unterwürfe sich die Wirklichkeit selber der Unbeugsamkeit ihres Willens.

– Hat man hier die Tests durchgeführt? fragte sie beim Eintreten, wobei sie mich weder eines Blickes würdigte noch grüßte, während aus der Gruppe der Kittel eine Frau – in der ich nun erst Sabina wiedererkannte, so sehr schien die Strenge ihres Ausdrucks ihre Züge zu verändern – antwortete, daß sie durchgeführt worden und die Ergebnisse vorbereitet seien.

– Sprich, sagte Genossin Mardare kurz und ohne jemanden anzusehen, und Sabina trat einen Schritt vor – beinahe gleichzeitig mit Doktor Bentan, der einen

Schritt zurücktrat, um in der Gruppe der Weißkittel zu verschwinden (in einem schüchternen Versuch, wie mir schien, sich von dem nun Folgenden abzusetzen). Jedenfalls schlug Sabina ihr Heft auf und begann daraus einen Text vorzulesen, wobei sie – recht häufig – den Blick hob, um vom Gesicht der Genossin Mardare die Wirkung ihres Vortrags abzulesen, und nach jeder Überprüfung zuckten ihre langen Wimpern ein- oder zweimal, bevor sie ihre Augen wieder, beruhigt, daß alles in Ordnung war, auf das Papier senkte. Der Text, den sie vorlas, war dermaßen überfrachtet mit stehenden Redewendungen und vorgestanzten Formeln, daß er anfangs nicht einmal auf mein Interesse stieß und ich erst später merkte, daß er sich auf mich bezog. Ich versuchte, mich zu konzentrieren. Doch mein Erstaunen über den einen oder anderen Satz lenkte meine Aufmerksamkeit von den darauf folgenden Sätzen ab, so daß ich lediglich so etwas wie die unebene Oberfläche des Berichts, eine Berg- und Tallandschaft, im Gedächtnis behielt. So hörte ich sie zu einem gewissen Zeitpunkt von meinen Auslandsreisen als von einem gefährlichen Symptom sprechen oder jedenfalls wie über etwas, das meine unnachsichtige und strenge Überwachung erforderlich mache. Ebenso schien der Beruf meines Vaters zu den Vorbedingungen für meine Erkrankung zu zählen. Genauer noch, so jedenfalls ihr Bericht, müsse man, berücksichtige man die Berufswahl meines Vaters, sich nicht über die Erkrankung des Sohnes wundern, eine Erkrankung, die geradezu die logische Konsequenz dieser Berufswahl und so weiter sei. Nachdem sie also in aller Ausführlichkeit meinen Personalbogen kommentiert hatte, ging die schöne Sabina dazu über, meine Billigmetaphern, die ich anhand der bunten Schmierereien auf den mir gezeigten Kärtchen erfunden hatte, zu interpretieren. Ich hörte zu und mußte lachen, vor allem, weil die bedeutungsschwangeren und wichtigtuerischen Gesichter der Zuhörenden zum Lachen reizten. Doch da ich mich vollkommen alleingelassen fühlte und die böse Absicht hinter dieser amüsanten Dummheit durchschimmerte, gefror mir das Lachen auf den Lippen, und eisige Schauder rieselten über meinen Rücken. Die rothaarige Frau, die ich in jenem Tal entdeckt hatte, die weißen Schafe auf dem Hügel, die Tannen, Blumen und Schmetterlinge, aber vor allem die Pilze, all das geriet in der Interpretation der gelehrten Psychologin zu schlüpfrigen Symbolen, die zu der durch meine Bemerkung über die Leinwände meines Malerfreundes begründeten und vehement vertretenen Schlußfolgerung führten – obwohl es derer überhaupt nicht mehr bedurft hätte –, daß ... ; schlußfolgernd, sagte die Frau, die mit Sabina überhaupt keine Ähnlichkeit mehr hatte – so sehr hatten sich ihre vertrauten Gesichtszüge in Erwartung der Zustimmung durch die Genossin Mardare verflüchtigt –, wir haben es hier mit einer sehr schlimmen Form der sexuellen Obsession zu tun, die eine Gefahr für die Umwelt darstellt und zu antisozialistischen Aktionen oder pathologischem Verhalten degenerieren kann. Am liebsten wäre ich aus dem Bett gesprungen, doch fiel mir ein, wie kurz mein Pyjama war, und ich begann, mich lautstark einzumischen, obwohl ich mir der Lächerlichkeit meiner Lage bewußt war – jemand, der im Bett liegend Krach schlägt –, und diese Spaltung, die Fähigkeit, mich zugleich von außen zu betrachten und die Situation einzuschätzen, minderte die Überzeugungskraft meiner Worte ganz erheblich.

– Ihr seid alle verrückt geworden! schrie ich sie an. Wie könnt ihr einer offensichtlich aus dem Gleichgewicht geratenen oder böswilligen Frau zuhören. Ganz sicher leidet sie selbst unter sexuellen Obsessionen, wenn sie in den unschuldigsten Wörtern schon verborgene Gedanken und schändliche Absichten entdeckt. Ich weigere mich, noch länger in diesem Bett zu bleiben, und fordere, daß man mir sofort meine Kleider bringt, die mir ohne meine Zustimmung abgenommen wurden, wie auch ich selbst ganz ohne meine Zustimmung in diesen Raum verbracht worden bin...

Je länger ich jedoch redete, um so mehr mußte ich feststellen, daß meine Worte nicht nur ihre Bedeutung, sondern auch an Glaubwürdigkeit verloren, daß ich nur ein Clown war, auf den niemand hörte und der sich trotzdem darauf versteifte, zu weinen, womit er letztlich das Gegenteil, nämlich Komik hervorrief. Außerdem schien die in Weiß gekleidete Gruppe mir nicht zuzuhören. Alle wirkten eher so, als vernähmen sie nicht einmal meine Worte, so aufmerksam blickten sie zu ihrer Chefin hin, die ganz konzentriert etwas in ihrem Büchlein suchte. Schließlich verstummte ich, und in dem Augenblick, da dies geschah, hob die Genossin Mardare ihren Blick – ein Beweis dafür, daß wenigstens sie mich gehört hatte – und sah mich an, als überlege sie, wieviel Kilogramm ich wohl wiege. Dann sagte sie ruhig, wobei alle sich beeilten mitzuschreiben, hatten sie doch gerade zu diesem Zweck ihre Hefte aus den Taschen gezogen:

– Gymnastikübungen des Typs A und D und intensive Auditivtherapie.

Dann verließ sie, auch diesmal grußlos, das Zimmer, und alle folgten ihr. Als letzter ging Doktor Bentan, der mir, kurz bevor er die Tür schloß, ein mehrdeutiges, möglicherweise ermutigendes, aber auch beunruhigendes und die Gefahr bagatellisierendes Zeichen gab.

6

Die folgenden Tage waren aufgeteilt in absurde gymnastische Übungen – Hunderte und Aberhunderte Bewegungen der ausgestreckten Arme, die dann plötzlich bis zum schmerzhaften Aneinanderklatschen der Handflächen zusammengeführt werden mußten – und mein heimliches Umherirren auf den mit einem Kunststoffbelag ausgelegten Fluren, durch Räume, die Krankenhauszimmern ähnlich sahen, durch den Sitzungssaal, immer auf der Suche nach Kleidern – egal welcher Art –, der Grundvoraussetzung jeden Fluchtversuchs. Anfangs machte ich meine Gymnastik mit Doktor Bentan, mit dem ich zwischendurch auch ein paar Worte wechseln konnte, obwohl er immer auf der Hut war, zu einem anderen Thema überging oder bei den Anweisungen, die er zur Gymnastik gab, die Stimme hob, wenn hinter der Tür auch nur die leiseste Regung zu vernehmen war. So fragte ich ihn einmal nach Maria Sărescu und Claudiu Jacob, die ich in irgendeinem der anderen Zimmer anzutreffen erwartet hatte, doch er antwortete mir, sie seien noch am Abend des ersten Tages in der Überzeugung abgereist, ich sei erkrankt und deshalb ins Hospital eingewiesen worden – »was Sie andererseits ja auch sind«, hatte er, ohne zu lächeln, und mit einer solchen Entschiedenheit hinzugefügt, daß seine Worte sich mit einer zusätzlichen Bedeutung aufluden. Ein anderes Mal sagte er, ich möge Sabina nicht zu sehr verurteilen, sie empfinde eine starke Sympathie für mich, sei aber gezwungen worden, sich so zu verhalten, wie sie sich verhalten habe. Jedesmal, wenn ich ihm sagte, daß ich weg wolle, und ihn bat, mir zu helfen, tat er so, als habe er nicht gehört, was ich gesagt hatte, verkürzte hastig die gymnastischen Übungen und beeilte sich, mich allein zu lassen. Er tat das derart ungeschickt, gleichzeitig aber auch derart pflichtbewußt, daß ich den Verdacht schöpfte, er beeile sich, um mich so schnell wie möglich denunzieren zu können, so daß ich – obwohl ich glaube, damals mit meinem Verdacht übertrieben zu haben – darauf verzichtete, ihn weiterhin in meine Fluchtpläne einzubeziehen. Einige Zeit später machte ich meine Übungen allein, schließlich war es kein philosophisches Problem, immer wieder mechanisch die gleichen Bewegungen zu wiederholen, die zudem noch von einem sonoren, lärmenden und äußerst rhythmisierten Klatschen untermalt wurden, das von einer höheren, einer über mir stehenden Instanz gesteuert wurde; am Ende hatte man wohl den Eindruck gewonnen, daß ich positiv auf diese Behandlung ansprach, um es mal so zu nennen, und man brachte mich in einen größeren Saal, wo diese Übungen im Kollektiv durchgeführt wurden.

Jetzt, da ich diese teils lächerliche und teils dramatische, allerdings vollends absurde Geschichte erzähle, der Sinn der Geschichte auf der Hand liegt, scheint es nahezu unglaublich, daß ich damals nicht begriff, worum es ging, und daß mir erst, als ich in die Gruppe gelangt war, die die gleiche Gymnastik trieb, die ich vorher allein gemacht hatte, plötzlich alles klar wurde. Es war, als verstünde man plötzlich die Bedeutung eines Wortes, dessen Silben man sich bis dahin immer wieder einzeln vorgesagt hatte. Ich vermute aber, daß mir das früher als den meisten anderen gelungen war, denn meine Trainingsgenossen schienen noch von keinerlei Entdeckung berührt, ja sie betrieben ihre Übungen sogar mit Eifer und Hingabe. Hinzu kam, daß ihre Gesichter sich dermaßen glichen – und somit auch denen, die ich in jenem Applaussaal gesehen hatte –, daß ich anfangs glaubte, sie seien identisch – eine Annahme, die in meinem Kopf den Erkenntnisblitz ausgelöst hatte. Aber dann stellte ich fest, daß es andere waren – sie waren nicht mehr so jung –, doch das Vergnügen, das ihnen das Applaudieren bereitete, verband sie so sehr, daß sie mit der Zeit alle das gleiche Aussehen angenommen hatten. Außerdem gab es hier unter sehr vielen Männern auch einige Frauen, was mir bei meiner ersten Begegnung nicht aufgefallen war, doch konnte ich meiner Beobachtungsgabe nicht sehr sicher sein, denn die Gesichter der wie in Trance sich dem Elend der Übungen Hingebenden hatten alle den gleichen Ausdruck, so daß sich die physischen, ästhetischen, altersmäßigen und geschlechtlichen Unterschiede zu verwischen schienen. Die Tatsache, daß eine der Personen langes Haar und einen Busen und eine andere Person breite Schultern und einen kräftigen Nacken hatte, wurde angesichts der gewaltsamen Uniformierung der Züge, der gleichförmigen und gleichermaßen rätselhaften Bewegungen aller als unwichtig übergangen. Was sie vereinte, schien so wesentlich zu sein, daß das Unterscheidende, ohne ganz zu verschwinden, für die anderen zu existieren aufhörte. Doch gerade weil ich diese Wahrheit geahnt hatte, konzentrierte ich mich darauf, sie zu durchschauen, versuchte, mir meine »Kollegen« anzusehen und hinter ihre Masken zu dringen. Ich betrachtete sie – mit einer solchen Aufmerksamkeit, daß ich mich wundern mußte, weshalb sie nicht bemerkt und bestraft wurde –, als bemühte ich mich, ihr Gesicht von Zirkusschminke zu reinigen (das Mehlweiß ihrer Wangen und das schmierige Rot der Lippen), doch je energischer ich das betrieb, desto katastrophaler verschmierte ich sie, so daß sie mit den verwischten Farbschichten noch entstellter aussahen als vorher. Einmal schien mir jedoch, als könnte ich in einer der schwungvollen und sich in tiefster Überzeugung den Übungen hingebenden Gestalten Maria Sărescu erkennen. Dieser Eindruck währte jedoch nur eine Sekunde, denn so sehr ich mich danach auch bemühte, ihn noch einmal hervorzurufen (obwohl die Haare, die Linie der Brauen, die ausdrucksstarken Züge des Mundes an sie erinnerten), es gelang mir nicht mehr, das in kräftigen Linien gezeichnete Gesicht meiner Kollegin an das wie eine grobe Skizze wirkende Antlitz dieser Person anzunähern, die sich rhythmisch bewegte und traumwandlerisch nur auf die eigenen Bewegungen achtete. Später, vor allem nachts, wenn ich nicht einschlafen konnte, überlagerten sich die beiden Bilder in meinem Kopf, und ich zweifelte nicht mehr daran, daß es tatsächlich Maria gewesen war, bleich und entstellt von der Behandlung, der man sie unterzogen hatte, und ich nahm mir vor, mich gleich nach dem Aufwachen auf die Suche nach ihr zu begeben. Doch als ich im Übungssaal angekommen war, wo ich fasziniert die Gesichter der mich Umgebenden betrachtete, wirkte die so gewisse Annahme der letzten Nacht lächerlich und unhaltbar, und meine eigene psychische Integrität erschien mir inmitten dieser amorphen Masse wie ein Wunder, auf das ich stolz sein konnte. Jetzt, da ich schreibe, denke ich, daß mein Verdienst, rechtzeitig begriffen und mich dadurch dem Erziehungsprozeß entzogen zu haben, nicht so besonders groß ist oder mir jedenfalls nicht allein zusteht. Vielleicht – so denke ich nun – hat Doktor Bentan mir dabei geholfen, indem er mich mit der Begründung, ich habe mich gut entwickelt, einer auf dem Wege der Maschinisierung schon viel fortgeschritteneren Gruppe zugeteilt und mich dadurch gezwungen hat, einen Augenblick früher zu erkennen, zu entdecken – was mich im übrigen gerettet hat –, was mich erwartete. Er war es auch, der mir eines Nachts, als er Dienst hatte, im Büro der Direktorin die Schubfächer mit den Bändern und Kassetten zeigte, auf denen kunstvoll und nuanciert Beifallklatschen aufgenommen war. Sie waren klassifiziert und beschriftet, wiesen genaue Längenangaben und Intensitätsbeschreibungen auf, so daß sie zur richtigen Zeit und am richtigen Ort einfach und völlig risikolos verwendet werden konnten. »Verhalten«, »anwachsend«, »enthusiastisch«, »mit Hoch-Rufen«, »abflauend«, »rhythmisch«, »anhaltend«, »vereinzelt« und viele, viele weitere feine Abstufungen waren auf den Schubfächern, die in einer rätselhaften

Hierarchie geordnet worden waren, notiert – in Form von Titeln oder gar Definitionen. Offensichtlich waren das die Bänder, die den überwältigenden Hintergrund unserer Übungen bildeten, die jedoch, wie der Doktor voller Bescheidenheit betonte, nicht hier im Komplex hergestellt, sondern das Werk von Spezialisten waren, von anerkannten Meistern ihres Fachs, die immer dann zu Rate gezogen wurden, wenn man eine neue Nuance oder einen anderen Intensitätsgrad benötigte. Die Bänder und Kassetten aus diesem Schrank, erklärte mir Doktor Bentan noch, seien nur Kopien von nicht besonders guter Qualität, die man von den Originalen des staatlichen Rundfunks und Fernsehens angefertigt hatte, lediglich für den erzieherischen Gebrauch bestimmt.

Eigentlich war dieser Doktor Bentan eine äußerst widersprüchliche Person, doch bevor ich diese Tatsache erwähne, muß ich einräumen, daß er nicht etwa das Opfer, sondern der Meister seiner Widersprüche war. Ich meine damit, daß sich sein Verhalten auf zwei parallelen und gegensätzlichen Linien vollzog, die er stets unter Kontrolle hatte: Ein Voranschreiten auf der einen wurde ganz schnell durch ein Nachrücken auf der anderen Linie kompensiert; sein ganzes Verhalten reduzierte sich auf die Bemühung um ein stabiles Gleichgewicht.

Während er mir den Schrank mit den Applauskassetten zeigte und betonte, wie ausgefeilt sie seien, verriet seine Stimme eine aufrichtige Bewunderung, die er sogar ein wenig zurückzuhalten suchte, so daß sie, wie unter Druck stehend, nur noch kräftiger hervorschoß. Gleichzeitig aber war die schlichte Tatsache, daß er mir all das zeigte, wobei er ein Geheimnis verriet und sich eines Vergehens schuldig machte, ein Akt des Sich-Wehrens gegen diese Bewunderung. Damit gab er mir Argumente an die Hand, mit denen ich mich vor dem krankmachenden und zerstörerischen Zauber schützen konnte, zu dem der Inhalt dieser Schubladen beitrug. Sein Verhalten mir gegenüber schwankte zwischen mitfühlender Solidarität und einer unverhüllten Überwachung, immer am Rande des Verrats, als sei er nicht nur stets dazu bereit, mir zu helfen, sondern auch, sich von mir loszusagen. So kam er einmal, nachdem er sich vergewissert hatte, daß niemand auf dem Flur war, zu mir (die Tür ließ er immer offen, damit man ihm nicht unterstellen konnte, Vertraulichkeiten mit mir zu pflegen, und so kein Verdacht auf ihn fiel), näherte sich meinem Bett und begann, ganz schnell auf mich einzureden:

– Schon lange will ich mit dir sprechen, dich bitten, ja, bitten, Sabina zu verzeihen, ihr nicht mehr böse zu sein. Das arme Mädchen weint und verzehrt sich, weil es sich für schuldig hält, du aber mußt die Situation verstehen, in die man sie gebracht hat, mußt verstehen, daß sie keinen Ausweg hatte. Dir kann doch nicht verborgen geblieben sein, daß sie dich mag, daß sie sich in dich verliebt hat; aber daß sie weiß, wie verärgert du bist, ja, die Vermutung allein, du könntest sie verachten, läßt sie verzweifeln. Außerdem könnte sie dir auch, wenn Ihr euch versöhnen würdet, bei der Verwirklichung deines Vorhabens beistehen, sie steht sehr gut mit der Leitung und wird nicht ständig verdächtigt und beargwöhnt wie ich.

Während er sprach, verrieten seine Augen eine ganz merkwürdige Unruhe. Unter der Maske der freundschaftlichen Beschwörung schimmerte mitunter ein kaltes und boshaftes, ja, beinahe haßerfülltes Funkeln durch, eine Art grausamer Heiterkeit wie die eines in der Nähe seiner Falle versteckten Jägers. Dies richtete sich wohl eher gegen Sabina als gegen mich, jedenfalls hatte ich den Eindruck, er wünschte, ich möge etwas gegen sie sagen, obwohl sein Verständnis für sie und das darin enthaltene Mitgefühl echt zu sein schienen. Außerdem wirkte Sabina mir gegenüber, als ich sie nach diesem Vorfall zum ersten Mal wiedersah und sie mit größter Aufmerksamkeit betrachtete – wobei ich versuchte, mit eigenen Augen die Bemerkungen des Doktors zu überprüfen – distanzierter als je zuvor; obwohl nur eine Putzfrau zugegen war, die das Waschbecken reinigte und uns keinerlei Beachtung schenkte, und auch Sabina sie nicht wahrzunehmen schien. Sie betrat das Zimmer, ohne zu grüßen – mit der Arroganz der Uniformträgerin, die sich als Repräsentantin einer höheren Macht empfindet, einer stärkeren und abstrakteren, um es so zu sagen, als die der schlichten Privatpersonen –, las den Befund- und Behandlungszettel, der am Fußende des Bettes angebracht war, und nachdem sie mich wie im Vorbeigehen mit einer Art professioneller Neugierde, vollkommen distanziert und gleichgültig, ja, vielleicht sogar etwas geringschätzig betrachtet hatte (aber mit einer Geringschätzigkeit, die nicht frei von Interesse war und in die sich sogar ein dünnes Fädchen Mitleid und ein anderes, kaum wahrnehmbares Fädchen Abneigung flocht), ging sie wieder. Selbst als unsere Blicke sich einen Augenblick lang trafen, erregte jene flüssige Berührung – wie beim Aufeinandertreffen zweier Gewässer, die in unterschiedliche Richtungen fließen – sie nicht nur in keiner Weise, sondern sie schien sie nicht einmal wahrgenommen zu haben. Vollkommen gelassen, selbstsicher und pflichtbewußt ging sie weiter. Ohne die Intervention von Doktor Bentan, ohne dessen beschwörende Worte, hätte mich die Verschlossenheit dieser Frau vielleicht überhaupt nicht gewundert, und selbst wenn ich es bemerkt hätte, hätte sie nicht die Macht gehabt, mich derart zu verletzen und zu demütigen. Nachdem sie den Raum verlassen hatte, war ich von dieser Kränkung wie erstarrt, unmöglich, aus dieser einfachen, hygienischen Geringschätzung nicht alle sich aufdrängenden Schlüsse zu ziehen, wobei ich mir – zutiefst überzeugt – jede Hoffnung verbot. Sehr viel später, als ich Sabina (wirklich?) kannte, versuchte sie, sich auf die Prämissen des Doktors beziehend, mir eine (außerdem nicht sonderlich überzeugende) Erklärung für ihr Verhalten zu geben: Sie sagte, sie habe sich am meisten vor der Putzfrau gefürchtet, denn die habe die Aufgabe gehabt, sie zu beobachten und, wie ich wahrscheinlich bemerkt hätte, sei diese unter dem einen oder anderen Vorwand bei all unseren Begegnungen zugegen gewesen. Ebenso malte sie mir das komplizierte Bild ihrer Beziehung zu Bentan aus, einer Beziehung, bei der sie – eben weil sie wußte, daß er all ihre Geheimnisse erriet – sich so verhalten mußte, daß er zu der Überzeugung gelangte, seine Vermutungen seien falsch und so weiter. Der Sinn all dieser Erklärungen war, mich zu diesem späten Zeitpunkt, da sie mir gewährt wurden, davon zu überzeugen, daß meine Eindrücke von damals, als die Geschichte sich zu entwickeln begonnen hatte, falsch waren, daß sie der Realität ihrer nie, keinen Augenblick lang, zurückgenommenen Liebe, die sie, Sabina, für mich empfand, nicht entsprachen. Ich erinnere mich nicht mehr, ob sie mich zu diesem sehr späten Zeitpunkt, lange nach dem Ereignis, überzeugt hatte, auch nicht daran, ob es da noch von Bedeutung war. Damals jedoch, als das Ereignis noch weit in der Zukunft lag, hatte ich keinen Zweifel daran, daß der Doktor gelogen hatte oder daß er sich zumindest in dem, was die Gefühle Sabinas mir gegenüber betraf, getäuscht hatte. Schlimmer noch erschien mir jedoch die Tatsache, daß ihr Verhalten mir nicht etwa nur bewies, daß eine solche Hypothese falsch war, sondern daß sie vielmehr völlig unmöglich, ja geradezu lächerlich sein mußte. Und wenn es so war – und ich hatte keinen Anhaltspunkt, um auch nur die geringste Regung Sabinas anders zu interpretieren –, dann war ich vollkommen verloren, auf ewige Zeiten eingesperrt in eine minderwertige und undurchlässige menschliche Kategorie, in der das Spitzelinteresse des Doktor Bentan die höchste der möglichen Beziehungen mit der herrschenden Klasse darstellte, deren sichtbares aber rätselhaftes Erkennungszeichen der weiße Kittel war. Ich sage rätselhaft, weil der weiße Kittel ganz offensichtlich auch über den medizinischen Rang hinaus seinem Träger Bedeutung und Macht verlieh. Obwohl sie nur für, sagen wir, weniger wichtige Bereiche verantwortlich waren und in keiner Beziehung zu der medizinischen Wissenschaft oder der Pädagogik standen, die sich unser Gefängnis auf die Fahnen geschrieben hatte und die unser Leben bestimmten, hatten die Putzfrau oder der Pförtner, mit den bedeutungsheischenden weißen Kitteln bekleidet, eine Autorität und eine Wirkung, die der der Ärzte in nichts nachstand. Eigentlich verliehen ihnen nicht nur die tadellosen Kittel, sondern auch die beinahe unheimliche Übereinstimmung ihrer Aufgabe mit den geheimen Zielen der Institution – der sie mit einer Inbrunst dienten, die die des medizinischen oder pädagogischen Personals weit übertraf – eine authentischere Macht und ein realeres Prestige. Das waren allerdings nur vereinzelte Ergebnisse meines unsystematischen Nachdenkens über einige Randphänomene der verborgenen Realitäten, auf die ich schließen konnte, so wie Archäologen von einigen Münzen, einigen Scherben und einem Messer das geistige Erscheinungsbild einer Epoche ableiten. Was zu sehen und nicht von Interpretationen abhängig war, sondern von der schlichten und faktischen Realität, war der weiße Kittel, der dem Pförtner das Recht verlieh, über die Freiheit derer zu entscheiden, die keine Kittel trugen, und der Putzfrau das Recht einräumte, grobschlächtig herumzubrüllen und denen Lektionen im guten Benehmen zu erteilen, deren Minderwertigkeit im Fehlen der Uniform bestand.

Manchmal kam Doktor Bentan ohne Kittel in mein Zimmer, dann wußte ich – ich hatte das sehr bald mit einer beinahe amüsierten Verwunderung festgestellt, und es danach mit wachsender Unruhe verfolgt –, daß nicht nur unser Gespräch sich von denen unterscheiden würde, die wir in Ausübung seiner Funktion führten, sondern daß auch er selbst kaum noch dem gleichen würde, den ich hinter dem professionellen Weiß meinte durchschimmern zu sehen. Was mich jedesmal schon im ersten Augenblick frappierte, war die fehlende Ausstrahlung, was vor allem im Vergleich mit der selbstverständlichen und offensichtlichen Autorität schockierend war, die sonst von ihm ausging, so als hätte sein Körper mit dem Ablegen des Kittels etwas Wesentliches und Bestimmendes eingebüßt und er sich schämte, sich so entblößt in der Öffentlichkeit zu zeigen. Durch diese Scham wirkte er hölzern, aber auch lächerlich, jämmerlich, unbedeutend. So wie es schöne Menschen gibt – Männer oder Frauen, das ist einerlei –, die im Badeanzug nicht nur unmöglich, sondern sogar häßlich aussehen, weil sie sich aus Scham über ihre Nacktheit verkrampfen und krümmen, linkisch werden bis hin zu dem Wunsch, sich unsichtbar zu machen. »In Zivil« war der Doktor angespannt und spröde, kleiner, als man es erwartet hätte, schmaler und bedeutungsloser, und dabei war er gerade wegen seines linkischen Benehmens viel auffälliger. Außerdem trug er immer den gleichen, völlig abgetragenen schwarzen Anzug, der vielleicht einmal elegant, jetzt aber fadenscheinig und ausgefranst war, dessen Schnitt – das war vor allem am Revers und an den Schultern zu erkennen – hoffnungslos veraltet war und der ihn auf geradezu gewalttätige Weise entstellte. Er wirkte beinahe wie eine Verkleidung und zwang den Doktor, sich ihm anzupassen, sich ihm anzugleichen oder doch zumindest in einen kompromittierenden Dialog mit ihm einzutreten. Wie er so herumschlich, versuchte, so wenig wie möglich – und am liebsten überhaupt nicht – gesehen zu werden (was, je offensichtlicher dieser Wunsch war, um so lächerlicher wurde), glich er einem armen Teufel, der unentschlossen und in verzittert bebenden Konturen seine vom Bewußtsein seiner eigenen Nichtigkeit herabgebeugte Silhouette an die in einem fragwürdigen Weiß gestrichenen Wände warf. Doch das war noch nicht alles. Nicht nur der schäbig glänzende altmodische Anzug verlieh ihm dieses seltsame (und komische, wäre es nicht so beunruhigend gewesen) Aussehen eines Vorstadtteufels, das er mit einer gewissen Zurückhaltung, aber auch mit einer Art Trotz zur Schau trug. Der schwarze Anzug paßte auch zum Wesen unserer Gespräche über allgemeine Themen, gewöhnlich historischer Art. Er stellte rhetorische Fragen, wartete auf eine Antwort, die er sich aufmerksam anhörte, und stürzte sich dann selbst in eine Antworttirade, die meist in keiner Verbindung zu dem stand, was ich gesagt hatte, so als hätte er die Frage nur gestellt, um selbst darauf antworten zu können, und als hätte er mir nur aus Höflichkeit und wie um seine Geduld zu üben zugehört. Mit der Zeit lernte ich die Technik dieser verlogenen Mäeutik kennen und verzichtete auf den Versuch, meine eigenen Meinungen zu formulieren, so daß die Besuche des schwarzgekleideten Doktors die bizarre Gestalt von Monologen annahmen, die nur dann unterbrochen wurden, wenn ich vergaß, was ich mir vorgenommen hatte, und mich ein

Gedanke zu sehr aufwühlte oder reizte, als daß ich mir hätte eine Polemik verbeißen können. Jedesmal – und es geschah deshalb äußerst selten – fühlte ich mich aufgrund der Lächerlichkeit, der ich mich nicht nur durch die verlorene Schlacht, sondern auch durch die schlichte Teilnahme daran preisgab, gedemütigt.

Er tauchte gewöhnlich zu dieser zweideutigen, beunruhigenden und süßen Stunde auf, die die Autofahrer als »Stunde des Wolfs« bezeichnen, dieser Stunde ohne klare Konturen am Spätnachmittag, wenn das Licht schwächer zu werden beginnt und es noch nicht dunkel genug ist, um die Lampen einzuschalten, wenn vor allem im Hospital die Luft dünner zu werden scheint, absorbiert von den kraftvolleren Zeiten des Tages. Es war die Stunde einer weichen, unbestimmten Leere, in der selbst die Verzweiflung zu einer undefinierbaren Erwartung zusammenschmolz, zu einer objektlosen Lethargie. Eine Zeit, zu der weder die Putzfrau noch eine ärztliche Visite, weder das Mittag- oder das Abendessen noch die Schwester mit den Medikamenten zu erwarten waren, und sich in der Stille, die sich aus all diesen Abwesenheiten herausbilden konnte, meine Verzagtheit zu einer Sanftmut verflüchtigte, die mich schließlich ruhig und gemächlich erfüllte; beinahe wäre es schön gewesen. Das war die Stunde, die der schwarzgekleidete Mann gewählt hatte, um langsam und lautlos die Tür zu öffnen und seine scharfkantige und erbärmliche Silhouette, die sich in einer zerknitterten Linie auf den grau-weißen Fliesen abzeichnete, ins Zimmer gleiten zu lassen und sich etwas ungeschickt, scheinbar unentschlossen, dabei aber doch recht bestimmt und wie für eine lange Zeit, auf das Fußende meines Bettes zu setzen, auf die zerknüllte Decke und das gelbliche Leintuch. »Guten Abend«, sagte er immer erst, nachdem er Platz genommen hatte. Dabei hob er kaum merklich den Blick und sah mich einige Sekunden lang prüfend, schüchtern, aber auch leicht ironisch an, als wollte er sich vergewissern, daß er anfangen könne. Niemals machte er auch nur die geringste Anspielung auf seinen Beruf oder auf meine Situation als Insasse dieser Institution, verlor auch nie ein Wort über das, was er sonst im Laufe des Tages »im Kittel« zu besprechen hatte, wie er sich auch nie bei den üblichen ärztlichen Visiten, die er bei mir zu machen hatte, auf etwas bezog, was wir bei diesen Treffen »in Schwarz« diskutiert hatten. Mit seiner Kleidung und seinem Verhalten (er grüßte nie, wenn er aus dienstlichem Interesse zu mir kam) erweckte er so den Anschein, als wollte er beweisen, daß es sich um zwei vollkommen unterschiedliche Personen handelte, die nichts miteinander zu tun hatten. Und dieser Eindruck war derart überzeugend, daß ich mich zu einer bestimmten Zeit fragte, ob es nicht tatsächlich stimmen könne, ob nicht vielleicht der Herr in Schwarz sich heimlich das Gesicht von Doktor Bentan ausleihe (was dieser vielleicht gar nicht ahnte), um sich auf diese Weise einen einigermaßen selbstverständlich wirkenden Status anzueignen und Gespräche zu ermöglichen, die sonst an den phantastischen Dimensionen dieser Situation gescheitert wären. Nach seinem Gruß und einem prüfenden Blick, der ihm möglicherweise die Gewißheit gab, daß alles in Ordnung war, folgte ein langes, beinahe unerträgliches Schweigen (vor allem am Anfang, als es noch nicht zum bekannten Ritual geworden war, zu einer Art Theaterstück, dessen Dialoge und Bewegungen ich inzwischen auswendig kannte), bei dem ich manchmal (ebenfalls zu Anfang) den Fehler machte, es zu unterbrechen, indem ich etwas improvisierte, eine Bemerkung, eine Frage, eine Freundlichkeit oder einen Scherz, einerlei was, nur damit diese graue Leere zwischen uns ausgefüllt würde. Er wartete ruhig und ziemlich gelassen ab, daß ich zum Ende kam, ließ noch eine Weile verstreichen – als hätte es noch eines kurzen Augenblicks der Stille bedurft, um das Folgende einzurahmen –, um dann, ohne den Kopf zu heben oder mich anzusehen, mit scheinbar noch tieferer Stimme als sonst – sie klang, als versuchte eine plötzliche Heiserkeit, sie zu verhindern – seine Frage herauszuschleudern. Während er sprach, verdichtete sich das Dunkel im Raum, drängte sich zusammen, es war, als hätten kleine finstere Luftpartikel die bis dahin vorhandene Leere ausgefüllt. Es war merkwürdig, niemals kam in seiner Gegenwart die Bedienstete vorbei, die sonst immer zu einer bestimmten Uhrzeit die Deckenlampen einschaltete, um durch das milchige Licht der Neonröhren die gelehrte Konfusion, die im Raum herrschte, zu unterbrechen. Das hätte mich vielleicht dazu veranlassen sollen, etwas zu vermuten, argwöhnisch zu werden und anzunehmen, daß nichts zufällig geschah, daß alles sich in einen umfassenden Plan einfügte, den noch andere Leute kannten und der auch genehmigt worden war. Ich habe jedoch – seltsam genug! – nicht einmal daran gedacht, so eigenartig, auf andere Weise sonderbar als alle anderen Merkwürdigkeiten waren mir die kittellosen Besuche des Doktors erschienen; ich hatte den Eindruck, sie richteten sich nicht gegen mich, seien unpersönlicher. Obwohl letztlich gerade dieser Eindruck Teil einer genau geplanten Programmierung sein konnte.

7

– Vielleicht betrachten Sie sich als Opfer, als jemand, dem man die Freiheit geraubt hat und den man mit Gewalt zwischen irgendwelchen Mauern gefangenhält, von denen Sie nicht genau wissen, was sie bedeuten sollen und welchen Sinn sie haben, sprach Doktor Bentan, nachdem er die endlosen Sekunden des rituellen Schweigens hatte verstreichen lassen. (Seine gewählte Ausdrucksweise, weder eine Frage noch eine Aussage, schien eine verborgene Ironie zu enthalten und enthüllte dabei nicht mehr als die Absicht, lange reden zu wollen.) Es sollte mich nicht wundern, wenn Sie annähmen, was mit Ihnen geschieht, sei eine immense Ungerechtigkeit, und wenn Sie minutiöse Rachepläne schmiedeten, zu deren Ausführung Sie weder die Möglichkeit noch den Mut haben. (Nach jedem Halbsatz hielt er kurz inne, als wollte er abwarten, ob eine Antwort käme und als veranlaßte ihn nur ihr Ausbleiben dazu, fortzufahren. Ich aber war zu der Überzeugung gelangt, daß meine Antwort ihn nur bestätigt hätte, wie eine respektlose Unterbrechung oder eine Unverschämtheit, der er keine Beachtung zu schenken brauchte. Und selbst wenn es nicht so gewesen wäre, woher sollte ich wissen, daß seine Halb-Fragen etwas anderes waren als ein Mittel, mich dazu zu bringen, selbst meine Absichten und meine Versuche zu gestehen.) Denn erst wenn du versuchen würdest, sie umzusetzen, erst wenn du überwältigt und bestraft worden wärst, hättest du das Recht, anzunehmen, daß nicht du die Schuld an dem trägst, was dir widerfährt. Sag mir die Wahrheit, hast du versucht, herauszufinden, ob du hier raus kannst? (Und er beugte sich tief über mich, so daß sein Oberkörper fast parallel zu meinem über mir schwebte. Es schien, als wollte er auch nicht die allergeringste Nuance dessen verpassen, was ich nun antworten mußte. Ich hatte allerdings nicht die Absicht, etwas zuzugeben, und er brach, noch bevor ich die Gelegenheit zu einer Antwort gehabt hätte, in schallendes Gelächter aus, richtete sich plötzlich mit einer unvermuteten Gelenkigkeit auf, erhob sich sogar von der Decke, die er unter sich zerknittert hatte, und machte beschwingt und offenbar befriedigt von dem, was er in meinen Augen entdeckt hatte, einige Schritte durch den Raum. Mit ihm geriet auch die Luft im Zimmer in eine kühle Bewegung, als hätte der dürre Leib des Doktors, um Haltung zu gewinnen, in einer dicken Hülle aus gefrorener Luft gesteckt, die treu den Kurvenlinien seiner Gestalt folgte und mit ihm hierhin und dorthin glitt.)

– Mir ist kalt, sagte ich beinahe gegen meinen Willen, was allerdings falsch war, nicht etwa weil es nicht gestimmt hätte, sondern weil die Notwendigkeit, zu reagieren, mich in gewisser Weise veranlaßt hatte, dies zu sagen.

– Nun ja, gewiß, wir sind Intellektuelle, fauchte er plötzlich verstimmt, jedoch weiterhin lachend, ich habe nie daran gezweifelt, daß Sie Thomas Mann im Original gelesen haben. Und was soll ich tun, wenn Sie frieren? Bewegen Sie sich, wärmen Sie sich auf. Sie erwarten doch nicht etwa, daß ich Sie wärme.

Er war wütend, das war offensichtlich, doch ich konnte kaum verstehen, warum er sich so benahm, als hätte ich ihm sein Konzept verdorben. Ich wollte ihm antworten, doch konnte ich mich nicht mehr genau erinnern, was er mich gefragt hatte, gerne hätte ich ihm etwas Unangenehmes gesagt, das mich von der Irritation entlastet hätte, die von ihm ausstrahlte und auf mich übergegriffen hatte. Der Scherz über Thomas Mann, den ich anfangs nicht einmal verstanden hatte, erschien mir jetzt nicht nur unsinnig, sondern auch geschmacklos, was mich jedoch nicht davon abhielt, mich zu erinnern, daß ich selbst diese jämmerliche, in ein abgenutztes Schwarz gekleidete Gestalt verglichen hatte mit dem...

– Ich verlange nicht von Ihnen, daß Sie mich wärmen, antwortete ich erzürnt, ich verlange, daß Sie mich in Ruhe lassen. Doch ich bemerkte, daß die Wut eines im Bett liegenden Menschen, der in einem für seinen kaum von der Decke bedeckten Körper viel zu kurzen Pyjama steckt, nur lächerlich sein konnte, und das Wissen um diesen Anblick tilgte jede Spur von echter Empörung aus meiner Stimme, ließ sie blaß werden, beinahe gelangweilt eine Rolle rezitieren, die sie schon lange ermüdete. Aber es war niemand da, der auf Nuancen gehört hätte. Der Doktor war in ein übertriebenes, grotesk gekünsteltes Gelächter ausgebrochen, das ihn wie eine Stoffpuppe schüttelte, während seine zerspringenden, spitzen und bröckeligen Lachsalven die Wände ritzten.

– Gib zu, daß du erschrocken bist, keuchte er beinahe erstickt zwischen seinen gestöhnten und geächzten Lachern, du hattest nicht erwartet, daß ich es selbst sage... Hast Angst bekommen, sei ehrlich... Daß ich selbst... Gib's zu... Und während er sich schüttelte und die Tränen abtrocknete, die ihm während seines närrischen Heiterkeitsausbruchs über die Wangen geflossen waren: Wenn du dich hättest sehen können... Großer Gott... Schlimmer, als wenn dir die Decke auf den Kopf gefallen wäre... Und, was hattest du schon erfahren... Wenn du dich hättest sehen können...

Ich war überzeugt davon, daß kein Wort von dem, was er sagte, stimmte. Ich wußte, daß diese ganze Szene nur die Vorstellung eines mittelmäßigen Gauklers war, dem es gefiel, sich zu verrenken, zu spreizen und den Clown zu spielen, doch ich wußte nicht, warum er das tat, und der Widerspruch zwischen meiner Überzeugung, alles sei nur gespielt worden, um einen gewissen Zweck zu erfüllen, und meiner Unfähigkeit, diesen Zweck zu erahnen, verstörte mich so sehr, daß ich mich kaum beherrschen konnte. (Der letzte Satz, der letzte Teil des letzten Satzes ist geheuchelt, ich weiß es mit einiger Gewißheit, im günstigsten Falle ist er nur eine Übertreibung.) Denn wie groß meine Verstörung auch gewesen sein mochte, sie ließ mich weder aus dem Bett springen, noch diesen Hanswurst am Kragen packen und zur Tür hinauswerfen. Die gute Erziehung, das Gespür für die Lächerlichkeit, oder wie auch immer diese Feigheit heißen mag, sie waren viel zu stark, als daß ich mich nicht zum – empörten, angewiderten, aber zuverlässigen – Komplizen dessen gemacht hätte, was mit mir geschah. Also schwieg ich so lange, bis die von Spasmen und Zuckungen verunstaltete Figur ihre Gesichtszüge und ihre Kleidung wieder in Ordnung gebracht und sich beruhigt hatte und beinahe schon wieder würdig aussah. Er setzte sich wieder auf den Bettrand, legte die Hände in den Schoß und sah mich aufmerksam an, als hätte er von meinem Gesicht die Veränderungen, die er durchmachte, ablesen wollen, als hätte man von meiner Mimik auf den Sinn der Szene schließen können, die gerade zu Ende gegangen war.

– Du gibst also zu, daß du noch nie daran gedacht hast, wenigstens die eingebildeten Riegel zu sprengen, begann er wieder ernsthaft und als habe es keine Unterbrechung gegeben. Hast du nie daran gedacht, daß es vielleicht gar keine gibt... Und eigentlich gibt es sie auch nur in dem Maße, in dem du an ihre Existenz glaubst... Das muß ich dir doch nicht beibringen... Wie auch – bilde dir bloß nicht ein, daß ich, wenn ich dir sage, was ich dir sage, nicht weiß, daß ich vereinfache und es so aussieht, als verurteile ich dich, weil du dich nicht auflehnst, obwohl mir ein solcher Gedanke fernliegt. Er wäre nicht nur meiner Art, die Dinge zu sehen, sondern auch – wie du wohl weißt – meinem eigenen Verhalten fremd.

(Er blickte mich entschlossen und mit einer gewissen Freimütigkeit an, in deren Hintergrund eine gespannte, wenn nicht sogar spöttische Aufmerksamkeit funkelte.) Im übrigen hat mich dein Verhalten in den recht seltsamen Situationen, die dir aufgezwungen wurden – ich muß es gestehen –, vom ersten Augenblick an mit der reinsten Bewunderung erfüllt. (Jetzt, da ich nicht mehr daran zweifelte, daß er sich über mich lustig machte, war das verdächtige Leuchten in seinen Augen erloschen; es war paradox, sein Blick war plötzlich offen, geständnisbereit, was natürlich nur bedeuten konnte, daß alles, bis ins Detail und ohne je zu ermüden, gespielt war.) Und zwar deshalb, weil ich begriff, daß du in freier Entscheidung aufgrund einer philosophischen Intuition die Haltung deines Volkes, unseres Volkes angenommen hast und dich dadurch mit den tiefen, den grundlegenden Geboten dieses Bodens im Einklang befindest. Denn du bist keiner von denen, die, wie Dante sagt, »aus Feigheit nicht wählten zwischen Gut und Böse« und die der große Florentiner ohne Zögern in die Hölle steckt (III. Gesang, 55–57), sondern unendlich viel subtiler, du hast, wie das rumänische Volk, gewählt, doch bist du so weise, in einer Welt, die mächtiger und widersprüchlicher ist als die Kraft deiner Entscheidung, diese Wahl nicht auszuplaudern. Hab ich nicht recht? Schweigen ist Gold und Abwarten ist Diamant. Außerdem, solltest du auch nur den geringsten Zweifel haben, die gesamte Geschichte steht dir zur Verfügung, und zwar sofort, mit unzähligen Argumenten: überzeugenden Argumenten, die alle in die gleiche Richtung weisen. Was ist schließlich Avram Iancu anderes als ein schlagendes, ein überzeugendes Argument dafür, daß die Rumänen nicht mehr kämpfen sollten? Durch ihre geographische Lage und ihre geschichtlichen Daten sind sie nicht dazu geschaffen, in den großen Kampf der Geschichte einzutreten, denn auf welcher Seite sie auch kämpften, sie wären an der Seite von Feinden, stünden gegen ihre eigenen Interessen. Ihr einzig mögliches Schicksal ist es, ruhig zu bleiben und zuzusehen, wie sich über ihnen die Gebirgsmassive die Köpfe einschlagen, nur so einzugreifen, daß sie (wie im Märchen) dem einen eingekeilten Drachen etwas zu trinken geben, und zwar nicht etwa deshalb, weil der eine besser wäre als der andere, sondern weil er, da er sich nun einmal in der Klemme befindet, eine erhebliche Belohnung anbietet. Kommt es dir nicht seltsam vor, jedenfalls recht bedeutsam, daß die Helden unserer Märchen nicht etwa streitsüchtige, jederzeit kampfbereite Recken sind, sondern eher schöne, kluge und gute Jünglinge, die nicht durch die Kraft ihrer Fäuste siegen, sondern weil sie es verstehen, sich mit Güte und Klugheit die übernatürlichen Kräfte oder vertriebenen Geister, die ihnen begegnen, zu Verbündeten zu machen? Der Held unserer Märchen geht erst dann zum physischen Kampf über, wenn alle Versuche, ihn durch eine moralische oder intellektuelle Konfrontation zu ersetzen, fehlgeschlagen sind. Wahre Initiationsrituale, deren schlichtes Bestehen ausreichen sollte (scheint der Held zu glauben), den Sieg zu erringen. Doch auch wenn er keinen Ausweg mehr sieht und sich an der Keilerei beteiligen muß (»denn sie ist gerechter«, sagt er, was einen kleinen, einen winzig kleinen Schatten des Zweifels auf seine Bemühungen wirft, sie zu umgehen), so tut er das nicht, bevor er kluge Vorsichtsmaßnahmen ergriffen hat, nicht, bevor er weiß, wo sich die Macht des Drachen verbirgt, wie man an sie herankommt, wie man zuschlagen muß, auf welche Weise man die Tür am besten zuklemmt und so weiter. Selbstverständlich wirst du, der du ihm gleichst, mir mit Fug und Recht antworten, daß es dir nicht schändlich erscheint, im Gegenteil, daß die Rumänen, statt eine Gestalt wie Herkules hervorzubringen, eine schufen, die Odysseus viel näher ist, die mit Klugheit, Mitgefühl und Humor den Sieg erringt. Gewiß, gewiß... (und während er in echten Schwierigkeiten zu stecken vorgab und nicht zu wissen schien, wie es weitergehen sollte, lachten seine Augen und nahmen die Fortsetzung vorweg, bestätigten, daß die Schwierigkeiten nichts anderes waren als ein Scherz, der mit dem verspielten Blick und allem anderen zur Rolle gehörte...), gewiß, du hättest recht, wenn du mir all das sagtest, aber siehst du, auch die Keilerei hat ihre gute Seite... Ich weiß nicht, ob sie gerechter ist, neige eher dazu, anzunehmen, sie ist es nicht, aber sie ist klarer, strategischer. Wie soll ich es dir erklären? (Und diesmal lachte er, ohne sich zu verstecken, ja, er zeigte mir sogar, daß er nichts verbergen wollte.) Wenn du beispielsweise, ein junger und gesunder Mann, statt in diesem Krankenbett zu liegen und Rettungsmöglichkeiten und ganze Interpretationssysteme für dieses Verwahrungsuniversum zu entwerfen, aufstehen und mich aus dem Zimmer werfen würdest und die Genossin Mardare, falls sie erschiene (obwohl es wahrscheinlicher ist, daß sie nicht erscheinen, sondern, von deiner Reaktion erschreckt, selbst zu fliehen versuchen würde), mit dem Handrücken an die Wand klatschtest und noch ein paar Faustschläge nach rechts und links an die verteiltest, die versuchen würden, sich dir in den Weg zu stellen, und mit einigen Fußtritten die Eingangstür aufbrächest, wenn du sie verschlossen vorfinden solltest (doch kann es sein, daß sie gar nicht abgeschlossen ist...), nun, wenn du all das tätest, was alles viel weniger subtil ist, dafür viel klarer und effizienter, dann wärst du zweifellos nicht mehr so typisch (nun lachte er schallend), doch viel freier.

Ich richtete mich halb im Bett auf, hatte das Gefühl, ersticken zu müssen, wenn ich ihm noch eine Sekunde lang zuhörte, und stellte gleichzeitig fest, daß meine Bewegung wie eine Umsetzung des von ihm Gesagten wirken könnte, wie eine Probe aufs Exempel. Etwas erschreckt, doch eher in gespielter Angst, erhob er sich und wandte hastig ein:

– Ich habe einen Scherz gemacht, Herrgott nochmal, du hast mich doch nicht etwa ernst genommen... Ich habe nur einige Gedanken entwickelt, die (nicht wahr, ich habe sie mir gut ausgedacht?) dir nicht ganz fremd sind... Du wirst dich doch wegen so einer Kleinigkeit nicht gleich aufregen... Wie du weißt, bin ich dein Freund, und andererseits, wenn wir polemisch werden wollen, dann kann ich dir sagen, daß ich nicht einmal mit allem, was ich gesagt habe, einverstanden bin, denn schließlich haben die Rumänen nicht etwa durchs Zusehen beim großen Zusammenstoß der Gebirgsmassive das meiste gewonnen, sondern im Gegenteil durch ihre eigene Beteiligung an dieser Keilerei. Willst du Argumente hören? Nimm den Ersten Weltkrieg: Der Augenblick unserer größten Verwicklung in den Kampf (gewiß, nicht bevor wir in Erfahrung gebracht hatten, welcher Drachen der stärkere ist und wo sich seine Macht verbirgt) hat uns auch bei weitem das meiste gebracht. Ich könnte dir auch noch andere Argumente liefern, aber ich glaube, ich habe dich heute schon genug ermüdet. Siehst du, ich glaube, du hast sogar etwas Fieber (und er legte mir schnell eine geschmeidige, reptilienähnlich feuchte und kalte Hand auf die Stirn), obwohl du im Bett liegen mußt (und er brach in ein heftiges, sarkastisches und gleichzeitig närrisches Gelächter aus, ein zügelloses Lachen, das sein Gespött auf paradoxe Weise versüßte, ihn aber geschmacklos und unerträglich werden ließ).

– Du bist ein Teufel, sagte ich, ließ mich erschöpft wieder zurücksinken und schloß die Augen, damit ich seine jämmerliche, sich in heuchlerischen Zuckungen windende Gestalt mit dem beinahe kahlen, mottenzerfressenem Stoff gleichenden Schädel nicht mehr sehen mußte.

– Ja, so ist es, rief er aus, und sein Gelächter endete ebenso plötzlich, wie es begonnen hatte. Ich habe es dir doch gesagt. Bei dir muß man immer wieder von vorn anfangen! Er schien ernstlich gekränkt zu sein, ordnete seine Kleidung, fuhr mit der flachen Hand über seinen vom Sitzen und vom Gelächter zerknitterten, in Unordnung geratenen Anzug und nahm eine vornehme Haltung ein.

– Ich sehe mich genötigt, mich zurückzuziehen, fügte er hinzu, ich habe auch noch etwas anderes zu tun. *Au revoir!* Und während er mir würdevoll den Rükken zukehrte, schwenkte er seine Hüften wie bei einem grotesken Tanz oder wie eine Katze, die ihren Schwanz kringelt. Als seine Hand die Klinke hinunterdrückte und sich die Tür einen Spalt breit öffnete, kehrten seine Augen, in denen das Weiße glänzte wie in einem obszönen Witz, noch einmal zu mir zurück, durchdrangen die kompakte Dunkelheit, die ihn und mich und alles um uns herum vollständig eingehüllt hatte.

– Der Teufel, eröffnete Doktor Bentan ein anderes Mal seine Rede, ist lange schon nicht mehr das und war vielleicht auch nie das, was die landläufige Vorstellung aus ihm machen will, also ein abgefallener und seiner Rechte verlustig gegangener Engel, der in eine heiße Unterwelt geschleudert wurde, aus der heraus er versucht – und es sieht so aus, als gelänge es ihm –, die göttlichen Taten zu hintertreiben. Was mir an diesem traditionellen Bild nicht gefällt, ist seine mangelnde Kohärenz, der pathologische Charakter der Gestalt: Der Teufel tut das Böse, weil er einfach böse ist, ohne einen Grund, aus reiner Verkommenheit. Doch auf dieser Welt – und gewiß auch in der anderen – geschieht nichts, weil es geschieht, sondern immer aus bestimmten Gründen, die mal verständlich und mal unverständlich sind, mal ehrenwert und mal absurd, aber es handelt sich um Gründe, Ursachen. Der Satan ist nicht böse, weil er böse ist, sondern weil er Realist ist.

– Ich verstehe nicht, sagte ich, obwohl ich mir schon oft vorgenommen hatte, mich nicht mehr in eine Diskussion verstricken zu lassen.

– Und dabei ist es gar nicht schwer. Zu Anfang gehörte Satan zum göttlichen Rat, er diskutierte mit Gott, wenn auch nicht von gleich zu gleich, so doch, wie es scheint, auf demokratische Weise, bei geltender Meinungsfreiheit. Er war die realistische, die pessimistische Stimme in der Versammlung, die wie jedes Konzilium auf höchster Ebene die Tendenz hatte, die Dinge zu beschönigen. Als Gott Hiob lobte, beispielsweise, glaubte Satan nicht an dessen bedingungslose Treue und empfahl dem Hohen Herrn, ihn herauszufordern und auf die Probe zu stellen, also den experimentellen Weg. Gott, das stimmt schon, gewann die Wette, Hiob hat ihn nicht verraten, doch du wirst mir die Annahme gestatten, daß dieses Ergebnis rein zufällig zustande gekommen ist, das Gute hatte Glück: In 99 Prozent aller Fälle hätte Satan gewonnen und hat es tatsächlich auch. Das Ergebnis des Experiments mit Hiob ist nicht aussagekräftig – die gesamte Menschheitsgeschichte bestätigt das zur Genüge –, es beweist nur, daß auch der Teufel einmal Pech haben kann. Wie dem auch sei, Gott hat so viel Aufhebens um diese Geschichte gemacht (die schließlich ja auch abgekartet gewesen sein kann: Denn ist er nicht allwissend und kannte also schon vorher den Ausgang der Wette, genauer gesagt, konnte er es nicht so hinbiegen, daß das gewünschte Ergebnis dabei herauskam?), daß man sich nicht wundern muß, wenn Satan nun aufhörte, fair zu spielen. Ich will damit sagen, daß er sich vom Pessimisten, der nicht glauben kann, daß die Menschen zu selbstlosen Gefühlen fähig sind (aber können sie es denn tatsächlich sein?), zum Verführer wandelte, der versucht (und dem es gelingt), in die (so anfällige) freie Entscheidung der Menschen einzudringen und ihnen verbotene Handlungen nahezulegen (also *böse* aus totalitärer

Sicht). Ich hoffe, es schockiert dich nicht, wenn ich das monotheistische Universum als totalitär bezeichne. Mir scheint die Sache klar zu sein, wie auch offensichtlich ist, daß der einzige – und nicht gerade beneidenswerte – Posten, den er in diesem Universum noch besetzen kann, der des Dissidenten ist. Er ist derjenige, der immer wieder versuchen wird, sich nicht zu unterwerfen, das Gewissen (nun ja, vielleicht ist der Begriff etwas zu hoch angesetzt) der Menschen aufzurütteln, damit sie sich gegen den Mächtigen auflehnen, so daß es nicht wenige gibt, die glauben, er sei der wahre Herr des Universums. Leider wird die Geschichte stets von der Konkurrenz geschrieben, und das nicht nur deshalb, weil sich diesbezüglich eine gewisse Tradition herausgebildet hat, sondern weil der Teufel es gewöhnlich vorzieht, zu *schweigen* und zu *handeln*. Dabei schöpft er gerade aus der Illusion der anderen, sie könnten ihn besiegen, den größten Gewinn: Nichts bereitet ihm mehr Vergnügen, als die Verkleidung. Als wäre der besiegte Hitler, nur ein strategischer Schachzug von diesem selbst gewesen, der, nachdem er festgestellt hatte, daß er auf seiner alten Position nicht mehr durchhalten kann, seine Karriere unter Stalins Siegermaske fortsetzte. Was, wie du weißt, nicht einmal so falsch ist. Es könnte besonders feinsinnige Geister geben, die diesen Beweis noch weiter treiben und – indem sie genügend historische Belege anführen – behaupten, daß Hitler und Stalin nur zwei in einem falschen Antagonismus befangene Ausprägungen der gleichen, unsterblichen historischen Figur gewesen seien, die im übrigen in immer wieder wechselnder Gestalt weiter ihr Unwesen treibt.

– Aber vielleicht irre ich mich auch, wenn ich dem Lichtträger (weißt du, ich glaube, auf lateinisch bedeutet Lucifer das) derart vulgäre Erscheinungsformen zurechne. Ah, da wir nun gerade darauf zu sprechen kommen, der Ursprung dieses Namens, der so glänzende Folgen in der rumänischen Dichtung haben sollte, verdankt sich, wie es scheint, einem Lesefehler des Heiligen Hieronymus, des ersten lateinischen Bibelübersetzers und Autors der *Vulgata*. Es handelt sich um eine Prophezeihung des Jesaja, deren Verse sich in den früheren, den nichtlateinischen Versionen, an den wegen seines Hochmuts bestraften König von Babylon richten: »Wie konntest du vom Himmel stürzen, du lichttragender Stern, Sohn der Morgenröte?« (daß der König mit der Venus verglichen wurde, entsprach übrigens der mythischen Tradition Babylons). Nun gut, der arme Hieronymus, eher heilig als gelehrt, dachte, es ginge um den König der Finsternis, und was ein Epitheton war (lichttragender) wurde zum Namen (Lucifer). Vielleicht aber war der Heilige Hieronymus gar nicht so heilig: Vielleicht hat er den entsprechenden Satz absichtlich verändert und dem Teufel damit einen seinen Taten entsprechenden Namen verliehen, denn inzwischen kann der im wahrsten Sinne des Wortes als der Schutzpatron der wissenschaftlichen Erkenntnis angesehen werden, als Träger dieser außerordentlichen Erleuchtung, die alle Möglichkeiten hat, die absolute Finsternis über uns hereinbrechen zu lassen... Ha, ha, ha (lachte er ganz besonders gekünstelt, absichtlich falsch, so als wären seine Has nur aufgereihte Punkte gewesen, Punkte, die das Ende des Kapitels anzeigen sollten. Jedenfalls schimmerte weder Heiterkeit noch gar Bosheit durch diese Wiederholung stimmhaft gehauchter Vokale). Ich sehe, meine Gelehrsamkeit beeindruckt dich nicht besonders. Kehren wir zu unseren Angelegenheiten zurück.

– »Unseren?« hätte ich gern gefragt, aber ich unterließ es, denn mir war vom ersten Augenblick an klar gewesen, daß das ganze hochtrabende Gerede nur eine Falle war, in die ich lieber gewaltsam hineingestoßen werden wollte, als mich freiwillig hineinzubegeben.

– Dein Fehler ist, daß du dich weigerst, zuzugeben, daß auch der Teufel ein Engel ist. Gefallen, abgefallen, umgefallen, besiegt, unbesiegt, aber ein Engel. Statt wie ein Dummkopf auf den rettenden Engel zu warten, könntest du die Lösung sehr gut von der Gegenseite empfangen. Interessiert dich die Lösung etwa nicht? Außerdem, kannst du etwa sicher sein, daß der wahre Engel, wenn er denn erscheint, nicht ein vernichtender Engel ist? Bist du dir so sicher, daß du diese Rettung durch die göttliche Gnade verdienst? Wie du siehst, sind andere eher bereit, sie dir anzubieten.

(Ich schwieg weiterhin, sah ihn aufmerksam an und wartete darauf, daß er fortfuhr. Ich merkte, daß mein Schweigen ihn verärgerte, doch wußte ich auch, daß es die einzige Möglichkeit war, mich nicht auch noch durch meine Komplizenschaft erniedrigt fühlen zu müssen.)

– Ich sehe, du willst nicht mitspielen, sagte er nach einem Augenblick des Schweigens, in dem er auf den Boden geblickt hatte, als wollte er sich sammeln oder sich auf etwas zu konzentrieren versuchen, um seine

Nerven im Zaum zu halten. Macht nichts, wir haben Zeit.

(Und wieder schwieg er, diesmal etwas länger. Vielleicht wollte er dadurch seinem letzten Satz mehr Gewicht verleihen, der etwas unsicher geklungen hatte, eher wie eine Ermutigung seiner selbst als wie eine unverhüllte Drohung. Dann brach er plötzlich, als wäre er verrückt geworden oder als hätte er auf einmal seine Absichten geändert, in ein hohes, durchdringendes Gelächter aus, das aus sich selbst heraus wellenförmig anschwoll. Immer dann, wenn er gerade damit aufhören wollte, schien ihm bewußt zu werden, daß er noch nicht genug gelacht hatte und noch ein wenig fortfahren mußte. Zwischendurch setzte er immer wieder an, etwas zu sagen, doch schien er vor so viel Heiterkeit nicht sprechen zu können, so daß er es durch Zeichen mitzuteilen versuchte und dabei übertriebene und unverständliche Armbewegungen vollführte, mit den Augen rollte und zwinkerte und seinen ganzen Körper verrenkte. Doch was an seinem Anblick wirklich kaum zu ertragen war, waren weder die übertriebenen Ansichten, noch deren fehlende Logik oder gänzliche Unverständlichkeit, sondern die Tatsache, daß hinter all diesen Gesten und Lauten nicht nur die Verstellung selbst, sondern auch die Absicht, diese sichtbar werden zu lassen, zu erkennen war. Und das war entschieden zuviel.)

– Oh, verzeih, ich weiß, ich benehme mich dumm, brachte er schließlich heraus. Nun bin ich schon seit einer Stunde hier und gebe dieses und jenes von mir, ohne mich je gefragt zu haben, ob ich dich damit nicht langweile, ob nicht all diese Gedanken und meine bescheidene Gelehrsamkeit, auf die ich so stolz bin, für einen Menschen deines Ranges nur langweilige Banalitäten sind. Was natürlich nicht zum Lachen ist. Wenn ich aber trotzdem gelacht habe (und ich habe das auf beinahe indezente Weise getan, ich weiß), dann bitte ich dich, mir zu verzeihen. Es war dein Gesichtsausdruck, mit dem du mir zugehört hast, ein – wie soll ich sagen? – unsagbar komischer Ausdruck, vor allem deshalb so komisch, weil er sehr ernst war. Gestatte mir bitte die Frage: Hast du das etwa für bare Münze genommen, was ich gesagt habe? Das heißt: Hast du wirklich geglaubt, daß ich es glaube?

Und diesmal wartete er tatsächlich auf meine Antwort.

Ich wußte, daß ich nicht antworten durfte, aber ich war erschöpft, und mir erschien ohnehin alles ziemlich hoffnungslos, also gleichgültig. Es fiel mir schwer zu entscheiden, ob es erniedrigender war, wenn ich ihm schweigend erlaubte, sich über mich lustig zu machen, oder ob ich versuchen sollte, ihm zu antworten und mich durch die Berührung mit diesen offensichtlich völlig wertlosen und verdorbenen Dingen selbst zu demütigen. Es wäre übertrieben, wenn ich sagte, daß ich mich für die zweite Möglichkeit entschied. Sie war es, die mich gewählt hat, oder genauer, die Wut, die sich in mir angesammelt und mich in ein Gefäß verwandelt hatte, das bis zum Bersten angefüllt war, gab sich der Verlockung einer Entladung hin. Ich werde nicht alles aufschreiben, was ich zu ihm sagte, all die Verachtung und all die Beschimpfungen, die ich ihm an den

Kopf warf. Dabei gab ich mich der Illusion einer Befreiung hin, die in dem Maße abnahm, wie sich langsam die schreckliche Ahnung einstellte, daß gerade diese Beleidigungen und diese ausgesprochene Verachtung mich an ihn band, uns zu Vertrauten machte, in unauflöslicher Komplizenschaft vereinte. Auf diese gemeine Art, in der ein Kampf zwischen zwei Leibern (wie verschwitzt stinkend, mit Kot, Auswurf und Schleim beschmiert sie auch sein mögen) durch die körperliche Nähe, die er voraussetzt, mit einer Umarmung verwechselt werden kann, hatte die Offenbarung meiner Gedanken über ihn, auch wenn sie feindselig waren und meinen Ekel zum Ausdruck brachten, mich ihm viel stärker angenähert als meine vorherige Gesprächsverweigerung. Eigentlich gehörte nicht allzuviel Sensibilität dazu, diese Tatsache zu begreifen. Es genügte schon, ihn anzusehen, um zu wissen, daß ich einen Fehler gemacht hatte, um festzustellen, daß er triumphierte. Er sah mich mit leuchtenden Augen intensiv an, als wollte er mich dazu ermutigen, mich nicht zu bremsen, weiterzureden. Dabei erweckte er den Eindruck, als wollte er gleich aufspringen und den Redeschwall, der ungehemmt aus mir hervorsprudelte und auch durch das Wissen, daß ich nicht weitersprechen durfte, nicht zum Stillstand zu bringen war, dirigieren. »Sprich, sprich«, schienen seine in unerklärlicher Begeisterung leuchtenden Augen zu flüstern, so daß mir einen Augenblick lang der Gedanke durch den Kopf schoß, im Zimmer seien Mikrophone versteckt, denen er einfach nur meine Existenz beweisen müsse. Doch das war natürlich albern. Die Wahrheit war viel einfacher: Meine Gefühle, welcher Art sie auch sein mochten, waren der Beweis für seine eigene Existenz.

Ich hatte mitgespielt.

– Vielleicht glaubst du, alles geschieht zufällig? fragte Doktor Bentan mich ein anderes Mal so, als setze er ein schon vor längerer Zeit begonnenes Gespräch fort, dem er jetzt nur noch einige neue Argumente hinzufügen wollte. All das, was wir um uns her sehen, das Chaos, die Ungerechtigkeit, die verkehrten Siege, die Erwählung der Schlechten, all das zutiefst Unmoralische, das kein einziges Mal auf Widerspruch stößt, nicht einmal aufgrund eines Versehens. Das könnte nicht einmal ein Kind glauben. Das würde bedeuten, daß du nicht nur dem Zufall, sondern auch dem Unerklärlichen einen viel zu großen Einfluß zugestehst. Und außerdem, warum geschieht nicht auch mal das Gegenteil, wenn schon vom Zufall die Rede ist. Ich werde zu antworten versuchen (und berücksichtige bitte, daß ich nicht nach deiner Meinung gefragt habe, meine Frage also eine rein rhetorische Absicht hatte) und verlange von dir nur, mich nicht zu verdächtigen und mir aufmerksam zu folgen. Außerdem möchte ich dich noch bitten, als Ausgangspunkt für meine Beweisführung eine absurd anmutende Hypothese zu akzeptieren: die, daß es ein Gehirn gibt, eine einmalige und zentrale Macht, die darüber wacht, daß sich alles auf die möglichst katastrophalste Weise abspielt. Ich gebe zu, es fällt nicht leicht, das anzunehmen, und dennoch, wenn du es dir recht überlegst, ist es logischer als die Annahme, objektive Gesetze würden unermüdlich den Triumph des Gemeinsten und die Auswahl des Ungeeignetsten, den Sieg des Dümmsten garantieren. Hoffentlich merkst du, daß meine Unterstellung etwas Partisanenhaftes hat: Indem sie dem Bösen eine subjektive, wenn auch lenkende und kontrollierende Rolle andichtet, bietet sie dem Rest der Gesellschaft die Entschuldigung an, nur das Opfer zu sein, und bewahrt den Mechanismus selbst vor dem Vorwurf, er sei es, der unerbittlich, dialektisch und objektiv das Chaos und die Ungerechtigkeit hervorbringt. Selbstverständlich ist – wie bei einem Kriminalroman – die erste Frage, die man im Zusammenhang mit dem Mordverdächtigen stellen kann, die nach dem Motiv. Jemand, der von außen kommt – oder jemand, der stets auf der anderen Seite der Barriere, in den Reihen der Opfer gelebt hat (obwohl dieser Ausdruck etwas übertrieben ist, denn es gibt gar keine Barriere) –, könnte diese Mechanik glatt übersehen, ja, er könnte sogar behaupten, es gäbe sie nicht. Ich jedoch, der ich mich schon mein ganzes Leben lang in den Kulissen dieser Maschinerie bewege, kann das nicht. Ich kenne dieses Mobile und muß zugeben, daß ich sehr lange gebraucht habe – Jahre –, bis ich es ahnte, und noch länger, bis ich es als unbezweifelbar hinnahm. Und das nicht etwa, weil es absurd ist, sondern weil es monströs ist. Nun gut, der Gegenstand dieser gewaltigen bösartigen Anstrengung ist die Überwindung der Natur, die Ersetzung des wirklichen Universums durch ein künstliches, die Vertauschung von Authentizität und Inszenierung, des Originals durch die Kopie, des Wirklichen durch die Fälschung. Ich weiß, daß es schwerfällt, doch hat man dieses Postulat einmal angenommen, dann erscheinen unzählige dunkle Episoden plötzlich in einem seltsam einfachen, beängstigend einfachen Licht. Ich werde dir ein einziges Beispiel nennen, ein unwesentliches Beispiel angesichts der Tragödien seiner Zeit, doch ist es sehr bedeutsam, schon bis zum Symbol stilisiert, und gehört außerdem noch in deinen Bereich: das Schicksal von Gheorghe Bacovia nach dem Krieg. Ein großer Dichter, einer der vier, fünf (drei, würde ich sagen) größten Dichter dieser Sprache, der, da er sein ganzes Leben lang sehr arm gewesen ist, ein Mann der Linken war und bereits in den ersten romantischen Jahren dieser Bewegung geradezu flammende Gedichte geschrieben hat, die schon vor dem Ersten Weltkrieg in Büchern gesammelt erschienen und Eckdaten für die Geschichte der rumänischen Literatur setzten. Nun gut, nach dem Zweiten Weltkrieg, nach dem Sieg der Kräfte, mit denen er sympathisiert und die er poetisch einige Jahrzehnte lang begleitet hatte, wurde dieser große Dichter einfach verboten, und die offizielle Position als »Dichter der Revolution« nahm A. Toma ein, ein Mensch, der nicht nur kein Dichter war, sondern auch niemals ein Revolutionär. Ich denke, du erinnerst dich noch, daß wir in der Schule als Beweis für seine revolutionäre Gesinnung lernten, daß er seine Gedichte in Flaschen versteckte, die er im Boden vergrub, damit die Siguranta sie nicht fand. Zur gleichen Zeit veröffentlichte Bacovia in Zeitschriften und Gedichtbänden (die übrigens von der Rumänischen Akademie ausgezeichnet wurden) unendlich viel revolutionärere Gedichte. Wie konnte so etwas geschehen? fragte sich die Welt verblüfft. Aber es war geschehen, und zwar aus dem einfachen Grund, daß A. Toma zwei Trümpfe in der Hand hatte, die Bacovia nicht besaß: Er war ein falscher Dichter und ein falscher Revolutionär. Er hatte den großen Vorteil, ein Fälscher zu sein. Aber ich könnte dir noch Hunderte, Tausende solcher Beispiele liefern. Doch du könntest sie auch selbst finden. So wie wir über die Ersetzung eines Dichters durch einen Nichtdichter reden, könnten wir auch über die Trockenlegung von Seen und Teichen und den Abriß von Dörfern zur Vergrößerung der Anbauflächen reden, während gleichzeitig riesige landwirtschaftliche Flächen brachliegen; über den Bau einiger künstlicher Inseln und über die verrückten Pläne zur Umwandlung des Donaudeltas. Der gemeinsame Nenner ist immer wieder die Notwendigkeit, das Natürliche durch seine Kopie zu ersetzen, die wegen ihrer schlichten Falschheit sogar auf fatale Weise schädlich ist. Ich höre schon auf, bin überzeugt, daß dir in eben diesem Augenblick unzählige ähnliche Beispiele einfallen. Mit diesem Schema ausgerüstet, wirst du sehen, daß der Verlauf dieser wenigen Jahrzehnte verständlich wird, etwa so, wie man auf manchen barocken Landschaftsbildern aus einem ganz bestimmten Blickwinkel Heiligengestalten entdecken kann, die einem sonst verborgen bleiben.

– Nun gut, würdest du – wie diese Kinder, die nicht müde werden, am Ende einer Vorstellung »Aber warum, aber warum?« zu fragen – von mir wissen wollen, »Warum? Trotzdem, warum?«, warum und woher dieses pathologische Bedürfnis, Lösungen gegen die Natur zu finden, dann würde ich dir auch diesmal mit einer unglaublichen, aber lange und oft verifizierten, unzweifelhaften Entdeckung antworten: Um das Klima der Angst zu erzeugen, das zur Erhaltung der Macht nötig ist. Das menschliche Gehirn, ein Meisterwerk der Natur, die perfekte Emanation von Gesetzen, die der Logik des Seins entsprechen, fühlt sich angesichts von Phänomenen, die sich dieser Logik widersetzen, schutzlos und gerät in Panik. Denn es kann kämpfen, kann sich auch in einen noch so ungleichen und heldenhaften Kampf stürzen, wenn es gegen ein Übel anzutreten hat, das es versteht, doch angesichts einer unbegreiflichen Gefahr ist es verloren und machtlos. Beachte bitte, daß ich nicht absurd sage, denn das Absurde ist zahm, auch das Absurde hat seine Gesetze, die, einmal erkannt, in ein anderes System eingebaut werden können; es gibt sogar eine Logik des Absurden, während das Bedürfnis, die Natur zu überwinden, um ihr eigenes Gespenst an ihre Stelle zu setzen, fernab jedes vorstellbaren Interesses zu liegen scheint: Es ist sinnlos, weil es nutzlos ist. Und gerade diese scheinbare Nutzlosigkeit hindert den normalen Verstand, es zu begreifen. Die größte Revolution, die sich je auf Erden zugetragen hat, die christliche, hat die Menschheit mit der Vorstellung vertraut gemacht – zwar mit Schwierigkeiten und immer noch nicht endgültig –, daß das Gute selbstlos sein kann. Jetzt festzustellen, daß auch das Böse uneigennützig sein kann, ist zuviel, um einen Sinn darin erkennen zu können, und zu wenig, um ihn zu konstruieren. Doch gerade diese Sinnlosigkeit ruft die gewünschte Angst hervor. Und diese Angst wird um so größer sein, je weniger diese

Ungeheuerlichkeiten im Verborgenen geschehen, je offensichtlicher sie sind. Wenn man sich diese jungen Leute auf der Calea Victoriei ansieht, die alle eine Zeitung in der Hand halten, alle die gleichen Schuhe und die gleichen Anzüge tragen, dann fragt sich doch jeder normale Mensch, welchen Sinn Geheimdienstler haben können, die selbst ein Kind schon aus der Entfernung als solche erkennt, doch kommt niemand auf die Idee, daß ihr Sinn nicht darin besteht, zu verfolgen, sondern darin, verfolgt zu werden, nicht zu sehen, sondern gesehen zu werden. Und je zahlreicher sie sind und je mehr Menschen sie sehen, um so besser erfüllen sie ihren Zweck. Im Idealfall geraten all diese jungen Männer, die sich nicht nur in Kleidung und Haltung, sondern auch in ihren Zügen so sehr ähneln, niemals in die Situation, etwas tun zu müssen. Daß man sie einfach nur sieht, müßte die Repression (für die sie ja eigentlich herangezogen worden sind) obsolet werden lassen. Und in den meisten Fällen ist das auch so. Das bedeutet natürlich nicht, daß sie etwa nicht darauf vorbereitet wären, einzugreifen, und auch nicht, daß eine so lang andauernde Sicherheit ihrer eigenen Existenz nicht letztlich ihre Reflexe und ihre Handlungsfähigkeit zersetzt. Übrigens, hast du je erfahren, wie diese jungen Leute ausgewählt werden? Wo ihre so ähnliche und gleichzeitig so merkwürdige Art herrührt? Vermutlich – nein, nicht vermutlich, es stimmt, ich habe diese Information selbst überprüft, denn sie schien mir aufgrund ihrer Raffinesse und ihrer Neuartigkeit völlig unglaublich –, man holt sie aus den Waisenhäusern. Sie kennen weder Vater noch Mutter, wie man so sagt.

Vom Leben haben sie nur das Elend und die Einsamkeit kennengelernt, das geistige Vakuum des Heims, bis man ihnen schließlich den Himmel dieses Gehalts und dieser unvorstellbaren Möglichkeiten eröffnet hat: Nicht nur, daß sie nicht mehr gequält werden, ja, sie selbst haben nun das Recht und die Pflicht, andere zu quälen; nicht nur, daß sie nun nicht mehr hungern müssen, ja, sie können sich sogar am Neid der anderen vollfressen, die nichts zu essen haben (wahrscheinlich die gleichen, die sich satt gegessen haben, als sie hungerten); nicht nur, daß sie nicht mehr frieren, ja sie können es sich sogar erlauben, sich inmitten eines ganzen erfrorenen Volkes wohlig aufzuwärmen (des gleichen Volkes, das nicht wußte, was Kälte ist, als sie froren). Es ist die außergewöhnliche Idee, einen existentiellen Haß so zu kanalisieren, daß er einen kleinen privaten Acker fruchtbar macht; die zynische Kühnheit, das von Gott geschaffene Böse für üble menschliche Zwecke auszubeuten und Gott damit für all das verantwortlich zu machen, was daraus folgt; das feine Gespür dafür, daß derjenige, der das Böse hat ertragen müssen, nicht versuchen wird, es abzuschaffen oder es zu verringern, sondern es reproduzieren und zu seiner Verbreitung beitragen wird. All das dürfte ausreichen, meine ich, um die zentrale Macht, die dazu in der Lage ist, recht hoch einzuschätzen. Doch du kennst das alles genausogut wie ich. Und ich erzähle es dir nicht, um dich zu überzeugen, auch nicht, um dir zu zeigen, daß auch ich ganz intelligent bin, sondern damit du merkst, daß die Dinge von innen her betrachtet genauso ungeheuerlich sind, als wenn man sie nur von außen sieht. Außerdem sind wir zu unserem Ausgangspunkt zurückgekehrt, zu der Unterstellung, die ich dich zu Anfang unter Vernachlässigung des Absurden gebeten hatte, anzunehmen, und die besagt, daß jemand mit voller Absicht die Katastrophen herbeiführt, die wir durchleben und die ohne diesen ausgeklügelten und raffinierten Plan nicht möglich wären.

Er schien erschöpft zu sein. Außerdem hatte ich ihn noch nie so abgerundet, so flüssig und zusammenhängend reden hören. Vielleicht hatte aber auch nur die Tatsache, daß ich mich nicht einen Augenblick lang zu einer Antwort aufgefordert oder angestachelt fühlte, mir die Freiheit gelassen, ihm aufmerksam und unvoreingenommen zu folgen. Nun erhob er sich mühsam, er schien älter, als ich je gedacht hatte, strich mit der bekannten Geste über den vom Sitzen völlig zerknitterten Anzug (er hatte das besondere Talent, alles, was er berührte, zu zerknittern: Die Decke, auf der er gesessen hatte, wurde jedesmal, so glatt sie auch vorher dagelegen haben mag, zu einem zerwühlten Lappen, zu kleinsten Stückchen und Streifen zusammengeknautscht, so daß man sich wunderte, daß diese Teilchen noch miteinander verbunden waren. Der Läufer neben dem Bett blieb nach seinen Besuchen als starres und entstelltes Knäuel zurück, etwas, das im Raum existierte, das viel eher ein Volumen als eine Oberfläche besaß). Er blickte mich ernst an, nicht unbedingt prüfend, auch nicht fragend, jedoch mit einer Erwartung, die schwer zu bestimmen und eben deshalb beunruhigend und verstörend war. Zum ersten Mal erwiderte ich seinen Blick mit dem Gefühl von Gleichheit, vielleicht sogar von Gemeinsamkeit (war nicht er es, der mir das Schubfach mit den Applauskassetten gezeigt hatte?). Trotzdem war mir bei seinem Blick nicht wohl. Vor allem fror ich dabei. Nicht nur, daß er sich nicht mit meinem Blick solidarisierte, sondern er schien sogar beinahe traurig ausdrücken zu wollen, daß eine Solidarität nicht möglich sei. Schließlich ließen seine Augen mit einem gewissen Gleichmut von mir ab, als hätte etwas anderes seine Aufmerksamkeit erregt, und er ging, ohne mir noch einmal den Kopf zuzuwenden, grußlos, nur durch eine nachlässige Armbewegung einen solchen andeutend – ein leichtes Schlenkern seines Unterarms aus dem Ellbogen heraus mit einer kaum wahrnehmbaren leichten Bewegung von links nach rechts, die wie eine ihrer selbst nicht ganz sichere Verneigung wirkte – zur Tür.

Wenn er gegangen war, verharrte ich eine Zeitlang reglos in meinem Zimmer, das immer etwas kühler wirkte (aber vielleicht funktionierte um diese Uhrzeit auch die Heizung nicht mehr), ich war wie gelähmt von der Unfähigkeit, mich für eine einheitliche Deutung dieser Gestalt zu entscheiden. So, wie er auftrat, daran gab es überhaupt keinen Zweifel, war sein Verhalten widersprüchlich, als hätten zwei oder drei Personen diesen Körper jeweils stundenweise bewohnt, sich in ihm aus Gründen eingemietet, die mir entgangen waren, sich aber zweifellos gegen mich richteten. Wenn ich mich vor ihm ekelte, erschreckte er mich viel weniger und ich konnte ihn viel eher ertragen als dann, wenn er mir eine Tatsache oder gar ein Geheimnis enthüllte, etwas, das meine Zustimmung fand. Doch gerade dieser vertrauliche Ton, der, so authentisch er auch geklungen haben mag, meine Besorgnis nicht restlos ausräumen konnte, demütigte und verunsicherte mich.

Es war vielleicht dadurch zu erklären, daß er selbst, vom Arzt zum Gefängniswärter verwandelt, sich tief in seinem Innern erniedrigt fühlte und daß er sich gegen das Leben, das er führte, auflehnte und zeitweilig das Bedürfnis verspürte, sich zu erleichtern. Und vor wem sonst, wenn nicht vor mir, vor dem er sich nicht zu fürchten brauchte, hätte er das tun sollen? Ich spürte aber, daß das nur zum Teil der Grund war, das heißt, obwohl es auch darum ging (der »authentische« Klang seiner Darlegungen entsprang ihrer tatsächlichen Aufrichtigkeit), gab es über dieser Schicht von beinahe echter Auflehnung auch eine völlig andersartige, vielleicht etwas dünnere, dafür aber aktivere und deutlicher erkennbare Schicht, auf deren widerwärtiger und grobkörniger Oberfläche sich Opportunismus und Arglist, Denunziation und Heuchelei, das erbärmlichste seelische Elend mit den primitivsten Motiven und einer niederträchtigen Intelligenz vermischten. Seine tatsächlich vorhandene eigene Auflehnung und sein Ekel hinderten ihn nicht, gerade das als Instrument zu benutzen, um bei anderen die gleichen Gefühle aufspüren und verraten zu können. Daß er sofort, nachdem sein Auftritt beendet war, die Reaktionen seines Publikums meldete, verzerrte keinesfalls den ehrlichen Klang seiner Stimme, wie es auch die Authentizität des künstlerischen Ausdrucks nicht im geringsten schmälerte.

Schließlich konnte all das, was er mir über das offene Spiel gesagt hatte, bei dem der Terror durch das Vorzeigen der Spielkarten nur gewinnen konnte (der eingeschüchterte Gegner gibt dabei kampflos auf), auf seine Beziehung zu mir übertragen werden. Indem er mir die Funktionsweise des Mechanismus erklärte, dessen Rädchen er war, mir sogar den geheimen Namen dieser Apparatur verriet, testete er nicht nur (erfolglos) seine Chancen aus, mein Vertrauen zu gewinnen, sondern nährte dadurch auch gleichzeitig meine Angst, baute sie sogar auf, stattete sie mit Argumenten aus. Das Bild der überall vorherrschenden Monströsität (außerdem gewiß nicht übertrieben dargestellt) mußte mir allen Mut rauben, innerhalb meines engen, hermetischen Universums etwas verändern zu wollen. Doch selbst diese Schlußfolgerung empfand ich, obwohl sie den Tatsachen entsprach, als zu linear, zu wenig nuanciert. Der Doktor war weder mein Freund noch mein Feind, aber vor allem war er mir – und das beruhte auf Gegenseitigkeit – nicht gleichgültig. In unserer Beziehung gab es etwas Trübes, Beschmutzendes, für mich ebenso wie für ihn, etwa in dem Sinne, wie eine weiße Fluse für einen schwarzen Anzug Schmutz bedeutet. Ich spürte, daß die schlichte Tatsache, daß ich ihm zuhörte, mich mit einer schleimigen Substanz überzog, die meine Bewegungen hemmte, so wie ihn die ebenso schlichte Tatsache, daß er mit mir sprach (und dabei alle meine Reaktionen, so unausgesprochen sie auch gewesen sein mögen, entzifferte), mit meinem Ekel vor ihm ansteckte, der dann auch für ihn selbst nur noch schwer erträglich war. Ich erinnerte mich an seinen

Scherz über Thomas Mann, der mir nun nicht mehr so absurd vorkam. Die Vermenschlichung stellt für den Teufel zweifellos auch eine Beschmutzung dar.

8

Es war gegen Abend, als Sabina zum ersten Mal kam, die Stunde, da ich normalerweise das Licht einschaltete, doch eine Art Müdigkeit, weder Unfähigkeit noch nachlässige Faulheit, brachte mich dazu, den jedesmal ernüchternden Augenblick hinauszuschieben, in dem ich die Helligkeit wiederentdeckte. Übrigens hatte gerade Doktor Bentan das Zimmer verlassen, soeben war die Türklinke wieder in die Ruhestellung zurückgekehrt (es war nach einem Besuch »ohne Kittel« und einem endlos zusammengeflunkerten Vortrag, der in einem effektvollen Abgang geendet hatte), und als ich sah, daß sie sich erneut bewegte, dachte ich, er käme noch einmal zurück, um noch eine Replik loszuwerden oder um jetzt, da ich es nicht mehr erwartete, zu sehen, welche Wirkung das Vorherige auf mich gehabt hatte. Doch die Tür wurde sanfter geöffnet, als er es getan hätte, und schloß sich beinahe sofort wieder, so schnell und vorsichtig, daß ich erst, nachdem diese Bewegung aufgehört hatte, bemerkte, daß jemand anderer als Doktor Bentan im Zimmer war. Es dauerte noch einen Augenblick, bis ich erkannte, daß es Sabina war. Sie hatte den Kopf weit in den Nacken geworfen, stand in einer merkwürdig theatralischen Haltung da, hatte sich genau an der Stelle an die Wand gelehnt, wo diese mit dem Türrahmen einen Winkel bildete, und schien zu lauschen, was auf dem Flur geschah. Sie war wie immer gekleidet, trug den schwarzen Kittel, doch ragte daraus nicht der übliche Rollkragenpullover, sondern der fast hemdartige Kragen einer Bluse hervor, der – vor allem in der angespannten Haltung, in der sie jetzt dastand – ihren nackten, sehr weiblichen, zarten und gleichzeitig auch kräftigen Hals bis hinab zum Ansatz des Schlüsselbeins sehen ließ. Ich glaube nicht, daß sie lange so auf der Lauer lag, doch reichte mir die Zeit, um sie zu betrachten, mich zu fragen, ob es möglich sein konnte, daß sie Doktor Bentan nicht begegnet war, und die Frage mit einem Nein zu beantworten. Deshalb sah ich sie, als sie sich schließlich entspannte und sich von der Wand löste, wie spielerisch die Hand ausstreckte und den Schlüssel im Schloß umdrehte, verängstigt an, ohne mir bewußt zu sein, daß meine Angst lächerlich erscheinen könnte. Hatten sie das abgesprochen? Und wozu? konnte ich noch fragen, bevor sie mein Bett erreichte und dort Platz nahm. Bis auf diese Erscheinung, über die ich nichts wußte (oder noch schlimmer, von der nichts von dem, was ich über sie wußte, stimmen mußte) und die weniger als einen Meter von mir entfernt war, mir in die Augen sah und einen Finger auf die blassen Lippen legte als Zeichen, daß ich schweigen möge, hatte sich aus meinem Verstand schon alles verflüchtigt. Ihre zusammengepreßten und von dem strengen Finger eingedrückten Lippen hatten, obwohl sie sich seltsamerweise kaum von der Farbe ihres Gesichts abhoben, so deutliche Umrisse, daß ich nicht in der Lage war, außer ihrer reinen

Stofflichkeit noch etwas anderes wahrzunehmen, und deshalb einige Zeit benötigte, um zu verstehen, daß sie von mir verlangte, ich möge keinen Ton von mir geben. Sie hatte sich so dicht neben mich gesetzt, daß ihre Hüfte meinen Bauch und meine Rippen auf fordernde, beinahe schmerzhafte Weise berührte, und blickte mir ohne mit der Wimper zu zucken in die Augen, aber auch ohne den geringsten Versuch, mir etwas anderes mitzuteilen, als diese glühend heiße Woge, die ihr zu entspringen schien und die ich auf mich übergreifen spürte. Mir trat der kalte Schweiß auf die Stirn, meine Zähne wollten anfangen zu klappern, und ich spürte ein starkes Pochen und Kribbeln im Hals, das sich die Arme hinab bis in die Fingerspitzen und über meine Lenden bis in die Fußsohlen hinunter verlängerte. Einige lange Minuten verstrichen, in denen wir wie gelähmt durch die übergroße Nähe reglos verharrten. Dann, offenbar unter dem Eindruck, ich wolle etwas sagen – und vielleicht wollte ich das sogar –, riß sie in einer ruckartigen Bewegung, als hätte es einer Anstrengung bedurft, den Finger von den Lippen und legte ihn auf meinen Mund. Sie hatte eine überraschend kalte Hand, für die ich – da sie dermaßen kalt war oder auch weil sie sich krampfhaft bemühte, etwas mitzuteilen – einen Augenblick lang ein schmerzhaftes Mitleid empfand. Ich nahm sie wie ein autonomes Wesen zwischen meine Hände und versuchte, sie zu wärmen oder zu retten, küßte sie – anfangs nicht aus Verlangen, sondern aus Identifikation und zu ihrem Schutz – von der Handwurzel mit dem heftig pochenden Pulsknoten bis zu den weichen, biegsamen und expressiven Fingergelenken. Unermüdlich und ohne einen anderen Wunsch zu verspüren, liebkoste ich ihre Hand, dachte nicht im geringsten an den Rest dieses Wesens und sah sie dabei doch stets unverwandt an. Seltsam, während meine Lippen und ihre Hand sich immer unlösbarer miteinander verbunden fühlten, ihre Finger besinnungslos mein Kinn und die rauhe Haut meiner Wangen betasteten, meine Zähne sogar anfingen, kreisförmige Spuren auf der weißen, erschaudernden Haut ihrer Finger zu hinterlassen, versuchten meine Augen, die unablässig von dieser heißen, in raschen, vom Verlangen verringerten Abständen sich über sie ergießenden Woge überflutet wurden, forschend hinter diese verlockende Quelle zu blicken. Dabei verspürte ich ein Mißtrauen, das nicht versuchte, sie zu schonen, und auf das ihre Augen kompromißlos jede Antwort verweigerten. Da war eine Hartnäckigkeit, mehr noch, eine Härte, aus der diese heiße Woge zu strömen schien, der es nicht gelang, diese Härte zu schmelzen, ja, sie vermochte nicht einmal, sie zu verringern, eine Kraft, die ich nicht verstehen konnte, die mich erregte und mich wie eine Herausforderung irritierte, wie eine Beleidigung. Denn weder damals noch viel später, als sie mir von den Mikrophonen erzählte, vor denen sie sich fürchtete, und von den komplizierten Tricks, die sie anwenden mußte, um in mein Zimmer zu gelangen, habe ich ihr alles geglaubt und etwa vergessen, daß im letzten verborgensten Winkel meines Kopfes der unbestimmte Verdacht lauerte, sie sei zu mir geschickt worden oder bestenfalls, daß ihr Kommen genehmigt und ihr – aus Gründen, die ich nicht in Erfahrung bringen konnte, was allerdings nicht heißt, daß es sie nicht gegeben haben mag – von anderen gewährt worden sei.

Um diese Herausforderung zu beenden, ließ ich ihre Hand los, die Zärtlichkeit in mir erweckte und die ich nicht mit den unverständlichen Absichten dieses beinahe feindlichen Körpers in Einklang bringen konnte. Die Hand, nun allein gelassen und schutzlos, schlüpfte sofort unter den Kragen meines Pyjamas und versteckte sich weit hinten in meinem Nacken. Ich faßte Sabina an den Schultern, drückte sie kräftig, bis ich sah, wie sich ihre Augen eintrübten und mit Tränen füllten, so daß ich nicht mehr erkennen konnte, ob irgendwo in ihren Tiefen, hinter ihrem Blick, noch diese Verweigerung leuchtete. Dann erst zog ich sie unsanft und beinahe ohne Verlangen zu mir herab, mit dem verzweifelten Wunsch, auch diesen letzten Versuch zur Zerstörung dessen zu wagen, was sich als unzerstörbar erwies: Die Wand – vielleicht die Barriere – aus bruchfestem Glas, immer glitt sie weg, überlegte es sich anders, trennte uns, durchsichtig, hart und unbegreiflich. Sie sank nicht herab, ließ sich langsam, als leistete sie einen sanften, anhaltenden aber unentschlossenen Widerstand, herabziehen – etwa so, als wäre die Luft zwischen uns etwas Festes gewesen, das es zu überwinden galt –, so daß immer noch etwas bezwungen werden mußte, als sie sich schon parallel über mir befand, ich spüren konnte, wie ihre Brüste mich berührten, wie sie immer fester, stofflicher, schwerer wurden und von meinem Körper dann kaum noch zu unterscheiden waren. Immer noch schien etwas weggedrückt werden zu müssen, immer noch spürte ich die

Notwendigkeit, sie heranzuziehen, zwischen uns etwas zerbrechen zu hören, die mangelnde Aufrichtigkeit oder nur die Rippen, die wie Gitter zwischen unseren Herzen waren.

Dann plötzlich, als ich sie von oben betrachten konnte, ihre bebenden Lippen unter meinem Mund spürte, der sich immer noch von ihrem unterschied, ihre Knie unter meinen Schenkeln im angedeuteten Versuch zu entkommen, zitterten, als ich schließlich sah, wie sich ihre vom Sehen müden Augen schlossen, erfaßte mich ein glühendes, allumfassendes Mitleid, das Bedürfnis, diesem kraftlosen Wesen, das zu bezwingen war und das ich in diesem Augenblick bezwang, zu helfen. Sie gehörte mir, unabhängig davon, wie es gewesen sein mag, zu wem sie sonst noch gehörte, wer sie geschickt haben mochte und wer sonst von ihrer Schwäche wußte, dieser Schwäche, die sie nicht zugab und die ich mit einer enormen Leidenschaft, die der Liebe täuschend ähnlich sah, enthüllt hatte.

Und dann erfaßte mich plötzlich ein gewaltiges Verlangen, mehr zu wissen, immer wieder dem schon Bekannten neue Entdeckungen hinzuzufügen. Ich begann, sie mit dem Gefühl zu erforschen, als sei es nicht nur das erste Mal in meinem Leben, daß ich das tat, sondern viel mehr noch und beinahe erschreckend, als sei es das erste Mal, daß es sich überhaupt im Universum ereignete. Ich war überzeugt, daß ich nicht nur einen – mit Sicherheit wunderschönen – Frauenkörper vorfinden würde, sondern etwas ganz anderes, davon ganz Verschiedenes – obwohl es vielleicht auch diese Form annehmen konnte –, etwas, das ich lange schon gesucht hatte, das ich weder definieren noch berühren konnte und das jetzt plötzlich ganz nahe war, sich am Ende meiner elektrisierten Fingerspitzen befand. Ich beeilte mich nicht. Im Gegenteil, ich versuchte, es mit einem verzehrenden masochistischen Genuß hinauszuschieben, den Augenblick, da ich sie verwunden oder glücklich machen konnte – gerade weil ich ihn mit größter Geschwindigkeit auf mich zukommen sah –, hinauszuzögern, denn ich wagte nicht, mir vorzustellen, wie ich danach sein würde. Langsam und ungeschickt öffnete ich die Knöpfe ihres Kittels, dann die ihrer Bluse, während ihre Finger, die sich zwischen meine schoben, als wollten sie mir helfen oder mich daran hindern, nur meine berührten und sie durcheinanderbrachten, sie vergessen machten, was sie zu tun hatten, sie sich verzweifelt verkrampfen ließen, als würden sie sich jeden Augenblick unter diesen dünnen und unruhigen Gestalten verlieren, die sie schließlich dann doch verließen, so daß sich meine Finger daran erinnerten, daß sie weitermachen mußten. Komplizierte Reißverschlüsse und ausgeklügelte Häkchen setzten mir ihren Widerstand entgegen, und ich war glücklich, wenn es mir gelang, sie wie Initiationsprüfungen auf meinem Weg zu einem Mysterium zu meistern, bei dem ich mich weigerte, mich an Einzeletappen zu erfreuen, das ich nicht anders als in seiner ganzen Vollkommenheit betrachten wollte. Obwohl ich schon ihre Schultern und Arme enthüllt hatte, ihren Oberkörper, der sich nur schwer anheben ließ, ihren Busen, über dem meine Hände plötzlich weich und brav eingeschlafen zu sein schienen und bei dem ich nicht verweilte, um ihn zu berühren, versuchte ich nicht, mein Vorwärtskommen zu beschleunigen, damit ich keine einzige der Hürden zerstörte, die mir im Wege standen. Ich achtete auf ihre Reihenfolge, als bräuchte ich dieses Wissen, um nachher alles wieder vorsichtig instand setzen zu können. Als ich fertig war, schloß ich einen Augenblick lang die Augen und bereitete mich auf das Folgende vor, oder vielleicht ruhte ich mich einfach vom Bisherigen aus. Als ich sie wieder öffnete, hatte sie ihre Augen geschlossen und ähnelte, wie sie so nackt zwischen den um sie herum aufgeblätterten Kleidern lag, einer eben aus den Blättern herausgeschälten, frisch gepflückten Frucht. Als ich diesen in seiner Jugendlichkeit beinahe eingeschlafenen Körper, diese der Welt noch nicht geöffneten Lider betrachtete, schien es unmöglich, beinahe pervers, an verborgene Gedanken und Absichten zu denken. Wo sollten sie stecken? Unter der heißen Haut, die erzitterte, als ich sie berührte? Hinter der Stirn, über der das Haar vor Erregung feucht geworden war? Hinter den Lippen, die sich leicht geöffnet hatten und die Zähne sehen ließen, die kaum hörbar aufeinanderschlugen? Unter dem zart geschwungenen Schlüsselbein, dem luftgefüllten Vogel- oder Engelsknochen? Unter den vor Erregung angespannten, kindlich flachen Bauchmuskeln? Meine Hand fuhr über die Zone, in die ich eindringen sollte. Jetzt mußte ich mich überhaupt nicht mehr anstrengen, weder um zu vergessen, noch um etwas anderes zu behalten als das, was meine Augen zu sehen gar nicht umhin konnten, um aufzusaugen, zu verschlingen – wie man mit angehaltenem Atem und drohenden Erstickungsanfällen saugt und schlingt, wenn man sehr durstig ist, und nicht etwa deshalb Todesangst empfindet, weil man sterben könnte, sondern weil man, wenn man stürbe, aufhören würde, die Flüssigkeit zu trinken, nach der man so sehr verlangt. Zum ersten Mal küßte ich sie leicht und verhalten wie eine Ikone (ja, sie ähnelte sogar einer Ikone, wie sie so mit den nach wie vor geschlossenen Augen und dem tugendhaften Oval ihres unbewegten Gesichts dalag), doch als mein Mund ihre leicht geöffneten Lippen sanft berührte, spürte ich, daß ihre Zähne wie im Fieber aufeinanderschlugen, und merkte plötzlich, wie die von diesem dünnen, beinahe musikalischen Klappern verratene Raserei auf mich übergriff und mich wie eine Feuersbrunst erfaßte. Ich fing an, sie völlig besinnungslos zu küssen, küßte sie gewaltsam, Zentimeter für Zentimeter, Zelle für Zelle, und als die Lippen mir nicht mehr auszureichen schienen, verbissen sich meine tobsüchtig gewordenen Zähne in ihre vom Schüttelfrost spröde gewordene Haut, über die – wie über eine sturmgepeitschte Meeresoberfläche – das Schaudern hinwegströmte. Ich wußte, daß ich ihr weh tat und litt unter ihren Schmerzen, hörte sie unter meinen unzähligen Mündern stöhnen, die sich immer wieder über ihrem Körper öffneten und ihn zerfleischten, ihn mir einverleibten, wie sie mich einverleibte. Ich tat ihr weh, damit sie nicht vergaß, daß ich mich dort befand, im Zentrum ihres Wesens, um das herum die Sonne und alle anderen Sterne kreisten, in diesem Kern, in dem mein eigenes Zentrum, ungestüm und wild ihres überlagernd und durchdringend, dahinschmolz und leidend verschwand. Wir blieben nebeneinander liegen, kraftlos, hoffnungslos; im Zimmer war es beinahe schon Nacht geworden, und in der zunehmenden Dunkelheit schienen unsere entblößten Körper ein sanftes und beruhigendes Licht auszustrahlen. Ich empfand nicht den geringsten Wunsch, mich zu bewegen, und auch Sabina lag unbeweglich und still da, öffnete ihre Augen nicht. Ich war froh, daß sie es nicht tat. Ich fürchtete mich vor ihren großen und sicheren Augen, die mich zwangen, darin zu lesen, um mich davon zu überzeugen, daß sie nicht zu deuten waren. Ich wünschte, diese Minuten außerhalb des Bewußtseins mochten so lange wie möglich dauern, wünschte, wir zögen so spät wie möglich unsere Persönlichkeiten und die um das Bett herum verstreuten Kleider wieder an.

Dann war hinter der Tür ein Geräusch zu hören, eine ganz kleine, doch selbstsichere Bewegung, die nicht nur eine schon lange dauernde und immer noch während Präsenz anzeigte, sondern auch eine Anwesenheit, die uns wissen lassen wollte, daß sie dort ist, immer dort war. Ich sprang auf, war entsetzt von dieser Aussicht und hoffte trotzdem, sie möge nicht zutreffen, doch bevor ich etwas unternahm, betrachtete ich Sabina. Sie hatte die Augen geöffnet und sah ohne die geringste Spur von Überraschung oder gar von Abscheu oder Angst zur Tür hin; sie schien sich all dessen vollkommen bewußt zu sein und nahm es mit einer Gleichgültigkeit hin, die auch mich ansteckte. Ich spürte, wie kalte, zerstörerische Wut in mir aufstieg, mich erfüllte und zu zerreißen drohte, doch in dem

Augenblick, da ihre Augen sich verstehend trübten, stürzte ich mich wie ein Raubtier, für das Liebe und Haß nur zwei Seiten des gleichen Beuteinstinktes sind, auf sie. Ich küßte sie nicht mehr und erfreute mich nicht mehr an ihrem Schmerz: Ich spielte ihr übel mit und freute mich darüber, ich zerriß sie, erdrückte sie, spießte sie auf und zerbrach sie in Stücke, ohne mich darum zu kümmern, was sie empfand oder hörte. Mit festem Griff kreuzigte ich ihre Arme und zerbiß ihre Lippen, bis sie anfingen zu bluten, was sie selbst, um nicht losschreien zu müssen, auch tat. Sollten sie doch zuhören, aufzeichnen, filmen, katalogisieren, Karteikarten von diesem streng überwachten Wahnsinn anlegen, dieser kalten, feindseligen Leidenschaft, sollten sie doch zuhören, wie unsere Zähne aneinanderschlugen, unsere Muskeln aufeinanderklatschten, unsere Haare sich verfilzten, wie unsere Tränen und unser Schweiß ineinanderflossen, wie ich wie verrückt stöhnte und wie ein Tier keuchte... Sie fror oder hatte Angst und zitterte ganz schrecklich, doch ich hatte nicht vor, aufzuhören oder etwa Mitleid zu empfinden, gab den Versuch nicht auf, hinter das zu dringen, was die Gattungsgeschichte und mein bisheriges Leben mich als erreichbar zu betrachten gelehrt hatte. Sie fing laut zu weinen an, und mein irres, grimmiges Stöhnen vermischte sich mit ihrem Schluchzen, überlagerte es; beides klang entfesselt, besessen von der eigenen Kraft, wälzte und balgte sich feindselig, schlug im Fallen aneinander, stöhnte und keuchte in letzter Erschöpfung auf. Der Beobachter hinter der Tür fühlte sich offenbar übergangen, vernachlässigt, sah die Angst, die er auslösen wollte, wirkungslos verpuffen, drückte zwei-, dreimal demonstrativ auf die Türklinke, doch, statt mich zu mäßigen, stachelte seine Aufregung mich nur noch mehr an, gab mir neue, verheerende Kräfte. Ich spürte, wie meine Beckenknochen von den irren Stößen schmerzten, daß meine Brust-, Hals- und Armmuskeln mich bei jeder Bewegung quälten, doch ich tobte weiter, drang immer wieder mit vollendeter Grausamkeit in sie ein, mit einer derart vollkommenen Verzweiflung, daß sie langsam der Glückseligkeit zu gleichen begann. Und erst als ich bemerkte, daß ich – wer weiß, wie lange schon – wie ein Verrückter weinte, umarmte ich die unter mir liegende und verwundet weinende Frau brüderlich und versuchte, ihr Schreien mit meinem heulenden Mund zu ersticken. Ich schmiegte meine Wange an ihr von Tränen überflutetes Gesicht und drückte sie so kräftig an mich, wie ich konnte, damit jeder von uns, wenn wir uns beruhigt hätten und aus dem zensierten Alptraum dieser Leidenschaft aufwachten, sich nicht mehr so allein fühlen müsse.

Die nächsten Male war alles leichter zu ertragen. Sabina hat mir nie gesagt, wer hinter der Tür wartete und warum derjenige sie zu mir schickte, aber sie versuchte auch nicht, mich glauben zu machen, es sei nicht so. Außerdem sprachen wir so gut wie nie. Indem ich das widerwärtige Gesetz dieser Liebe akzeptierte, nahm ich auch alles andere hin, auch das Schweigen über die Gründe, die dafür verantwortlich waren. Es stimmt schon, daß sich aus dieser entwürdigenden Hinnahme auch die Gewißheit herausbildete, daß unsere Leidenschaft – von anderen auf das von ihnen festgelegte Maß zugeschnitten – real war, und in gewisser Weise verliehen gerade diese zwanghaften Umstände und das Fehlen einer Perspektive ihr eine beinahe krankhafte Dimension, über die wir mitunter beide erschraken. So wie ich niemals daran zweifelte, daß Sabina zu mir geschickt wurde und daß sie vielleicht nach jedem Besuch die Erfüllung ihrer Aufgabe zu berichten hatte, zweifelte ich auch nie daran, daß sie mich, auf ihre Weise und ihren Möglichkeiten entsprechend, liebte.

Sie öffnete die Tür jedesmal vorsichtig, langsam und zog sie unverzüglich zu, drehte den Schlüssel im Schloß und zitterte schon leicht, noch bevor sie mir an der Stelle begegnete, bis zu der ich gehen konnte, um sie zu empfangen und sie wie ein Kind in die Arme zu nehmen. Sie wehrte sich und versuchte vergeblich, wie in Trance, ihren Kittel aufzuknöpfen. Ich half ihr so gut ich konnte, führte sie nackt zum Bett und deckte sie zu, denn ich wußte nie, ob ihr leichtes Zittern nicht auf die Kälte zurückzuführen war. Sie vergaß nie, den Finger auf ihre brennenden Lippen zu legen, so daß diese Geste für mich schließlich viel mehr bedeutete, als nur das Zeichen zu schweigen, es war die Schwelle, über die wir uns in die Schlucht jenseits der Worte stürzten. Wir sprachen niemals, und das nicht, weil sie diese Übereinkunft festgelegt hatte (die, davon war ich überzeugt, nichts anderes war, als die Beglaubigung ihrer Aufrichtigkeit, die sie mir zu liefern sich verpflichtet fühlte und die dann einfach zur Routine ihrer Aufgabenerfüllung gehörte), sondern weil unsere Beziehung tatsächlich den Bereich der Worte nicht berührte. Wäre ich gezwungen gewesen zu sprechen, mit ihr zu sprechen, dem ohnehin schon übervollen Raum zwischen uns beiden auch noch Silben hinzuzufügen, dann wäre ich in einige Schwierigkeiten geraten, denn ich hätte schwerlich aufrichtige Worte finden können, die sie nicht gekränkt hätten. Alles, was mit Sprache zu tun hatte, widerstrebte uns, und jeder Versuch, mit Hilfe dieses doch so ungeeigneten Mittels zu klären, was unsere Sinne nicht leugnen konnten, war von vornherein zum Scheitern verurteilt und ängstigte mich. Wenn wir uns anzogen, ich über ihren Kittel strich, damit er nicht so zerknittert aussah, ihre Haare ordnete, damit sie nicht so zerzaust wirkten (eine kleine, beinahe spaßhafte Bestätigung der Übereinkunft, ihren Verrat zu respektieren, so zu tun, als wüßte ich nichts davon), vermieden wir es, uns länger als einen Augenblick lang anzusehen, und wenn es, unbeabsichtigt, trotzdem einmal geschah, lächelten wir mit einem leichten Schuldbewußtsein, das sich auf die vorherige Zärtlichkeit ebenso bezog wie auf die kommende Entfremdung. Dann ging sie, und kurz darauf kam, wie in einem Theaterstück, in dem die Personen sich nicht begegnen dürfen, die Frau mit dem Abendessen, Doktor Bentan oder eine der Schwestern mit dem Thermometer. Ich lag brav ausgestreckt in meinem Bett und hatte die Decke bis unter das Kinn hochgezogen, so als hätte die kleinste aufgedeckte Stelle mich schon bloßgestellt und alles verraten.

Was alles? Was blieb nach Sabinas Berichten denn noch zu verraten? Woraus konnten denn diese Berichte bestehen? Ich versuchte mir vorzustellen, wie sie sich an den Schreibtisch setzte und schrieb: »Ich betrat sein Zimmer und fing an, mich auszuziehen...« Vielleicht hatte der Stil aber auch schematisch und formelhaft zu sein.»Nachdem das Untersuchungsobjekt erreicht worden war...« Oder aber ich stellte sie mir nicht schreibend vor, sondern zu jemandem beordert (es ist mir nie gelungen, dieser Person ein Gesicht zu geben, denn sowohl die Genossin Mardare als auch Doktor Bentan sind mir in dieser Rolle unglaubwürdig erschienen), der im Dunkeln saß und das starke Licht eines Scheinwerfers auf ihr Gesicht lenkte, das es abtastete und auch des geringsten Geheimnisses entkleidete, auch ihre verborgensten Regungen noch ausleuchtete. Ich stellte mir vor, wie sie erzählte und mit ihrer ein wenig matten, jungenhaften, etwas tieferen Stimme, die deshalb auch so einen verwirrenden Klang hatte, auf Fragen antwortete.

Gewiß, all das konnte auch nur den Rahmen für meine Phantasie bilden, die von dem Körper – den ich inzwischen auswendig kannte – und der mir völlig fremden Seele dieses Wesens besessen war; dieses Wesens, das mir zu nahe war, als daß ich es einfach Frau hätte nennen können (ich hatte »dieser Frau« schreiben wollen und bin vor einer möglichen Beleidigung zurückgeschreckt). Doch blieb zweifellos lediglich die Form dem Zufall überlassen und meiner kranken Vorstellungskraft anheimgestellt, der Inhalt war längst schon von anderen festgelegt worden. Lange quälte ich mich damit, diesen Inhalt zu begreifen, die wahren, die rationalen Gründe für ein Vorgehen, das keinen Sinn zu haben schien. Es gelang mir nicht, weil ich etwas Kompliziertes und Einträgliches erwartete, eine ausgeklügelte Intrige, auf die etwas ganz Spektakuläres zu folgen hätte. Und erst als ich meine Suche aufgegeben und die gesamte Geschichte als eine weitere Fatalität akzeptiert hatte, erkannte ich: Es war überhaupt nicht kompliziert, im Gegenteil, es war unglaublich einfach und gerade deshalb nicht zu verstehen. Indem sie Sabina in meine Arme trieben und mich dazu brachten, mich in sie zu verlieben, verfolgten sie nichts anderes, als sie in meine Arme zu treiben und mich dazu zu bringen, mich in sie zu verlieben. Das genügte ihnen. So wie diese jungen Männer, die alle gleich angezogen waren und auf den Straßen patrouillierten, nichts anderes zu tun hatten, als gleich angezogen zu sein und auf den Straßen zu patrouillieren, also da zu sein. Denn nicht ihr Handeln war gefragt, es genügte schon, daß man ihre Existenz wahrnahm. Durch die schlichte Tatsache, daß ich mich innerhalb des von ihnen abgesteckten Rahmens und von ihnen angeregt in Sabina verliebt hatte, spielte ich schon mit, hatte mich also einbeziehen lassen, was ich sonst in jeder Form verweigert hätte. Natürlich konnten sie mir Sabina jederzeit vorenthalten, so wie man einem Rauschgiftsüchtigen die Droge vorenthalten kann, doch wäre dies ein Akt höherer Gewalt gewesen. Normalerweise brauchten sie überhaupt nichts anderes zu tun, als zu wissen, daß ich durch meine Liebe und meine Erniedrigung an sie gebunden war, denn wichtiger als die Tatsache, daß sie uns beobachteten und alles aufzeichneten, war unser Wissen darum. Sabina gehörte gewiß in viel umfassenderer Weise zu ihnen als ich, doch zweifelte ich nicht daran, daß sie, wie sie mich durch sie auch sie durch mich beherrschten, und das Gefühl dieser gemeinsamen Erniedrigung ließ mich eine noch größere Nähe zu ihr empfinden, ließ sie mir noch lieber werden, verknüpfte mich mit ihr. Grenzenloses Mitleid, stärker und kostbarer als die Liebe, verband mich mit diesem zerbrechlichen, in seinem Schweigen eingeschlossenen Körper, der verängstigt, terrorisiert, vielleicht sogar geschändet im Rhythmus meiner seelischen Schreie und physischen Zuckungen vibrierte. Jedesmal wenn wir uns beruhigten und ich die Gedanken an die nächsten Stunden nicht mehr verdrängen konnte, schloß ich sie in die Arme und wiegte sie sanft wie ein schlafendes Kind (und es schien, als schliefe sie in den unberührbaren Tiefen ihrer Jugend und ihrer Erfüllung), das ich vor dem demütigenden Leid zu bewahren suchte, das es erwartete; und weil ich wußte, daß ich dazu nicht in der Lage sein würde, war ich bereit, zusammen mit ihr im Morast dieser Demütigungen zu versinken.

9

Je länger ich ihm zuhörte, desto klarer wurde mir, daß mir Doktor Bentan »ohne Kittel« mehr schadete als in Ausübung seines Berufes. Der Gedanke an Flucht beschäftigte mich fast die ganze Zeit über, eigentlich sogar die ganze Zeit, eine Ausnahme waren nur die depressiven Phasen, wenn mir keinerlei Rettung mehr möglich schien und alles, was ich noch meinte tun zu können, war, mir noch einen kleinen Aufschub vor dem endgültigen Entschluß zum Selbstmord zu gewähren, der bestimmt meine Niederlage, aber auch die Befreiung von der Angst, meine Würde zu verlieren, bedeutet hätte. (Seltsamerweise beeinträchtigte meine Annäherung an Sabina den Wunsch zu fliehen überhaupt nicht, diese beiden Gefühlskategorien hatten keinen gemeinsamen Ort, sie berührten sich nicht, sondern verliefen parallel, auf voneinander abgeschotteten und hoffnungslosen Bahnen.) Zu Anfang hatten mir die Besuche des Doktors »in Schwarz«, seine Nachmittagsbesuche – von denen ich dachte, sie gehörten nicht zum Programm, seien somit freiwillig und freundschaftlich – geschmeichelt und mich ermutigt. Ich hatte sie als ein Zeichen dafür betrachtet, daß ich noch eine intellektuelle Anziehungskraft ausübte, als Indiz dafür, mich nicht verändert zu haben. Daß er seine Freizeit mit mir verbrachte, bewies mir, daß er mich noch als gleichwertig betrachtete, ich mich also – wenigstens für ihn – noch nicht zu einem der Insassen der Anstalt verwandelt hatte. Auf einer anderen Ebene relativierte das Verhalten des Doktors das von Sabina, das mich nicht aufgrund der weiblichen, sondern der menschlichen Gleichgültigkeit verletzte, denn ich vermutete, daß sie mich – von dem abgesehen, was uns verband – einer unwiederbringlich verlorenen Kategorie von Menschen zurechnete. Ich kam gar nicht auf den Gedanken – und selbst wenn ich ihn je gehabt haben sollte, habe ich ihn instinktiv wieder zurückgewiesen –, daß die Zeit, die er mit mir verbrachte, nicht seine Freizeit, sondern im Gegenteil die Verlängerung seiner beruflichen Verpflichtungen, eine andere, raffiniertere Variante derselben war. Das schließlich begreifen zu müssen, war nur noch der letzte Anstoß für meine verzweifelte Anstrengung, auf irgendeine Weise, auf jede nur mögliche Weise die Sache zu beenden, deren Spielball ich war. Bis dahin jedoch verstrich ziemlich viel Zeit – sicher einige Jahreszeiten –, so daß alles, was ich dort erlebte, mir vertraut, ja, geradezu mein Leben wurde, während mein früheres Leben zu einer immer blasser werdenden Vorstellung verkam, an die ich mich manchmal nostalgisch und manchmal ungläubig erinnerte, die mir aber gleichermaßen fremd und unwirklich erschien. Die Tage vergingen in vollkommener Gleichförmigkeit. Ich nahm an den gemeinschaftlichen Übungen teil und hätte mich möglicherweise wie ein Hampelmann gefühlt, hätte ich nicht, während ich dieses mechanische und groteske Ballett der vorgeschriebenen Bewegungen aufführte, die roboterhaft gewordenen, vor Fanatismus schwitzenden Gesichter der anderen betrachtet. Ihr brutalisierter Elan, der sich zu meiner hoffnungslosen Anstrengung gesellte, verquickte sich mit dieser zu einem Gefühl akuter Tragik, einer Verzweiflung, die ausgedrückt werden wollte. Ich wußte weder, wie ich das hätte tun können, noch wem gegenüber. Jeder Versuch, meine Gefühle zu artikulieren, war ohnehin lächerlich, und zwar aus dem einfachen Grund, daß alles, was ich hätte sagen können, denen, die mein Schicksal hätten bestimmen können, längst bekannt war (vielleicht erweckten Sabina und der Doktor mitunter den Eindruck, als glaubten auch sie selbst an das, woran ich glaubte). Unter diesen Bedingungen erschien mir die Wiederholung von Wahrheiten beinahe als Heuchelei, als unsinnig oder masochistisch, je nachdem, wer zuhörte. Es gab aber auch Augenblicke, in denen gerade dieses Gefühl der Sinnlosigkeit und Lächerlichkeit jeder Äußerung mir wie ein Sieg der anderen erschien, wie Komplizenschaft, als wirkte ich bei meiner eigenen Zerstörung mit, bei dem ganzen so genau dirigierten Wahnsinn, der gewinnbringend immer nur in die eine Richtung ausschlug. Gewiß, diejenigen, mit denen ich hätte sprechen müssen, denen ich meine Gefühle gestehen, ja sogar hätte aufzwingen müssen, wären diese offensichtlichen Opfer gewesen, zu denen auch ich mehr oder weniger gehörte, doch in dieser Richtung schien alles verschlossen zu sein, endgültig finster. Ein- oder zweimal hatte ich versucht, ein Wort – ein bedeutungsloses Wort, eine schlichte Tonfolge – an die zufälligen Nachbarn im Übungssaal zu richten, doch hatte das zu keinem Ergebnis geführt. Ich konnte nicht einmal feststellen, ob sie nicht hörten, was ich gesagt hatte, ob sie es nicht verstanden oder ob sie mir einfach nicht antworten wollten. Eine Zeitlang dachte ich, daß es mir, wenn ich ihren Blicken begegnete, auf diese etwas zweideutige, jedoch gefahrlose Weise gelingen könnte. Doch ihr Blick schien ein anderes Fluidum zu besitzen als meiner; so vielsagend mein Blick auch gewesen sein mochte, meine Botschaften versanken echolos in der glänzenden Leere ihrer Augen, die sich davon nicht trüben ließen. Ich gab also auf und setzte mit noch größerer Ungeduld meine Suche nach einem gitterlosen Fenster oder einer versehentlich unverschlossenen Tür fort. Das Problem der Kleider, das sich als unlösbar herausgestellt hatte, hatte ich einfach von der Liste gestrichen (ich würde so gehen, wie ich war, und unterwegs eine Lösung finden), doch auch dieser Verzicht schien eine Flucht nicht leichter zu machen. Fieberhaft irrte ich in der Zeit zwischen den festen Terminen der ärztlichen Visiten, der Übungen und Essenszeiten auf den langen Fluren umher, die von Wänden gebildet wurden, in die in gleichen Abständen verriegelte Türen eingelassen waren, Flure, die ab und zu unvermittelt im rechten Winkel abknickten, um sich von neuem, ebenso monoton wie zuvor, bis zum nächsten Knick zu erstrecken. Anfangs hatte ich Angst, jemandem zu begegnen, der mich fragen könnte, was ich dort suchte oder warum ich das Zimmer verlassen hatte (ich konnte mir unschwer die katastrophalen Folgen des Skandals ausmalen, den ein Zusammentreffen mit der

Genossin Mardare beispielsweise gehabt hätte), doch begegnete ich nie einem Menschen, und mit der Zeit entsetzte mich gerade diese verdächtige Leere, die möglicherweise nur mir zu meiner alleinigen Nutzung zur Verfügung stand. Ich konnte mir nicht vorstellen, wie sie den genauen Augenblick in Erfahrung brachten, da ich mich entschloß, hinauszugehen, um mir dann diese absolute Leere bieten zu können, wie ich ebenfalls nicht in der Lage war, mir auszumalen, was sich hinter den verschlossenen Türen befand (Schlafräume? Büros? Folterkammern? Trainingsräume?), durch die niemals ein Laut drang. Rätselhaft war auch, wo meine Kollegen – es mögen Hunderte gewesen sein – außerhalb der Übungsstunden waren (obwohl sie sich alle so ähnelten – auch physisch durch die geistige Nivellierung einander angeglichen –, konnte ich mich doch des Eindrucks nicht erwehren, daß es sich jedesmal um andere handelte, wobei die totale Vereinsamung und das Ausbleiben jedes Zeichens des Wiedererkennens sicherlich diesen Eindruck verstärkte). Immer – wie früh ich auch kam – fand ich sie schon im Übungssaal vor, waren sie in perfekt ausgerichteten Reihen und voller Inbrunst schon bei den Übungen, so daß ich mir hätte vorstellen können, sie hörten niemals auf (sie machten auch ohne Unterbrechung weiter, wenn Doktor Bentan kam, um mich zur täglichen Konsultation abzuholen), und das bisher unerreichte Ideal eines Perpetuum mobile schien durch sie verwirklicht. Doch all das waren – um es so zu nennen – nur Koloraturängste, die Begleitmusik zu der Verzweiflung, die ich empfand, weil ich nicht einmal die Richtung herausfinden konnte, in der ich die Tür nach draußen hätte suchen müssen. Welche Richtung ich auch einschlug und wie lange ich auch ging – ja, wie viele Treppen ich auch hoch oder hinunter stieg –, immer befand ich mich in den gleichen Korridoren, mit den in gleichen Abständen angeordneten Türen, die verriegelt waren. Es dauerte lange, bis Angst und Verzweiflung mich erfaßt hatten, denn die Struktur des Gebäudes war mir vom ersten Augenblick an vertraut: Sie glich dem Konglomerat aus Redaktionen, wo ich arbeitete. Während ich sie erforschte, begann ich zu begreifen, daß der Größenunterschied zwischen den beiden Labyrinthen zu einem wichtigen Kriterium wurde: Das entschlüsselte, das bezwungene Labyrinth, das man verlassen kann, erscheint immer als die unbedeutende Parodie des Labyrinths, in dessen Herzen man sich befindet. Und trotzdem, sagte ich mir, das Labyrinth ist kein Ort ohne Ausgang. Und ich gab nicht auf. Ich erinnerte mich an eine Zeichnung, die als erste ausführliche Darstellung des Labyrinths galt und die in ein Peristyl des Hauses von Marcus Lucretius aus Pompei eingeritzt war, »Labyrinthus«, daneben stand »Hic habitat Minotaurus«. Und ich erinnerte mich, daß ich mich beim Betrachten dieser einfachen und beinahe kindlichen Zeichnung anfangs mit einer amüsierten Herablassung über die Ängste der Kreter gewundert hatte und erst nachher dachte, daß das Labyrinth ein strikt subjektiver Begriff sei. Es auf ein einfaches Muster zu reduzieren, ist ebenso unzulässig, wie eine hoffnungslose Liebe oder den Glauben an Gott in eine Rechenaufgabe aufzunehmen. Während ich Kilometer für Kilo-

meter die mit milchigem Neonlicht beleuchteten Flure
durchstreifte, immer in der Sorge, rechtzeitig wieder in
meiner Zelle zu sein, wo ich zu bestimmten Uhrzeiten
anzutreffen sein mußte, dachte ich, daß ich vielleicht
schon ohne mein Wissen im Herzen des Labyrinths
angelangt war, und da ich niemandem begegnet war,
fragte ich mich schließlich, ob ich etwa selbst Minotaurus sei. Schließlich war nicht Perseus, sondern Minotaurus der wahre Gefangene des Labyrinths gewesen.
Doch das war nur Literatur. Jedesmal kehrte ich erschöpfter zurück, und das Gerede von Feigheit und Verzicht, das der Doktor mir »ohne Kittel« zumutete, traf
auf einen immer schwächer werdenden und leichter
verletzbaren Zuhörer. Vor allem, da seit einiger Zeit aus
Gründen der Ersparnis der Strom einige Stunden lang
abgeschaltet wurde, und zwar nicht zu vorher festgelegten Terminen und nie zur gleichen Zeit, so daß die
Flure, in die kein Tageslicht drang, zu dunklen Röhren
wurden und ich mich die von den verschlossenen
Türen unterbrochenen Wände entlangtastend vorwärts
bewegen mußte. Vielleicht hätte ich aufgegeben, wenn
ich die geringste Alternative gehabt hätte, doch der
Zustand meiner Übungskollegen konnte nicht als
Alternative bezeichnet werden, und so setzte ich hartnäckig und verzweifelt meine Suche nach einem Ausgang fort, bemühte mich, den Faden meines eigenen
Weges wieder aufzurollen, den Punkt zu finden, durch
den ich hereingekommen, besser gesagt, in dieses
Labyrinth geleitet worden war. Doch die Erkundungen
waren nun unendlich viel schwieriger geworden. Mehrmals geschah es, daß ich mein eigenes Zimmer nicht

wiederfand und daß ich, zunehmend verzweifelter, herumirrte, denn – obwohl ich mit größter Umsicht die Türen zählte, an denen ich vorbeiging, um mir beim Rückweg jede Aufregung zu ersparen – die Tür, von der ich überzeugt war, sie sei die meine, war abgesperrt wie alle anderen. Ich probierte es an anderen Türen rechts und links, den Flur auf- und abwärts, fragte mich, ob ich nicht das Stockwerk verfehlt habe, versuchte, es zu überprüfen, strich immer fieberhafter mit zunehmend rauher werdenden Händen an den Wänden entlang, kehrte um und war noch mutloser, zweifelte noch mehr an der Richtigkeit meiner Berechnungen. Mir wurde übel, ich spürte meine Schläfen pochen, und bitterer Geschmack überschwemmte meinen Mund, meine Knie knickten ein, und meine Augen brannten. Dann, nachdem ich auch die letzte Spur von Sicherheit und Berechnung verloren hatte, drückte ich die Klinke, und die Tür öffnete sich plötzlich (ich hatte sie bis dahin bestimmt schon mehrmals ausprobiert). Ich betrat mein Zimmer und ließ mich auf das Bett fallen, und kurz darauf kamen auch schon die Bedienstete mit dem Abendessen, Doktor Bentan, eine Schwester, die etwas in der Karteikarte nachzutragen hatte, oder der Klempner, der die Verstopfung im Waschbecken behob, lauter Gestalten, die wirkten, als hätten sie sich verborgen gehalten und die Entwicklungen beobachtet, als seien sie von diesen in gewisser Weise sogar aufgehalten worden, und die nun – da alles wieder seinen normalen Gang ging – in der für sie typischen falschen Gleichgültigkeit wieder ihre Tätigkeiten aufnahmen. Gewiß, um mich davon zu überzeugen, daß meine

Bemühungen für meine Bewacher kein Geheimnis waren, bedurfte es dieser Bestätigungen nicht, doch überzeugten mich diese Vorfälle davon, daß meine Bewegungen nicht nur überwacht, sondern aus dem Schatten heraus sogar gesteuert wurden. Sie wollten mir offenbar zeigen, daß nicht nur meine Suche sinnlos war, sondern daß sie darüber hinaus auch mit mir spielen konnten, und zwar auf so verhöhnende Weise, wie sie es gerade wollten, ohne daß ich mich hätte wehren oder sie etwa hätte bestrafen können. Wenn die Logik bei der Entzifferung des Absurden irgendeine Rolle spielen kann, dann war meine Schlußfolgerung richtig. Doch wozu nützte sie mir? Ihre Absicht war genau die, mich dazu zu bringen, ihr Spiel zu verstehen und mich dadurch auch von der Sinnlosigkeit jedes Fluchtversuchs zu überzeugen. Wenn nun also vernünftig handeln hieß, sich so zu verhalten, daß ich mir selbst schadete, blieb mir nichts anderes übrig, als mich unvernünftig zu verhalten, mich wie ein Verrückter in meine Sache hineinzubohren und mich wie ein Idiot zu benehmen. Ich bemerkte nicht zum ersten Mal, daß *den Dummen zu spielen* in Grenzsituationen identisch war mit dem Gegenteil: *den Gescheiten zu spielen.* Und obwohl die späteren Ereignisse mir zeigten, daß die Dinge noch komplizierter waren, als sie mir erschienen, lebte ich weiterhin mit dem in meinem tiefsten Inneren – das nicht einmal ich vollständig kannte – verborgenen Gefühl, ich würde nicht besiegt werden können.

Das erste Ereignis war ungemein kurz, dauerte vielleicht den Bruchteil einer Sekunde, es war so kurz, daß ich nach einer Weile dazu neigte, an der Richtigkeit meiner Beobachtung zu zweifeln, und erst als es sich nach einigen Tagen wiederholte, den Versuch wagte, es zu deuten, und mich von seiner Bedeutung durchdringen ließ. Ich war im Übungssaal, zusammen mit den anderen, führte abwesend die Bewegungen aus und bemühte mich, an nichts zu denken und vor allem meine Gefährten nicht mehr anzusehen, da ihr bloßer Anblick mir schon physische Übelkeit bereitete. Er machte mich tatsächlich krank, erweckte in mir das dringende Bedürfnis, mich in einem Spiegel zu betrachten, um zu sehen, ob ich ihnen nicht etwa, ohne es zu merken, ähnlich geworden sei, oder wenigstens mein Gesicht zu betasten, es abzureiben, um – für den Fall, daß er dort klebte – den Ausdruck, den ich in den Gesichtern der anderen unmöglich ertragen konnte, zu entfernen. Ich machte also diese ewig gleichen Übungen, hatte die Augen niedergeschlagen und ließ meine Gedanken irgendwo umherstreifen. (Was eigentlich nicht richtig formuliert ist, denn sie streiften nicht irgendwo umher, sondern ich hatte sie so weit wie möglich weggejagt. Ich hatte mir auferlegt, während der Übungen an schöne und interessante Dinge zu denken: an liebgewordene Erinnerungen oder an Bücher, die mich gefesselt hatten und die ich mir nun wieder zu erzählen versuchte, wobei ich auf die kleinsten Einzelheiten achtete; oder an Musikstücke, die mich derart ergreifen konnten, daß sie mich vor der gegenwärtigen Situation retteten und mich der Realität entzogen.) Also führte ich mechanisch diese gymnastisch zerlegten Bewegungen aus, die Begeisterung ausdrücken sollten, und spielte im stillen immer wieder das Motiv aus der zweiten Suite von Bach ab – dabei hatte ich das Gefühl, die Musik könne jedesmal, wenn sie von neuem ansetzte, etwas mehr von der mich umgebenden Realität auslöschen, etwa wie ein Radiergummi, der wieder und wieder über eine Zeichnung fährt –, als ich spürte, daß mich jemand ansah und ich die Augen hob. Vor mir waren jedoch nur mehrere Reihen kurzgeschorener und perfekt in Reih und Glied ausgerichteter Hinterköpfe zu sehen, die völlig gleichförmig vom eintönigen Rhythmus der Arme mitbewegt wurden. Ich dachte, ich müsse mich geirrt haben. Kurz darauf aber wiederholte sich dieses Gefühl, und da ich etwas schneller aufsah, schien mir, als sei einer der Hinterköpfe zwei Reihen vor mir nicht völlig parallel zu den anderen, als sei er überstürzt aus einer nichtsymbolischen Bewegung zurückgekehrt und ich habe den Bruchteil einer Sekunde aufgeschnappt, da er sich wieder in den Rhythmus des Kollektivs integrierte. Nun wandte ich den Blick nicht mehr ab, sondern richtete ihn aufmerksam nach vorn. Dann geschah es. Langsam, als schraube er sich vorsichtig aus dem eigenen Hals, drehte sich der von mir beobachtete Kopf um. Ich sah erst sein Profil und dann das ganze Gesicht (der Kopf eines jungen Mannes, der sich in nichts von den anderen unterschied, er hatte den gleichen unerträglichen Ausdruck, der wie eine klebrige, vereinheitlichende Farbe über seinen Zügen lag), und in dem Augenblick, da er sich weit genug umgewandt hatte, damit unsere Augen sich begegnen konnten, wurden seine ausdruckslosen, porzellanartigen Augen von einem Blitz schärfster, blendendster und schwer deutbarer Helligkeit durchzuckt, und eines seiner Lider schloß sich wissend einen kurzen Augenblick lang, während sein Kopf, wie von einer Feder zurückgerissen, in die Ausgangsstellung zurückschnellte. Der Mann hatte mir zugezwinkert.

Einen Moment lang befürchtete ich, ohmächtig zu werden, ich mußte die Augen schließen und mich abstützen. Ich trat einen Schritt zur Seite, um die Sprossenwand berühren zu können, und versuchte in dieser etwas stabileren Haltung meinen Eindruck zu analysieren und zu überprüfen. Hätte ein Toter, den ich im Sarg betrachtete, mir einen Augenblick lang den Kopf zugewandt und mir solch ein Zeichen gegeben, ich wäre nicht verwirrter oder verblüffter gewesen. Wie konnte das möglich sein? Und vor allem, was konnte diese Geste für einen Sinn haben? War es ein Kommunikationsversuch? Gewiß. Eine Solidarisierung? Könnte sein. Aber vor allem war es eine spöttische Geste. Und eine Ermutigung. Eine dieser Erscheinungen, die ich nicht einmal mehr gewagt hatte, zu den menschlichen Wesen zu zählen, hatte versucht, mir etwas mitzuteilen; vielleicht, daß alles nur Spiel sei oder sogar Ulk, daß ich all das, was ich sah, nicht so ernst nehmen dürfe, daß die Realität eine andere sei, daß... Aber übertrieb ich nicht? Indem ich meine Position verändert hatte, war mir die Orientierungsmöglichkeit verlorengegangen, und ich war nicht mehr in der Lage, zu erkennen, welcher der unzähligen identischen Köpfe sich so bedeutungsvoll zu mir umgewandt hatte. Ich konnte keinen Unterschied feststellen. Doch es war unmög-

lich, daß ich es mir nur eingebildet haben sollte, es war
unerträglich, nicht zu *wissen*. Alle Regeln überschreitend, ging ich an der Sprossenwand entlang nach vorn
und blieb, das Gesicht den Reihen zugewandt, neben
der Assistentin stehen, die auf einem Stuhl saß, strickte
und die Übungen überwachte. Sie warf mir einen kurzen gleichgültigen Blick zu, nicht aufmerksamer, als
wenn sie eine Fliege gesehen hätte, und fuhr mit ihrer
Handarbeit fort. Bis zum Schluß habe ich nicht verstanden – und auch Sabinas nachträgliche Erläuterungen
konnten mich nicht ausführlicher darüber aufklären –,
welchen Status ich in dieser zwielichtigen Institution
einnahm und inwiefern er sich von dem der anderen
Häftlinge unterschied. War es ein besonderer Status,
oder war nur mein Verhalten anders als das der anderen, was dann wiederum unterschiedliche Reaktionen
auslöste? Es wäre ziemlich naiv gewesen, das anzunehmen. Um so mehr, als das gesamte Personal sich mir
gegenüber irgendwie merkwürdig verhielt, unnatürlich. Die Tatsache, daß ich bei meinen ausgedehnten
Erkundungsgängen niemals jemandem begegnete,
daß mich während dieser Zeit niemand aufsuchte oder
daß mir jedenfalls niemand meine Abwesenheit vorwarf, schien nicht – vor allem wegen der peinlichen
Genauigkeit, in der die Dinge abliefen – auf Gleichgültigkeit oder Zufällen zu beruhen, sondern im Gegenteil, subtilste und vielleicht perverse Berechnung zu
sein. Eine Vermutung, die, vom Ende her betrachtet,
an Glaubwürdigkeit gewinnen sollte, selbst wenn
damit die Einzelheiten nicht zu erklären waren, doch
damals, während sich all das ereignete, wirkte sie der-

maßen beängstigend, daß ich sie instinktiv ablehnte. Es hätte nicht nur bedeutet, anzunehmen, daß ihnen all meine Gedanken und Intentionen bekannt waren, sondern daß sie sogar von ihnen gesteuert wurden. Das aber weigerte ich mich zu denken. Ich ging also an der Sprossenwand entlang bis zu der Assistentin, die mein Verhalten nicht zu interessieren schien (doch wenn auch die anderen ihre Übungen unterbrochen hätten, was hätte sie dann wohl getan, und wenn sie auch dann nichts unternommen hätte, welchen Sinn hätte dann ihre Anwesenheit auf diesem Stühlchen gehabt?), und betrachtete meine Übungskollegen. Ich ließ meinen Blick nicht nur über die ganze Gruppe schweifen (ein kaum erträglicher Anblick – wie eine Landkarte mit viereckigen, mit dem Lineal gezogenen Meeren und Flüssen –, gerade weil er auf gewalttätige Weise unnatürlich war, der menschlichen Vorstellungskraft nicht entsprach), sondern musterte auch jeden einzelnen, versuchte, in ihre Augen zu sehen (in ihre Porzellanaugen, von denen der Blick abprallte, ohne sie auch nur ankratzen zu können), belauerte sie, indem ich meinen Blick plötzlich zurückkehren ließ, wenn er an einem vorübergezogen war, versuchte, ihn zu überraschen, wenn er sich unbeobachtet wähnte... Ich verharrte eine Stunde lang, vielleicht auch zwei in dieser unmöglichen Position eines von seiner eigenen Beute genarrten Raubvogels und konnte mich nicht entschließen, aufzugeben, obwohl ich spürte, wie ich, als stünde ich kurz vor einem Nervenzusammenbruch, am ganzen Leib zu zittern anfing. Ich blickte immer wieder in diese identischen, vollkommen fremden und unerhört ausdruckslosen Gesichter, ohne auch nur die geringste Spur, nicht den winzigsten Rest dieser Geste zu entdecken, die so viel hätte bedeuten können; zwei Stunden, in denen sie – und mit ihnen der, den ich suchte – ihre immer gleichen, exakten und von keinerlei Ermüdung, Gedanken oder Zweifeln gestreiften Bewegungen ausführten. Sie waren wie einfache Maschinen, perfekt programmiert und nicht zu überraschen. Schließlich gab ich es auf. Ich wagte nicht (aus Angst, damit eine Welle der Repression auszulösen), Doktor Bentan etwas davon zu sagen, und mit der Zeit gewöhnte ich mich an den Gedanken, diesen derart erschütternden Augenblick, der nichts von seiner Intensität eingebüßt hatte, der sich nicht verbrauchte, für eine Halluzination zu halten. Eine Halluzination? Das hätte bedeutet, daß es sich um eine rein subjektive Realität gehandelt hätte, um meine subjektive Wahrnehmung – mithin auch eine Realität. Was bis dahin gar nicht in Betracht gekommen war, wurde nun zur Arbeitshypothese, zum Instrument der Analyse. Der Verdacht war aufgetaucht – wenn auch nur in meinem Kopf –, daß der verblödende Enthusiasmus und die Maschinisierung meiner Genossen nichts anderes sei, als eine Maske, hinter deren Schutz ein lebendiger und normaler Geist therapeutisch lachte und seine Verteidigung vorbereitete. Doch in den folgenden Wochen wiederholte sich diese Geste noch einige Male ebenso blitzartig und ebenso erschütternd, und das mit Sicherheit nicht zufällig, sondern absichtlich und vielsagend. Als ich mich schließlich selbst davon überzeugt hatte, daß ich es mir nicht nur eingebildet hatte, daß es tatsächlich so gewesen sein mußte, spürte ich, wie meine Augen sich mit Tränen füllten. Also war ich nicht vollkommen allein, und der Sieg dieses Apparats, der so perfekt zu sein schien, war nicht so vollständig. Es stimmt schon, ich konnte nicht in Erfahrung bringen, ob es sich um die gleiche Person handelte oder ob es immer andere waren (es ging jedesmal viel zu schnell, als daß ich Zeit gefunden hätte, mich zu besinnen, und sie waren sich alle so ähnlich), und ebenso richtig ist, daß diese komplexe Kommunikation nur eine Richtung hatte, nur von ihnen zu mir funktionierte und ich keine Möglichkeit hatte, ihnen zu antworten und mit ihnen Verbindung aufzunehmen. Seltsam, gerade die Wiederholung der Geste war es, die mich von der Illusion einer wirklichen Kommunikation heilte; mir wurde klar, daß sie es – abgesehen von der Mitteilung, die sie mir zukommen lassen wollten – offenbar vorzogen, weiterhin unerkannt zu bleiben.

So verzögerte sich die Erfüllung meines Traums von einer rettenden Solidarisierung, und einen Augenblick lang durchfuhr mich sogar der Gedanke, selbst diese höhnische Geste könne letztlich ein Teil des Plans sein, zu dem auch die Übungen und die Schubladen mit dem Applaus gehörten. Aber ich hoffte weiterhin, daß mein Verdacht unbegründet sei.

Das zweite Ereignis ließ keinen Zweifel aufkommen.

Es war ein Winternachmittag, an dem es schon mittags dunkel zu werden begann, einer dieser Tage, da es um vier Uhr schon finster ist und die Hoffnungsreserven des Universums fast ganz aufgebraucht zu sein scheinen. Ich wußte, daß ich eigentlich zu meinem

Erkundungsgang hätte aufbrechen müssen (am Morgen, als ich in mein Zimmer zurückkehren mußte, hatte ich gerade einen Flur entdeckt, in dem ich möglicherweise noch nicht gewesen war und der für mich eine Überraschung hätte bereit halten können), doch ich lag im Bett, hatte die Decke bis zum Kinn hochgezogen und nicht die Kraft, sie zur Seite zu schlagen, aufzustehen, ins kalte Zimmer zu treten und wegzugehen. Mit dem schwindenden Tageslicht nahmen auch mein Vertrauen in den Kampf und mein Glaube an ein Wunder deutlich spürbar ab. Ich wußte, in einer oder zwei Stunden würde Doktor Bentan kommen und seinen Monolog halten, und wenn ich bis dahin nichts getan hätte, von dem ich insgeheim wußte, daß es seiner Rede widersprach, würde die Verzweiflung, in die er mich unweigerlich stürzte, nur noch vernichtender sein. Und trotzdem, ich war nicht in der Lage, unter meiner Decke hervorzukriechen oder die Handlungsunfähigkeit durch Nachdenken oder Phantasie zu ersetzen. Alles, was ich tun konnte, war, das Fenster zu betrachten, dessen weiß angestrichene Scheiben immer grauer und grauer wurden, so daß sich von einer Minute auf die andere die tiefschwarzen Streifen verwischten, die das Gitter auf diesen immer dunkler werdenden Bildschirm gezeichnet hatte. Unter dem Eindruck, an der Tür habe sich etwas bewegt, wandte ich einen Augenblick lang den Blick zu ihr hin, doch weil da nichts war, kehrte ich, beinahe froh, daß man mich nicht in meiner Hoffnungslosigkeit störte, zum Fenster zurück, das in dieser kurzen Zeit noch um einige Nuancen dunkler geworden war. Schon mit der vollkommenen Perspektivlosigkeit zufrieden, blieb ich so liegen, bis Fenster und Gitter eins geworden waren mit der undifferenzierten Dunkelheit des Raums. Dann drückte ich mit einigem Widerwillen und in dem Wissen, dadurch die Vollkommenheit eines Gefühls zu zerstören, auf den Lichtschalter am Kopfende meines Bettes und schloß einen Augenblick lang die Augen, um mich vor dem schmutzigen und direkten Licht zu schützen, das eine ohne Schutzblende und lediglich mit zwei Schrauben an der Decke befestigte Neonröhre ausstrahlte. Als ich die Augen wieder aufschlug, sah ich – nicht, als wäre er in der Zwischenzeit hereingekommen, sondern als hätte er sich geradezu aus diesem Licht herausgeschält und materialisiert – einen Mann, der an der Wand links der Tür zu kleben schien, seine Hand lag auf der Klinke, sein Kopf war mir zugewandt. Er stand da wie erstarrt und wirkte doch sprungbereit, eine Haltung, die es ihm gleichermaßen erlaubt hätte, zu mir herüber zu schnellen, wie mit einer ruckartigen Bewegung die Tür zu öffnen und zu verschwinden.

– Bist du normal? fragte er mich, und, seltsam, erst als ich seine Stimme vernahm, war mir klar, daß er sich noch nicht lange im Zimmer befunden haben konnte, daß er erst in dem Augenblick eingetreten sein mußte, als ich das Licht eingeschaltet hatte.

– Wie normal? fragte ich nun, viel zu überrascht, als daß ich etwas verstehen oder mich gar tatsächlich hätte wundern können.

– Also so wie die anderen, antwortete er selbstsicher, doch auch etwas verblüfft, möglicherweise darüber, mich angetroffen zu haben und mit mir sprechen zu

können. Außerdem ging mir in dem Augenblick, da unsere Blicke sich trafen, durch den Kopf, daß er etwas zu Gesicht bekam, was auch ich vielleicht gesehen hätte, wenn ich bei meinen endlosen Erkundungsgängen auch nur eine unverschlossene Tür vorgefunden hätte. Und ich überlegte mir, was ich dabei wohl gefühlt hätte. Ich blickte ihn also mit Sympathie und einiger Ernsthaftigkeit an, bevor ich ihm antwortete:
– Nein, ich glaube nicht, daß ich so bin wie die anderen.
– Herrgott, sagte er und nahm endlich die Hand von der Klinke, ich hatte nicht mehr gehofft, jemanden zu finden. Dabei machte er einen Schritt auf mich zu. Also bin ich nicht der einzige Verrückte.

Ich wollte lächeln. Seine Worte hätte man einfach nur als Scherz auffassen können, hätte sein Gesicht diesen Gedanken nicht mit größter Entschiedenheit verneint. Es war ein junger, zu ernster Mann, als daß man ihn einfach als »jungen Mann« hätte bezeichnen können, und sein Gesicht hatte etwas, das einen schöngeistigen Beruf ausschloß. Eine gewisse Entschiedenheit des Blicks schien auf einen Menschen hinzudeuten, der direkt mit der Materie arbeitet, er konnte zum Beispiel Ingenieur sein, ja, sogar Arbeiter. Es schien mir sogar befremdlich, daß ich wegen seines Äußeren – obwohl er über dem abgeschabten, vom häufigen Gebrauch ausgefransten und zerknitterten Pyjama einen alten, kirschroten Kittel trug – sofort auf seinen Beruf schloß, doch wollte ich diesen ersten Eindruck nicht einfach abtun. Er war groß, doch nicht zu groß, und obwohl er recht mager war, ließen seine kräftigen Knochen und Gelenke ihn nicht schwächlich oder gar hilflos erscheinen und verliehen seinen Zügen ein verhaltenes Pathos. Ohne das zu sein, was man einen sympathischen Menschen nennt (obwohl er in der kurzen Zeit, die wir zusammen verbrachten, beinahe ohne Unterbrechung redete, glaube ich, daß er unter normalen Umständen ein eher schweigsamer Mensch war), weckte er von Anfang an mein Vertrauen und so etwas wie den Wunsch, mich mit ihm zu solidarisieren, nicht, um ihm beizustehen, sondern um ihn an meiner Seite zu wissen.

– Auch ich habe geglaubt, ich sei allein, antwortete ich und sah ihm in die Augen. Es ist das erste Mal, daß ich mit jemandem rede, den Doktor und das Personal natürlich ausgenommen, ich meine: mit jemandem, der sich in der gleichen Situation befindet wie ich.

– Woher wissen Sie, daß wir uns in der gleichen Situation befinden? fragte er mit einem leisen Verdacht in der Stimme, entfernte sich von der Tür und trat ans Fußende meines Bettes heran.

– Also hier interniert und trotzdem noch nicht zu den anderen gehörend, noch nicht auf diesen gemeinsamen Nenner gebracht, noch normal...

– Du täuscht dich, unterbrach er mich beinahe schneidend. Was mich betrifft, so täuschen Sie sich sehr, wie auch ich mich in Ihnen zu täuschen scheine. Ich bin nicht normal. Ich bin verrückt, und ich hatte gehofft, Sie wären es auch.

– Es tut mir leid, daß ich Sie enttäuschen muß, sagte ich scherzend, ohne zu wissen, worauf er hinauswollte. Und da er immer noch nicht lächelte, fügte ich ernsthaft hinzu: Außerdem kann ich Ihnen nicht glauben.

Ich hatte zwar noch nie mit echten Verrückten zu tun, aber ich bin überzeugt, sie sehen nicht so aus, verhalten sich nicht so wie Sie.
– Aber wie glauben Sie denn, verhalten sich Verrückte? unterbrach er mich von neuem offensiv und ohne eine Spur von Humor, eher hastig und mit einer Irritation, die sich auch mir mitteilte.
– Wie sie sich verhalten?! wiederholte ich unschlüssig. Ich weiß es nicht genau, aber in jedem Falle unnormal, anders als die anderen Menschen.
– Genau das sage ich auch! rief er aus, und seine Stimmung hellte sich plötzlich auf, als hätte ich ihm recht gegeben. »Unnormal, anders als die anderen Menschen«, wiederholte er entzückt, und für einen kurzen Augenblick meinte ich, in seiner Begeisterung ein leichtes Irrsinnsflackern wahrzunehmen. Das heißt, wir sind uns einig. Aber Sie sollten noch einmal darüber nachdenken, ob nicht vielleicht doch... Seine Stimme, ja, seine gesamte Gestalt drückte einen Augenblick lang eine derart kindliche Sehnsucht aus, die nicht zu seinen Zügen und seiner sonstigen Sprödigkeit paßte, eine Art Flehen, das schon im Augenblick seines Entstehens durch den Kontrast zu seiner äußeren Erscheinung reichlich komisch wirkte, so daß ich gegen meinen Willen – und ohne daran zu denken, daß ich ihn vielleicht kränken könnte – in Gelächter ausbrach, wahrscheinlich zum ersten Mal, seit ich mich in diesem Raum befand:
– Nun gut, wenn Sie so sehr darauf bestehen... ich wüßte nicht, warum ich Ihnen diesen Gefallen verweigern sollte... zumal ich zugeben muß, daß nach dieser

Definition... letztlich auch ich... Aber warum setzen Sie sich denn nicht? gelang es mir schließlich, mein Lachen zu beenden. Wir werden uns doch nicht darüber streiten, ob wir nun verrückt sind oder nicht. Ich freue mich so, daß Sie aufgetaucht sind, daß Sie mich gefunden haben (Sie müssen mir erzählen, wie es Ihnen gelungen ist, mich zu finden!), daß es, ehrlich gesagt, kaum noch eine Rolle spielt, wie Sie nun sind. Mir reicht schon, daß Sie nicht so sind wie die anderen.

– Welche anderen? fragte er und setzte sich ganz ungezwungen auf den Stuhl, so als entdecke er erst jetzt, daß wir von verschiedenen Dingen sprechen könnten.

– Die Übungskollegen ... wie soll ich sagen ...
– Ah! unterbrach er mich zum wiederholten Male mit einer Art Ungeduld, der zu entnehmen war, daß er wußte, wovon ich sprach, ohne daß dadurch allzu deutlich wurde, ob auch er sich darauf bezogen hatte.

Im übrigen, so stellte ich fest, hatte sich zwischen uns ein merkwürdiges Ungleichgewicht herausgebildet, etwa so wie zwischen einem Erwachsenen und einem durch die Anwesenheit des Erwachsenen eingeschüchterten Kind. Auch daß ich ihn siezte, während er bestenfalls höflich zu mir war, versetzte mich in die Position des Unterlegenen – die ich übrigens freiwillig akzeptierte – und verunsicherte mich etwas, doch trübte es nicht meine Freude über dieses Ereignis. Eigentlich lief alles doch nur darauf hinaus, daß er an eine Freundschaft anscheinend Bedingungen knüpfte, während ich mich einfach freute, daß dazu überhaupt eine Möglichkeit bestand.

10

– Hier gibt es nichts zu lachen, begann er irgendwie didaktisch, aber ohne daß er von meiner Heiterkeit verärgert zu sein schien, ja, sogar etwas geschmeichelt darüber. Ich habe nicht gescherzt, als ich sagte, daß ich verrückt bin. Es ist zwar weder eine ärztliche Diagnose noch eine rein willkürliche Feststellung – oder von beidem etwas –, doch das ist nicht von Bedeutung. Wichtig ist, daß meine eigene, ernsthafte, logische und verantwortungsbewußte Schlußfolgerung so lautet. Ich möchte nicht mißverstanden werden, man hält mich hier gewaltsam fest und sie hätten, ganz klar, nicht das Recht dazu. Damit es auch nur eine Spur von Legalität gibt (immer schon habe ich mich gefragt, warum sie das überhaupt vorgeben müssen, wo sie es doch derart oberflächlich betreiben, selbst nicht davon überzeugt sind und von vornherein wissen, daß ihnen ohnehin niemand glaubt), behaupten sie, ich sei verrückt, was ganz offensichtlich eine reine Erfindung ist, das erste, was ihnen einfiel. Trotzdem ist – ohne daß sie selbst es wüßten – ihr Urteil richtig: »Alle normalen Menschen haben Angst, er hat keine, also ist er verrückt«. Du wirst mir entgegnen, dieser Syllogismus hinke, die Schlußfolgerung könne genausogut lauten »er ist mutig«. Und dennoch, sie haben recht: In einer Welt, in der alle sich fürchten, kann nur ein Verrückter Mut haben. Nun gut, ich bin verrückt. Von dem Augenblick an, da ich diese Wahrheit akzeptiert habe, die viel subtiler ist, als sie auf den ersten Blick zu sein scheint (außerdem bezweifle ich, sie dir begreiflich machen zu können, ich selbst habe Jahre gebraucht, um sie zu verstehen und dann auch zu akzeptieren), hörte mein Leben plötzlich auf, die Hölle zu sein, die es bis dahin war. In dem Augenblick, da ich aufhörte, unbedingt so wie die anderen sein zu wollen und, noch sinnloser, die anderen dazu bringen zu wollen, so zu sein wie ich, wurde alles, absolut alles zugänglicher und *verständlicher*, ja, sogar harmonischer. Bis dahin fühlte ich mich immer schuldig, daß es mir nicht gelang, etwas Entscheidendes zu tun, um etwas zu verändern, um den infamen Mechanismus, der mich und alle anderen zu zermalmen schien, zu verwandeln (oder ihn einfach außer Kraft zu setzen). Mit allen hatte ich Mitleid – denn ich zweifelte nicht daran, daß sie genauso litten wie ich –, und ich fühlte mich ihnen gegenüber schuldig, denn ich fand keine Entschuldigung, keine Begründung dafür, daß es mir nicht gelang (ich es nicht einmal versuchte), sie zu retten, während ich für sie – die sich nicht selbst zu retten versuchten – immer wieder Ausflüchte fand: daß sie Kinder hatten, schwach waren, sich betrügen ließen, daß sie zu dumm waren... Seltsam und bedrückend war die Tatsache, daß ich mich um so verantwortlicher für sie fühlte, je mehr Mängel ich an ihnen entdeckte, so wie ein Erzieher sich um so mehr um ein Kind zu kümmern hat, je kränker oder kleiner es ist. Ich will nicht leugnen, daß es Augenblicke gab, in denen ihre Feigheit und ihre Unwissenheit mich anwiderten und empörten, doch warf ich mir diese Empörung immer wieder als eigene Feigheit, als unterschwellige Bequemlichkeit vor, als Vorwand, um den gewaltigen Verpflichtungen zu entgehen, die ich ihnen gegenüber zu haben meinte. Manchmal fragte ich mich auch, warum nur ich allein die ganze Verantwortung zu tragen hatte; doch mußte ich mir jedesmal antworten, daß vielleicht auch andere sie sich im stillen auferlegt hatten, Menschen, von denen ich es nicht vermutet hätte, wie auch sie nicht ahnen konnten, daß ich es tat, und das aus dem einfachen Grund, weil sie (ich) keine Möglichkeit fanden (fand), ihre (meine) Gefühle und Absichten mitzuteilen. Das waren eigentlich die beiden in einem Teufelskreis miteinander verbundenen Probleme: Erstens, wie konnte man denen begegnen, die so waren, wie man selbst (um handeln zu können), zumal wenn man nicht handelte und also nicht an seinen Taten zu erkennen war? Und zweitens, wie konnte man allein handeln, ohne Gleichgesinnte an seiner Seite zu haben, so daß die Aktionen Sinn und Gewicht gehabt hätten? Es ging so weit, daß ich auf der Straße versuchte, den Passanten in die Augen zu sehen, um die zu entdecken, mit denen ich mich hätte verbünden können. Die Leute gingen jedoch mit zu Boden gesenkten Blicken vorbei, waren müde, hatten es eilig und waren beladen mit Rucksäcken und Taschen. Wenn es dann doch einmal geschah, daß ich einen Blick auffing, dann war dieser argwöhnisch, von meinem Blick verschreckt, von meiner Beharrlichkeit beunruhigt und wollte nur so schnell wie möglich entkommen, wieder zu sich selbst zurückkehren, sich verschließen und nicht antworten müssen. Ich könnte nicht mit Gewißheit sagen, ob schon damals der schreckliche Verdacht in mir keimte, daß ich anders sei als die anderen, doch selbst wenn es mir noch nicht gelang, das so zu formulieren, müssen die Voraussetzungen damals in dieser langen Phase der Verzweiflung gelegt worden sein. Verzweiflung darüber, daß ich weder in der Lage war, weiterhin die dumpfe Erniedrigung aller zu ertragen, noch fähig, aus der gequälten Masse diejenigen auszuwählen, die entschlossen waren, sie zu retten. Alles, was mir nun noch zu tun blieb, war, den gordischen Knoten zu durchschlagen und selbst anzufangen, etwas zu tun, auch wenn es möglicherweise ineffizient bleiben mußte, kaum wirklich von Bedeutung, ja, letztlich sogar lächerlich sein konnte. Doch was hätte ich denn tun können?

Plötzlich verstummte er. Das intensive Leuchten in seinem Blick erlosch und wurde, nachdem ein unerklärlicher und dunkler Schatten der Selbstzensur vorübergezogen war, von einem anderen, metallischeren und spöttischeren, aber vielleicht auch nur aufmerksameren und neugierigeren Licht ersetzt.

– Wie du siehst, brauche ich dich nicht mehr davon zu überzeugen, daß ich verrückt bin. Die bloße Tatsache, daß ich dir all das erzähle, ohne dich überhaupt zu kennen, beweist es zur Genüge.

Ich antwortete nicht. Ich hatte keinen Grund anzunehmen, daß er sich etwa wegen eines Verdachts oder um mich zu verspotten unterbrochen hatte, vielmehr mußte er das Bedürfnis gehabt haben, sich für kurze

Zeit der Spannung seiner Geschichte zu entziehen; seine Schamhaftigkeit verschaffte dem Pathos seiner Erzählung einen Augenblick der Entspannung. Ich wartete also, und er wußte, daß ich wartete; er schwieg eine Weile, und sein Blick erfüllte sich wieder – als hätte die Stille seine Batterie aufgeladen – mit jenem hellen Strahlen, das in sich ruhte und auf nichts gerichtet war, und seine Stimme, die keine Verbindung zum letzten Satz mehr herstellte, nahm die Geschichte genau an der Stelle wieder auf, an der sie sie verlassen hatte.

– Was konnte ich schon tun? Das heißt: Was konnte ich als einzelner schon tun? Flugblätter verteilen? Flammende Aufrufe an Wände und Mauern schreiben? Ja, das konnte ich zweifellos tun, doch das eine wie das andere verhindert den Kontakt zwischen dem, der die Botschaft aussendet, und dem, der sie empfängt, und umgeht damit gerade die Möglichkeit zur Solidarisierung. Es ist mir nicht schwergefallen, mir vorzustellen – schließlich waren sie doch bereits über meinen Blick so erschrocken –, wie sie hastig an den Wandsprüchen vorbeigehen und versuchen würden, so zu tun, als hätten sie sie nicht gelesen, oder wie sie die Flugblätter in der Faust zerknüllen würden – zu feige, sie einzustecken oder wegzuwerfen. Ich gab mich keinen Illusionen hin, und außerdem tat ich das, was ich tat, auch nicht für sie. Was ich wollte, war, mit meiner Handlungsweise denen, die so fühlten wie ich, die Möglichkeit zu verschaffen, mit mir Kontakt aufzunehmen, dafür aber mußte ich auffindbar sein, mußte es mich geben.

So kam ich zu der verrückten Lösung – siehst du, noch ein Argument! – des öffentlichen Vortrags. Ich wählte Ort und Zeit sorgfältig aus. Den Ort mit dem größten Gedränge, den Platz, wo sich an den Haltestellen von fünf oder sechs Bus- und Staßenbahnlinien zu Hauptverkehrszeiten tatsächlich stille Volksversammlungen zusammenrotten; und die Zeit der größtmöglichen Verzweiflung: nachmittags um fünf, dann, wenn die Leute nach der Arbeit ihre Einkäufe gemacht haben – angestanden, sich gedrängelt, sich aufgeregt und gestritten haben und alles, was sie finden, in den Mengen, die sie ergattern konnten, gekauft haben – und erschöpft mit Rucksäcken, Tüten und Netzen beladen an der Haltestelle ankommen, wo der zu spät kommende Bus die letzte Erniedrigung und die letzte Last bedeutet, die ihre müden Leiber und ihre angespannten Nerven noch ertragen können. Ich muß zugeben, daß ich diese verschärfenden Begleitumstände mit einer vorsätzlichen Grausamkeit und einer grenzenlosen Gutmütigkeit ausgewählt hatte. Ich versuchte, ihnen alle möglichen Trümpfe zuzuspielen, damit sie explodierten, es nicht mehr aushielten, sich zusammenschlossen. Ich hatte nur den Kitt zu liefern oder vielleicht noch weniger, das Zeichen.

Beim Sprechen hatte er sich vom Stuhl erhoben, und als ich ihn so von unten, vom Bett aus betrachtete, erschien er mir plötzlich strahlend schön, wenn man es so sagen kann, von einer Schönheit, die ich vorher nicht bemerkt hatte, dunkel und zugleich leuchtend wie ein rächender Engel. Oder wie ein Verrückter, konnte ich nicht umhin, hinzuzufügen. Doch ich verscheuchte diesen Gedanken sofort.

– Ich stieg auf ein Baugerüst (als ich mich für diesen bestimmten Ort entschied, wußte ich nicht, daß dort eines stand, doch daß es da war, schien mir nun nicht nur notwendig, sondern auch ein gutes Zeichen zu sein) und begann, zu ihnen zu sprechen. Ich weiß nicht mehr, was ich sagte, alles, woran ich mich noch erinnern kann, ist, daß von dort oben viel mehr Leute zu sehen waren, als ich unten gedacht hatte, und einen Augenblick lang stellte ich mir vor, es handele sich tatsächlich um eine Volksversammlung, daß all die Leute (es waren einige hundert) sich zusammengefunden hätten, um mir zuzuhören. Sie taten es schweigend, in absoluter Stille, was mich ermutigte fortzufahren und mich gleichzeitig in eine Art Taumel versetzte, ein Schwindelgefühl, so als stürzte ich in eine Schlucht, deren unendliche Tiefe zugleich bedeutete, daß ich nicht mehr an die Oberfläche gelangen wie auch daß der Aufprall noch eine Weile auf sich warten lassen würde. Ich neige dazu, dieses vollkommene Schweigen, das zumindest eine angespannte Aufmerksamkeit ausdrückte, als Zustimmung zu bewerten. Im übrigen betrachteten sie mich alle reglos, sie hatten die Köpfe etwas in den Nacken gelegt und diese wenigen Blicke, die ich auffing, waren alles, was ich mir seit so langer Zeit erhofft hatte, und sogar die Entschädigung für all das, was dann folgte. Ich weiß nicht mehr, wie lange ich gesprochen hatte. Ich glaube aber eine ganze Weile, jedenfalls lange genug, daß sich die Nachricht über das Geschehen verbreiten konnte und sich immer mehr

Menschen dort versammelten. Einige rannten herbei, redeten, schrien etwas, doch einmal angekommen und in Hörweite, betraten sie den Platz, als gelangten sie in einen stillen und verschwiegenen Raum. Jedenfalls war genügend Zeit, damit an den Ufern der Menschenmenge (ich benutze diesen Ausdruck, weil ich mich erinnere, daß er mir damals in den Sinn kam, denn die Menge glich einem tiefen Wasser, war unbewegt wie ein Teich) einige Autos auftauchen konnten, die ruckartig und sehr laut bremsten. Ich sprach weiter, obwohl mir nicht mehr alle zuhörten. Die, die am Rand standen, wandten die Gesichter ab und sahen beunruhigt die Autos an, aus denen Männer ausstiegen, die alle gleich gekleidet waren, die gleichen Schuhe, den gleichen Haarschnitt trugen und den gleichen Blick aufgesetzt hatten, sich dabei auf die gleiche Weise bewegten, das gleiche Alter und sogar die gleichen Gesichtszüge hatten, so daß wirklich niemand, egal wie fremd, naiv, unerfahren oder abgelenkt er gewesen sein mag, ihre Ähnlichkeit hätte übersehen können. Früher glaubte ich, wie alle anderen auch, diese Standardisierung sei ein Zeichen ihrer mangelnden Phantasie, der Nachlässigkeit oder Dummheit. Eine Armee, die eigentlich hätte geheim sein müssen, die sich jedoch nicht glaubhaft tarnen konnte. Erst viel später begriff ich, daß ihre Macht und ihre Raffinesse gerade in der Vortäuschung von Ungeschicklichkeit bestanden, darin, daß sie es sich leisten konnten, tolpatschig zu wirken. Diese Armee muß ihren Kampf nicht verbergen, weil sie gar nicht kämpfen muß, es genügt schon, daß es sie gibt. Je besser man sie sehen kann, je öfter sie gesehen wird, desto unfehlbarer ist sie. Gleichzeitig optimiert das Fehlen einer richtigen Uniform, ihre Ersetzung durch dieses unendlich viel kompliziertere System der psychologischen Gleichschaltung, den Effekt, indem es ihnen etwas Geheimnisvolles verleiht, das die Aufmerksamkeit des Betrachters keinen Augenblick lang zur Ruhe kommen läßt, ihr nicht gestattet, sich abzunutzen, sich an die Situation zu gewöhnen und sie nicht mehr wahrzunehmen.

– Entschuldige, ich sage dir Dinge, die dir sicher bekannt sind, sonst wärst du nicht hier (und wieder hatte ich einen Augenblick lang den Eindruck, das Licht in seinen Augen sei klarer geworden, schneidender). Ehrlich gesagt, ich glaube, ich versuche, den Augenblick der Wahrheit, wie man beim Stierkampf sagt, hinauszuzögern, das Ende dieses Ereignisses, durch das sich mein Leben verändert hat und das mich auch jetzt noch, nach einigen Jahren und nach unzähligen Vergegenwärtigungen und Analysen, aufwühlt, mich verblüfft und beängstigt. Also ich sprach weiter, während die Insassen dreier Autos ausgestiegen waren, sich der Menge genähert hatten und darin verschwunden waren. Ich konnte sie von oben nicht mehr erkennen, doch was ich spüren und sogar sehen konnte, war der Schauder, der die Menge wie einen lebendigen Leib aus verschiedenen Richtungen durchlief, so daß sie plötzlich wie ein fröstelndes Tier zuckte und sich schüttelte. Von diesem Augenblick an hatte ich den Eindruck, selbst die chemische Zusammensetzung dieses kollektiven Wesens habe sich verändert. Doch ich hörte nicht auf zu sprechen. Eigentlich kam mir gar nicht in den Sinn, daß ich es hätte tun können, obwohl ich wußte, daß man mir nicht mehr zuhörte: Die wenigen Blicke, die mich glücklich gemacht hatten, weil ich sie hatte beherrschen können, schweiften nun unruhig umher und versuchten, die Veränderungen in ihrer Umgebung zu erfassen. Alles war in einer Erwartung befangen, die meine Worte, sie zerreißend, zu erklären versuchten. Was aber erwartete man? Offensichtlich erwarteten sie, die neu Angekommenen, ich würde erschrecken und schweigen. Da ich das aber nicht tat, sondern diesen ersten Schritt zur Kollaboration und zur Komplizenschaft verweigerte, konnte ich kaum voraussehen, was nun folgen würde. Es schien mir undenkbar, daß sie in aller Öffentlichkeit die Waffen ziehen und schießen würden. Das war noch nie vorgekommen. Aber es war auch noch nie vorgekommen, daß so etwas ohne Schwierigkeiten verlief. Außerdem, auf wen hätten sie schießen sollen? Zu meiner Ehre oder vielleicht auch Schande muß ich gestehen, daß ich nicht einen Augenblick lang daran dachte, daß sie auf mich schießen könnten. Diejenigen, die sich um mich herum versammelt hatten, schienen in Gefahr zu sein, und in noch stärkerem Maße die Solidarität selbst; dieser kaum sichtbare, aber immerhin vorhandene Keim von Solidarität. Deshalb, glaube ich, habe ich nicht aufgehört. Seitdem habe ich mich schon oft gefragt, ob ich auch dann noch weitergesprochen hätte, wenn ich die Waffen hätte aufblitzen sehen. Ich konnte mir darauf keine ehrliche Antwort geben. Tatsache ist, daß ich meine Rede trotzdem abgebrochen habe, und zwar angesichts von Dingen, die viel harmloser waren als

Waffen. Aus dem vierten Auto stiegen drei Männer, die Kabel und Apparate trugen. Einer hatte eine Filmkamera, während die anderen nur Scheinwerfer trugen, die an tragbare Akkumulatoren angeschlossen waren. Zuerst beachtete sie niemand, das heißt, niemandem war klar, was geschehen würde. Doch was ist schon geschehen? Ohne ein Wort zu sagen, ohne eine weitere Geste und ohne die Aufmerksamkeit auf sich zu lenken, schalteten die Männer die Scheinwerfer ein und richteten sie auf die Menge, während der mit der Kamera anfing, sie zu filmen. Doch nicht das war das Ereignis. Es war nur das Steinchen, das alles ins Rollen brachte. Das Ereignis war, daß in der Sekunde, als das Summen einsetzte, das den Beginn der Aufzeichnung anzeigte, eine heftige Bewegung, eine wie aus heiterem Himmel entstandene mächtige Woge durch die Menge ging, die, nachdem sie unvorsichtigerweise ihre Hunderte von Köpfen umgedreht hatte, um zu sehen, was geschah, sich zuerst instinktiv und dann mit stetig zunehmender Angst vor der Kamera zurückzog.

In diesem Augenblick hielt ich inne. Noch bevor sie selbst die unglaubliche Logik ihrer Angst erfaßt hatte, und damit den verblüffenden Erfindungsreichtum derer, die sie ängstigten, hatte ich es begriffen. In weniger als zehn Sekunden glich der Platz einem sturmgepeitschten Meer, vom Tosen der entfesselten Materie, die ihrer eigenen Definition zu entkommen sucht, bis zum unförmigen, jedoch mächtig ansteigenden Dröhnen, das sofort das Surren des Apparates überlagerte (so daß ich mich noch fragen konnte, ob es nicht vielleicht nur eine fingierte Filmaufzeichnung war, was –

wie ich annehmen muß – der gesamten Szene die Dimensionen eines Meisterwerkes verliehen hätte). In ganzen Wogen versuchte die Menschenmenge zu fliehen, doch da es ihr nicht so schnell gelang, wie sie es wollte, schlug ihre relative Hilflosigkeit in Panik um, so daß diejenigen, die am schnellsten rannten und dabei ihre Lasten von sich warfen, ihre Nachbarn zu Boden rissen und mit den Füßen traten, hysterische, unartikulierte, ungeduldige und verängstigte Schreie ausstießen, das Gefühl hatten, nicht schnell genug voranzukommen, zu verschwinden und sich in Sicherheit bringen zu können. Der Anblick, der sich mir von oben herab auf dieses richtungslose, anwidernde Gewürm bot, das Bild dieser Angst, die den Tod gar nicht in Erwägung zog, sondern nur das Leben mit seinen kleinkarierten Berechnungen und erbärmlichen Phantasmen, das Bild dieser entfesselten, hoffnungslosen und widerwärtigen Flucht war für mich *das Ereignis*, die endgültige Lehre in Volkspsychologie, das für mich den unumkehrbaren Schritt ins Erwachsenendasein und den Verzicht auf Illusionen bedeutete. Nachdem sie verschwunden waren, blieb ein verdreckter Platz zurück, überall lagen verlorene Gegenstände herum – aufgeplatzte Pakete mit Lebensmitteln, aufgerissene Tüten, aus denen das Maismehl quoll, Schweinsfüße und Hühnerklein, zerknülltes Papier, Plastiktüten, die der Abendwind wie Ballons aufzupusten und ein paar Schritte weit wegzutreiben versuchte, faule Äpfel, die über den Asphalt rollten.

Als die Scheinwerfer erloschen waren, merkte ich plötzlich, daß es Abend geworden war; ein morastiges

Licht ließ noch die Umrisse der Gegenstände erkennen, die, ohne wirklich unterscheidbar zu sein, immerhin noch ihr Existenzrecht vor sich hin stammelten und hier und da die Dunkelheit ein wenig aufhellten oder zerrissen. Es wirkte wie fehlgeleitete Ironie, als zwei oder drei Busse wie in Kampfformation in die Haltestelle einfuhren, hielten und, über die Ödnis erzürnt, mit demonstrativem Lärm wieder starteten. In ihrem Scheinwerferlicht konnte ich das Kamerateam erkennen, das vollkommen ernst und ohne jedes Lächeln wieder das Auto bestieg; es wirkte, als sei dies der erste Ort gewesen, an dem sie auf diese Weise ihre Aufgabe erledigt hatten. Die Insassen der anderen Autos jedoch verließen den Platz selbstverständlich erst mit mir zusammen. Als ich bemerkte – nachdem mein Blick dieses grauenhafte Schlachtfeld verlassen hatte, auf dem niemand gefallen war und wo nur die Schlauheit mit dem Selbsterhaltungstrieb gekämpft hatte –, daß am Fuß des Gerüsts, auf dem ich stand, reglos wie Zinnsoldaten etwa zehn gleich aussehende Männer standen, stieg ich gelassen, ohne den geringsten Gedanken an Widerstand und beinahe ohne Bedauern hinab. Mein Versuch war damit beendet. Ich hatte alles getan, was in meiner Macht stand, hatte den Teufelskreis dieser zwei Fragen durchbrochen, ja, es war mir sogar gelungen, auf beide eine Antwort zu finden: Daß das Ergebnis negativ ausgefallen war, hatte nicht mehr ich zu verantworten. Auf die Frage: »Wie kannst du denen begegnen, die so sind wie du?« war die Antwort so eindeutig ausgefallen, wie sie eindeutiger nicht hätte sein können: Es gab sie nicht. Den besten Beweis dafür, daß das die Wahrheit war, hatte der Einfall – der mit einer solchen Selbstgewißheit umgesetzt worden war –, durch eine Filmkamera erfolgreich einige Maschinenpistolen zu ersetzen, erbracht. Ich stieg mit völlig ausdruckslosem Blick, und ohne ein weiteres Wort zu sagen, hinunter zu denen, die mich erwarteten, und während ich die Füße auf die Metallstangen setzte, die ich im Dunkeln mit den Sohlen abtastete, fühlte ich mich bloßgestellt, lächerlich wie ein Kind, das sich noch über Dinge wundert, die den Erwachsenen längst bekannt sind.

Was dann folgte, ist weniger wichtig, das heißt, es gehört zur Logik der Dinge. Wichtig ist, daß ich damals, als ich den leeren Platz betrachtete, von dem Metallgerüst herabstieg und mich zum Auto bringen ließ, plötzlich begriff, daß die Tatsache, daß ich allein war, nicht bedeutete, daß ich außergewöhnlich, sondern daß ich nicht normal war. Sie alle hatten ihr Verhalten nach bestimmten Gesetzen ausgerichtet, die ich nicht nur mißachtet, sondern deren Existenz ich nicht einmal geahnt hatte. Wegen einer Filmkamera in Panik zu geraten, die dich beim Zuhören (zuhörend, nicht redend!) einer Rede aufzeichnen könnte – unabhängig vom Inhalt dieser Rede –, heißt, vor dem Schatten eines Schattens Angst zu haben, vor dem Verdacht eines Verdachts, auf die Äußerung deiner Wahrheit zu verzichten (ja, sogar darauf, dieser zuzuhören), und das nicht, weil man dich bedroht, sondern weil auf diese Weise offensichtlich wird, daß du sie weißt. Es bedeutet, daß du nicht nur Angst hast, deine Wahrheit kundzutun, für sie zu kämpfen, sondern sie überhaupt wahrzunehmen. All das ist nicht nur unvorstellbar, unglaublich, sondern es ist für mich auch – seitdem ich an seiner Existenz nicht mehr zweifeln konnte – der Beweis für eine psychische Krankheit, einen Verfolgungswahn, einen kollektiven Irrsinn. Doch ein ganzes Volk kann nicht verrückt sein. Verrückt ist der, der von ihm fordert, es möge anders sein, der sich nicht in die allgemeine Logik der Dinge und die kollektive Psychologie einfügt (die mit dem Einfall, eine Filmkamera zu benutzen, so perfekt eingeschätzt worden war).

Er schwieg einen Augenblick lang, als fragte er sich, ob er noch etwas zu sagen habe. Plötzlich schienen seine Redefreude und die Leichtigkeit, mit der er gesprochen hatte, wie weggewischt. Doch fügte er noch einigermaßen gequält, und indem er mich ohne das Leuchten in den Augen stumpf und besonnen anblickte, hinzu: Von dem Augenblick an, da ich diese immerhin anständige Schlußfolgerung akzeptieren mußte, ist alles einfacher geworden. Ich fühlte mich nicht mehr dafür schuldig, nichts zu tun, um die Dinge geradezurücken, ich hörte auf, Auswege und Lösungen zu suchen. Sie folgen dem Gesetz ihrer Normalität und ich dem meines Verrücktseins.

Plötzlich schien er sehr müde zu sein. Ich war mir nicht sicher, ob er alles gesagt hatte, was er hatte sagen wollen, aber es konnte ohnehin nicht mehr viel sein, mein Besucher schien seine Kräfte verbraucht zu haben. In den letzten Minuten hatte er gewirkt, als bewege er sich in einem Vakuum, als wiederhole er wie eine Schallplatte, die einen Sprung hat, Sätze, die er schon an anderen Stellen der Geschichte gesagt hatte.

Ich wollte ihn sogar unterbrechen, doch wußte ich nicht, was ich hätte sagen sollen. Jetzt schwieg er, hatte den Blick auf den Boden gesenkt und die Ellbogen auf die Knie gestützt, es war eine Zwischenstellung, die den Übergang zu etwas anderem vorbereitete. Auch ich schwieg und wartete ab.

– Deshalb habe ich dich gefragt, ob du verrückt bist. Ich wollte wissen, ob es wenigstens hier solche wie mich gibt. Ich meine Endgültige, Unerziehbare...

– Oh, sagte ich einigermaßen verwirrt, sie sind nicht gerade so... Sie sind nicht so unterwürfig, wie du meinst; auch ich habe das geglaubt, doch vor kurzem habe ich eine Entdeckung gemacht, die...

Er sah mich so aufmerksam an, daß ich mir nicht sicher war, ob er mich auch verstand. Ich erzählte ihm die Geschichte mit dem Zeichen, das mir einer oder mehrere der »Applaudierenden« gegeben hatten. Er unterbrach mich nicht und sagte auch, als ich zum Ende gekommen war, nichts. Er sah mich aber weiterhin an, versuchte offenbar, eine gewaltige Müdigkeit zu überwinden. Ich glaubte, erklären zu müssen:

– Für mich war das eine enorme Überraschung und der Beweis, daß noch nicht alles verloren ist. Auch jetzt erscheint es mir noch unglaublich. Die Tatsache, daß sich hinter dem fanatischen Mechanismus, hinter der enthusiastischen Maschinisierung ein kritischer Geist verbirgt und überlebt, das Lachen und sogar die Spottlust, erscheint mir wie ein wahres Wunder, ein Lebenskeim in einem Universum, das ich für endgültig verurteilt gehalten hatte, ein Keim der Unsterblichkeit. Ich weiß, daß ich etwas exaltiert erscheinen mag, aber ich glaube, ich übertreibe nicht...

Ich war meiner selbst zunehmend unsicherer geworden, und die untergeordnete Position, die ich akzeptiert hatte, eine Position, in der die fehlende Zustimmung des anderen mich hemmen konnte, hatte angefangen, mich zu irritieren. Zugleich aber hatten diese Leiden, die aus seinem Wesen sprachen, und seine Geschichte mich dazu gebracht, ihn in gewissem Sinne für überlegen zu halten.

– Glaubst du nicht, daß ich recht habe? fragte ich und versuchte, indem ich das Höflichkeitspronomen vermied und seine offensichtliche Weigerung, mir zuzustimmen, ignorierte, zu ihm vorzudringen.

– Nein, antwortete er kurz und ohne seinen Blick von mir abzuwenden. Sich über etwas lustig zu machen, bedeutet noch nicht das Leben und erst recht nicht die Unsterblichkeit. Und er schien mich nicht nur für das zu verurteilen, was ich gesagt hatte, sondern mich gleichzeitig abzuwiegen und meine Reaktionen zu messen. Aber vor allem hatte ich den Eindruck, als würde ihn meine Erzählung zu Tode ermüden.

– Sie sind müde, sagte ich gegen meinen Willen und kehrte unbewußt zur Höflichkeitsform zurück.

– Ich bin vor allem müde, immer nur von Humor zu hören, von Sich-lustig-Machen, von Auf-den-Arm-Nehmen, Nicht-für-voll-Nehmen, davon, daß uns nur das Lachen retten, nur das uns am Leben erhalten könne. So als ginge es überhaupt nicht darum, um welches Leben es sich handelt; daß wir am Leben bleiben, freut offenbar alle, doch auf welche Art, interessiert keinen mehr.

– Ich weiß, wovon Sie sprechen, aber ich glaube nicht, daß Sie recht haben. Und ich wußte tatsächlich, was er meinte. Darüber hatte ich unzählige Male schon mit Valeria gesprochen, der es nicht gelungen war, mich von dem zu überzeugen, wovon ich ihn nun meinerseits überzeugen wollte. Eigentlich war mir Valeria in dem Augenblick in den Sinn gekommen, als ich zu sprechen anhob, als ich begriff, daß das, was ich sagen wollte, ihre Einstellung war, die ich erbittert bekämpft hatte, und zwar aus der Sicht des Mannes, der mir gegenüber saß. Diese Entdeckung hatte mich in eine unbestimmte, jähe Aufregung versetzt, als wäre ich unmerklich dahin gelangt, wie diese Frau zu denken, die ich immer in einer Weise bewundert hatte, die ihr zu gestehen, ich nie gewagt hätte. Es hätte mich ihr sehr nahe gebracht, hätte eine plötzliche Intimität zwischen uns entstehen lassen. Ich weiß, worauf Sie sich beziehen, wiederholte ich. Auch ich war jahrelang Ihrer Meinung. Aber ich hatte unrecht. Jedenfalls unter diesen Bedingungen. Wenn man den Humor dadurch verurteilen kann, daß man ihn für die Hinnahme der Erniedrigung hält und ihn der Ernsthaftigkeit und der Revolte gegenüberstellt, muß man immer noch anerkennen, daß er über dem Fanatismus und der Instrumentalisierung rangiert. Letztlich ist das Lachen auch nicht die Hinnahme der Entwürdigung, sondern ihr Gegenteil, ihre Verneinung. Ein Mensch, den man schlägt und der über den Schlagenden lacht, ist, selbst

wenn die Schläge und das Lachen ihn das Leben kosten, der Sieger – und sei dieser Sieg auch geheim.
– So viel Spitzfindigkeit ermüdet mich, flüsterte er und versuchte, mich anzusehen. All unsere Siege sind geheim, sorgfältig versteckt, damit keiner etwas davon ahnt, damit nicht etwa der, der meint, uns besiegt zu haben, etwas davon erfährt. Die Entwürdigungen aber und die Quälereien geschehen in aller Öffentlichkeit, darüber braucht niemand im Zweifel zu sein. In seiner Stimme lag eine Bitterkeit, die mir nicht gefiel, zumal ich sie als boshaft und ungerecht empfand.
– Aber kannst du denn nicht begreifen, daß ich nicht anders konnte, als mich zu freuen. Es war, als hätte ich in einer Wüste, die ich für vollkommen unbelebt hielt, eine seltene Pflanze entdeckt. Gewiß, sie konnte meinen Durst nicht stillen, aber sie war ein Zeichen dafür, daß es die Quelle gibt. Nachdem ich seit ich weiß nicht wie langer Zeit nur von Maschinen umgeben war, die sich kaum bemühten, eine menschliche Form zu imitieren, kann ein Zeichen, ein schlichtes Zeichen – verschlagen, höhnisch, nenne es, wie du willst –, das jemand mir zwinkernd zukommen läßt, alles einstürzen lassen. Es beweist, daß die Maschinen entweder versagt oder – was wahrscheinlicher ist – daß sie nie perfekt funktioniert haben, daß sie nichts anderes getan haben, als die Perfektion des Todes vorzuspiegeln. Ich habe keine Wahl zwischen der Ironie und dem Nichts. Wenn du mir erklärst, daß die armselige Blume, die ich in der Wüste gefunden habe, Unkraut sei und daß es auf der Welt unendlich viel schönere und bewunderungswürdigere Blumen gibt, verstehst

du nicht, daß sie für mich eben das Geheimnis des Lebens und den Gegensatz zur Wüste bedeutet. Ich hielt inne, hatte nicht die Absicht, noch etwas hinzuzufügen, schämte mich auch gewissermaßen meiner scharfen Rede. Er sah mich nicht an, saß unbewegt da, hatte die Ellenbogen auf die Knie gestützt und den Blick zu Boden gesenkt. Das gilt natürlich nur, wenn es sich nicht um eine noch kompliziertere Inszenierung handelt und alles – auch das Augenzwinkern – zum dramaturgischen Konzept gehört, bei dem man den Applausmaschinen noch ein Programm eingespeist hat: die Ironie, fügte ich trotzdem noch in einem anderen, etwas verhalteneren Ton hinzu, obwohl mir in diesem Fall die kompliziertere Variante recht unwahrscheinlich erschien. Ich wollte ihn dennoch wissen lassen, daß ich auch diese Möglichkeit nicht ausschloß.

Ein kurzes Schweigen entstand, das um so peinlicher war, als die ganze Diskussion über das Augenzwinkern nur eine marginale Abschweifung gewesen war, die uns von dem eigentlichen Sinn unserer Begegnung abgebracht und uns wieder voneinander entfernt hatte. Ich bedauerte das und empfand das Bedürfnis, etwas zu ergänzen:

– Es ist bestimmt richtig, das Sich-lustig-Machen paßt sehr gut zur Flucht vor der Filmkamera.

Er erhob sich vom Stuhl, als habe er mich nicht gehört; allerdings konnte das auch eine Art Antwort sein.

– Es ist plötzlich recht kalt geworden, sagte er und ging ein paar Schritte.

Tatsächlich, auch mir war ungewöhnlich kalt geworden, aber auf eine mir schon bekannte Weise, nicht als wäre das Zimmer ausgekühlt, sondern als wäre ein scharf umrissener kalter Luftstrom, vielmehr eine aus kalter Luft bestehende feste Form an uns vorbeigeglitten. Ich wollte die Decke bis zu den Schultern hochziehen, doch tat ich das wie gewöhnlich viel zu schnell, so daß ich dabei meine Füße entblößte. Dann erklang ein sehr tiefes, amüsiertes Lachen, das mich verblüffte, weil es die tiefsten Töne des Notensystems erreichte, und ich sah verwundert meinen Gast an. Ebenso erstaunt blickte dieser zum Fenster hinüber, wo, leicht an die Wand gelehnt, als habe er uns schon lange beobachtet, Doktor Bentan stand. Noch bevor ich mich darüber wundern konnte, ihn dort zu sehen, verblüffte mich die Bemerkung meines Gesprächspartners über die Kälte. Ich hatte immer den Eindruck, während der Besuche des Doktors »ohne Kittel« kühle mein Zimmer merklich ab, jetzt aber hatte zum ersten Mal jemand anderer diesen Eindruck bestätigt, den ich für subjektiv gehalten hatte. »Doktor Faustus«, dachte ich eher belustigt als erschrocken, und erst dann fragte ich mich, wie er hereingekommen sein mochte.

– Wie sind Sie denn hereingekommen? fragte ich ihn, doch er lachte leise und tief weiter, so daß man – wären nicht dieser grinsend verzerrte Mund und die leuchtenden Augen gewesen – diese Töne für etwas anderes hätte halten müssen. Ich schaute zu dem anderen hinüber, wollte herausfinden, ob er mehr verstand, doch der Mann war noch verblüffter als ich. Außerdem, und das schien mir ganz besonders seltsam, sah er nicht so aus, als habe er den Doktor schon einmal gesehen, als würde er ihn kennen.

– Wie sind Sie hereingekommen? fragte ich noch einmal, diesmal etwas drängender, und setzte mich im Bett auf. Er aber lachte weiter und machte lediglich eine zweideutige Geste in Richtung des Fensters.

– Vor dem Fenster ist ein Gitter, bemerkte ich trokken, wobei ich ein beinahe hysterisches Bedürfnis in mir aufsteigen spürte, den bloßen Augenschein preiszugeben und den magischen Charakter seiner Anwesenheit anzuerkennen. Durchs Fenster kann man weder herein noch hinaus gelangen, fügte ich, mit mir selbst im Widerstreit liegend, hinzu und maß dabei mit den Augen den Abstand zwischen meinem Bett und der Tür, wo der andere Besucher stand, der diese Szene auf eine mir plötzlich recht seltsam scheinende Weise verfolgte.

– Nanu, sag nur! rief der Doktor aus und brach sein Lachen bei einem – wie mir schien – absichtlich vulgär klingenden Ton ab, jedenfalls bei einem im Vergleich zu unseren früheren Begegnungen völlig veränderten Ton. Wer sagt denn, daß man da nicht raus kann? Dabei betonte er das Wort *raus* auf grobschlächtig kränkende Weise – auch hatte er es offenbar nicht aufgrund eines Versprechers anstelle des Wortes *herein* gebraucht. Ich bitte Sie um Verzeihung, Herr Ingenieur, fügte er nachlässig-vertraut an den anderen gewandt hinzu, der jedoch keinerlei Reaktion zeigte: nur eine kleine, freundschaftliche Demonstration. Und er wandte sich geschäftig dem Fenster zu, dessen Gitter er ohne jede Anstrengung, als öffne er ein ganz normales

Fenster, aufstieß, es dabei um Angeln drehte, die ich noch nie gesehen hatte. Dann öffnete er mit ebenso leichter Geste auch die äußeren Fensterflügel, deren Scheiben mit weißer Lackfarbe angestrichen waren, und ein kräftiger Schwall kalter Luft drang hinein, während das Licht aus dem Zimmer auf einige schneebedeckte Zweige fiel. Es war Winter!

Ich war nicht in der Lage, ein Wort zu sagen. Ich glaube, ich habe auf die wie eine Tür offenstehenden Gitter gestarrt, denen ich mich wie hypnotisiert näherte, um sie zu berühren. Mit einer einfachen Handbewegung hatte der Doktor Tausende von Stunden, die ich auf der Suche nach einem Ausgang auf den öden, verriegelten Fluren verbracht hatte, der Lächerlichkeit preisgegeben. Doch gerade dieser Vorfall bewies mir die Irrealität des Vorgangs: Wenn das Fenster tatsächlich nicht fest verriegelt war, welchen Sinn sollte es dann haben, all die Türen abzuschließen, die ich auf den kilometerlangen Fluren und in den unzähligen Treppenhäusern zu öffnen versucht hatte? Bei der Berührung mit dem Eisen des Gitters wurde meine Hand eiskalt, und dennoch war ich sicher, das Opfer einer magischen Handlung geworden zu sein. Der Doktor, dunkelhäutig und hager, lehnte krumm wie ein Fragezeichen an der Wand und schien auch etwas geschrumpft zu sein. Mit seinem Versuch, eine schlüssige Erklärung für seine Anwesenheit im Raum anzubieten, hatte er einen auf natürliche Weise noch schwerer zu erklärenden Tatbestand geschaffen. Ich hätte mich bekreuzigt, wäre ich nicht überzeugt gewesen, daß es sich dabei um ein Mittel handelte, das zur Abwehr unendlich viel naiverer Teufel erfunden worden war. Er sagte nichts mehr, und auch ich schwieg. Er beobachtete mich nur mit seinen leuchtenden Augen, die möglicherweise Belustigung ausdrückten, jedenfalls voller Wißbegier waren (vielleicht ist dies nicht der passende Ausdruck, Neugier wäre allerdings viel zu schwach), voll nervöser Erwartung, was mich vermuten ließ, auch für ihn sei dieser Moment nicht ganz ohne Bedeutung. Ich weiß nicht, wie lange dieser Augenblick, der für mich eine Ewigkeit bedeutete und die Dimensionen eines eingefrorenen Bildes hatte, in Wirklichkeit tatsächlich währte, aber ich spürte mit jeder Faser meines Körpers, daß es *mein* Augenblick war, daß von der Art, wie ich diese Prüfung bestand, vieles abhing.

– Es ist kalt geworden, sagte ich und beugte mich hinaus, um das äußere Fenster zu schließen. Es ist Winter. In dem kurzen Augenblick, als ich mich hinausgebeugt hatte, konnte ich ganz nah den gefrorenen Boden sehen, der stellenweise mit Schnee bedeckt war. Ich befand mich also höchstens im zweiten Stock, und die kräftigen, zum Gebäude herüberragenden Äste der alten Laubbäume lösten auf romantische Weise jedes Problem. Das mit Lackfarbe gestrichene Fenster versperrte plötzlich den Ausblick. Ich schloß auch die Gitter. Im geschlossenen Zustand sahen sie wie gewöhnliche Gitter aus. Ich mußte mich anstrengen, sie nicht mehr zu betrachten.

– Ich weiß nicht, ob Sie sich kennen..., begann ich, während ich mich völlig selbstverständlich umdrehte und meinen Blick von einem zum anderen gleiten ließ: Plötzlich hatte der Doktor sein bedrohliches Lächeln eingebüßt, er sah nun nur noch verdrießlich, schlimmstenfalls böse aus; der andere aber sah immer noch so aufmerksam und ernsthaft zu, als wäre er im Theater, dabei wirkte er so entspannt, als habe er das Stück schon einmal gesehen. Einen Augenblick lang durchfuhr mich der Gedanke, Doktor Bentan könne ihm die Geschichte mit dem Gitter auch schon einmal vorgeführt haben (und es war vielleicht nur ein ganz gewöhnlicher Trick der Institution). Das hätte mir zumindest erklärt, warum sein Gesichtsausdruck seit dem Auftauchen des Doktors so merkwürdig war.

– Herr Doktor, gestatten Sie mir, Ihnen Herrn..., doch als ich den Satz aussprach, merkte ich, daß ich den Namen meines Gastes nicht kannte, ich hielt allerdings derart affektiert inne, daß die Unterbrechung selbst als Teil meiner Inszenierung wirkte.

– Ach, wer kennt den Herrn Ingenieur denn nicht, rief der Doktor aus, löste sich von der Wand und streckte ihm, als hätte er meine Verlegenheit nicht bemerkt, die Hand entgegen. Wir sind alte Bekannte, viel ältere als..., und er unterbrach sich und ging auch nicht weiter auf den anderen zu, der sich nicht erhoben hatte, um ihn zu begrüßen, sondern in der gleichen Zuschauerhaltung sitzen geblieben war. Er saß da, als vergleiche er die gegenwärtige mit einer früheren Vorstellung, ohne auf irgendeine Weise das Gehörte zu bestätigen oder zu dementieren. Ich schien jedenfalls von ihrer Beziehung ausgeschlossen zu sein, die offenbar schon länger bestand als meine Bekanntschaft mit jedem von ihnen.

Es ist spät geworden, erhob sich der Ingenieur, wobei er seine Worte ausdruckslos wie einen Abschiedsgruß, und als antworte er so auf die Worte des Doktors, aussprach. Ich freue mich, daß ich dich gefunden habe, sagte er am Doktor vorbei zu mir. Ich werde wiederkommen. Und er wandte sich zum Gehen, ohne diesem einen Blick zu schenken, was mich in der Meinung bestärkte, er müsse ihn recht gut, unendlich viel besser kennen als ich.

– Ich komme auch, beeilte der Doktor sich, ihm zu folgen, ohne auch nur im geringsten verärgert zu erscheinen und als habe er eine neue, viel interessantere Abendbeschäftigung gefunden.

– Du entschuldigst uns, warf er mir im Gehen zu, lächelte verständnisheischend und machte eine zweideutige Geste zum Fenster hin. Ich würde dich jetzt doch nur stören. Er war nicht einfach nur beleidigend, sondern er wollte mich auch spüren lassen, daß er es absichtlich war.

Reglos blieb ich neben dem Fenster stehen. Kaum hatte sich die Tür geschlossen, prüfte ich, ob die Gitter nicht etwa wieder unverrückbar verschlossen wären. Sie waren es nicht. Lange betrachtete ich sie und versuchte mich zu erinnern, ob sie auch früher schon so ausgesehen hatten. Ich konnte es nicht eindeutig feststellen. Daß ich monatelang Tag für Tag nach einem Ausgang gesucht hatte, während er hier direkt vor meiner Nase war, schien mir mehr als verrückt: Es war symbolisch. Doch je länger ich darüber nachdachte, desto mehr zweifelte ich daran. Obwohl man sich in der Kunst, menschliche Gefühle – und dazu auch noch eines der stärksten, die Angst – zu erzeugen und zu verhöhnen, nichts Perfekteres vorstellen konnte. Und dennoch, die Augen des Doktors hatten mir bewiesen, daß dies eine Neuerung aus allerjüngster Zeit war. Er wartete offenbar darauf, daß ich auf eine bestimmte Weise reagierte, daß ich etwas tun würde, und ich weiß nicht, ob ich mich so verhalten hatte, wie er es von mir erwartete. Ich nahm an, daß ich es nicht getan hatte. Aber wenn er nun erwartete, daß ich floh? Wenn er mir nur helfen wollte? Das war kaum zu glauben, vor allem, da in diesem Falle noch zu klären gewesen wäre, warum er es erst jetzt tat. Wie dem auch sei, ich konnte von dieser mir vom Doktor – ehrlich oder perfide – angebotenen Gelegenheit nur profitieren. Der Teufel, den ich in diesem abgeschabten schwarzen Anzug zu erblicken meinte, vertritt – wie man weiß – nicht nur die Bosheit, sondern auch den Geist. Weshalb sollte ich nicht glauben, daß er sich damit die Zeit vertrieb, mir eine Chance zu bieten, die ich nicht verschenken durfte? Das Bild Sabinas, so wie ich sie zum letzten Male gesehen hatte – mit dunklen Ringen unter den Augen und mit tinteverschmierten Fingern –, ging mir sachte durch den Kopf, jedoch ohne sich zu widersetzen. So wie Dostojewskijs Sträflinge aus den »Aufzeichnungen aus einem Totenhaus« mußte ich »mein Schicksal ändern«, ganz gleich welches Risiko ich damit einging und welche Aussichten ich hatte. Eigentlich bedeutete das, aufs Fensterbrett zu steigen und in die Nacht hinaus aufzubrechen. Das Fenster, das sich jetzt öffnen ließ, konnte am Morgen schon wieder verriegelt sein, ja, es war überhaupt nicht auszuschließen, daß mir im Licht des

Tages die Vorkommnisse dieses Abends unglaubwürdig und wirr erschienen. Aber ich war zu müde. Ich wußte, mich jetzt aufs Bett zu legen, kam einem Selbstverrat gleich, einer Verhöhnung all der Nächte, die ich auf den finsteren Fluren herumgeirrt war, meiner Hoffnungen ebenso wie der Demütigungen. Aber ich vermochte es nicht. Alles, was ich tun konnte, war, die Augen zu schließen und zu hoffen, so spät wie möglich aufzuwachen. Während ich einschlief, tauchte hinter meinen Lidern die sanft dahingleitende, leicht rätselhafte Gestalt des Ingenieurs auf, doch verschob ich den Gedanken an ihn auf morgen.

11

Kaum war ich am Morgen aus dem Bett gesprungen, überprüfte ich das Gitter. Im Schlaf waren mir die Gitterstäbe so erschienen, wie ich sie vorher gesehen hatte, tief in das Holz des Fensterrahmens eingelassen, vollkommen unbeweglich. Ich schien mich sogar an etwas zu erinnern, mir war, als hätte ich nach meiner Ankunft häufig davorgestanden und die Stirn daran gelehnt, um durch das lackierte Fensterglas zu blicken. Doch nein, die Stäbe waren auf einen Rahmen aus Winkeleisen geschweißt, den man um ein Scharnier drehen und also öffnen konnte. Ich berührte sie, und sie ließen sich so leicht bewegen wie eine verzauberte Tür. Ich öffnete das Fenster. Es war ein trüber Morgen, der niedrige Himmel hing in den Ästen der Bäume. Die Zweige waren nicht mehr schneebedeckt, jedes romantischen Zaubers beraubt. Es war kein Wetter, das zu Spaziergängen eingeladen hätte, noch viel weniger zur Flucht. Ich wußte aber, daß ich mir keinen weiteren Aufschub leisten konnte.

Der Besucher vom Vorabend kam mir in den Sinn. Während ich einschlief, war seine Silhouette unter meine Lider geglitten und hatte beunruhigende Spuren hinterlassen. Seine Beziehung zum Doktor, über die ich nichts wußte, hatte ihn verdächtig gemacht, und ich hatte auch noch die Kraft, mir sagen zu können, daß vielleicht alles – seine ganze Geschichte – zu einem größeren Szenario gehörte, auf das weder er noch sogar der Doktor Einfluß hatten. Mir war natürlich nicht klar, welchen Sinn eine solche Machenschaft haben konnte, doch gab es so viele Dinge, die ich nicht verstand, daß ... Wie dem auch sei, ich war von all der Aufregung und den Eindrücken dermaßen erschöpft, daß ich den Verdacht ängstlich von mir schob, ihn vertagte. Jetzt, am Morgen, schien mir mein Mißtrauen absurd und dumm, erniedrigend – nicht etwa für ihn, sondern für mich. Ich empfand diesem ernsten, jungen Mann gegenüber, der mich vom ersten Augenblick an wie seinen Schüler behandelt hatte, eine komplexe, vielschichtige Schuld, deren zahlreiche Ebenen sich widersprachen, sich jedoch zu einem Gefühl der Unterordnung addierten, das zugleich meine Gewissensbisse ausdrückte wie auch eine Sühnetechnik war. Ich wußte, wenn seine Geschichte stimmte – und weder eine Nuance seines Tons noch ein Detail in seiner Erzählung rechtfertigten auch nur den geringsten Zweifel daran und daß sie mich dennoch nicht gänzlich überzeugte, konnte ich nur mir selbst zur Last legen –, dann erhob sie ihn in einen moralischen Rang, den ich nie angestrebt hatte. Und doch – obwohl ich in meinem tiefsten Inneren wußte, daß ich keinen Grund und auch kein Recht dazu hatte – konnte ich mich nicht davon abbringen, zu zweifeln, genauer gesagt, ich konnte nicht anders, als mich zu verteidigen, mich durch den Zweifel zu entschuldigen. Dieser zweifachen Schuld – die eine, die ich empfand, weil ich ihm glaubte, und die andere, die daher rührte, daß ich ihm nicht glaubte – ließ sich eine dritte hinzufügen: die, daß ich ihn im Stich ließ, wenn ich wegging. Eigentlich hatte mich das Auftauchen des Ingenieurs nicht deshalb so verwirrt, weil ich einen Schicksalsgefährten entdeckte, sondern deshalb, weil sich für den anderen das ganze Problem völlig anders darstellte, ihm die Flucht nicht als ein Ideal, ja, nicht einmal als eine mögliche Perspektive erschien. Die Existenz dieses Gefährten – die mir bis dahin verborgen geblieben war –, der so anders war als ich und dennoch nicht zu der Masse gehörte, der ich mich entziehen wollte, steigerte die Zahl der Unbekannten ins Endlose und ließ das Problem viel komplexer erscheinen, als ich je geahnt hatte. Diese unvermutete Komplexität verunsicherte mich plötzlich, und ich fühlte mich noch verlorener und einsamer als zuvor. Doch zwang mich gerade diese Unsicherheit zu einem Entschluß. Von welcher Seite ich auch die Dinge betrachtete, die glaubwürdigste Interpretation war immer nur die, in der mir die Rolle eines Spielzeugs zukam, das sich in den starken Händen irgendwelcher Gestalten befand, deren Gesichter ich in dem alles verhüllenden Nebel nicht erkennen konnte. Es war erst recht unmöglich, ihre Beweggründe oder gar ihre Absichten auszumachen. Was ich ableiten konnte, war, daß sie existierten und daß sie sich hin und wieder auf rätselhafte Weise verrieten, so rätselhaft, daß ich niemals erraten konnte, ob es vorsätzlich oder aber aus Versehen geschah. Und diese Absichten bestimmten offensichtlich über mein Schicksal, und zwar nicht nur wie über eine zu vernachlässigende

Größe, sondern wie über etwas ganz einfach zu Manipulierendes. Die einzige Art und Weise, in der meine Intelligenz sich ausdrücken konnte – und ich konnte nicht sicher sein, daß dies nicht auch schon vorher von ihnen festgelegt und genehmigt worden war –, war, die Gegebenheiten zu erkennen und sie zu akzeptieren, sich keinen Illusionen hinzugeben. So konnte ich versuchen, wenn nicht die Grenzen der Realität – über die ich vollends die Kontrolle verloren hatte –, so doch die meines eigenen Bewußtseins festzulegen, dem als einzige Form der Würde das Mißtrauen geblieben war.

»Intelligenz ist eine Form der Würde«, hat, wenn ich mich recht erinnere, Madame de Staël gesagt. Meine Intelligenz und meine Würde ließen nicht zu, daß ich die Tatsache ignorierte, daß niemand meinem endlosen Umherirren auf der Suche nach einem Ausgang Einhalt geboten hatte – was gleichermaßen ein Zeichen der Bevorzugung wie der Irreführung sein konnte. Ich konnte mich auch nicht darüber hinwegtäuschen, daß nicht Doktor Bentan allein entschieden hatte, mir das Geheimnis der unverschlossenen Gitter zu enthüllen – und nur Gott weiß, welchen Zweck sie damit verfolgten. Gerade deshalb – und weil in dem einen wie in dem anderen Fall die Annahme, man habe mir eine Falle gestellt, die wahrscheinlichste war – war alles, worüber ich noch einigermaßen selbständig bestimmen konnte, der Gedanke an die Flucht, die Realisierung der Flucht, auf die ich – aber natürlich kam das gar nicht in Frage –, auch hätte verzichten können. Aber die Existenz Sabinas, das Auftauchen des Ingenieurs und der Auftritt von Doktor Bentan hatten die Freude, die in meiner

Vorstellung die lange erträumte Flucht begleiten sollte, fast bis zum Nullpunkt sinken lassen. Und obwohl ich wußte, daß ich keine Zeit zu verlieren hatte, war alles, wozu ich – nachdem ich mich davon überzeugt hatte, daß die Gitter noch immer zu öffnen waren – in der Lage war, mich ins Bett zu legen und meine Gedanken durch das ermüdende und endlose Labyrinth des Mißtrauens und der Verdächtigungen irren zu lassen, so wie meine Augen zwischen den schwarzen und nassen Ästen umherirrten, die aus dem trüben Morgennebel wuchsen und sich darin wieder verloren. Eine gewaltige Erschöpfung hatte sich meiner bemächtigt, einer dieser wohlbekannten morgendlichen Schwächeanfälle, die vor allem deshalb so schwer zu ertragen sind, weil sie zu diesem Zeitpunkt, gleich nach dem Aufwachen, vollkommen absurd sind. Diese Schwäche ist vielleicht nur mit der gewaltigen Anstrengung des Erwachens zu erklären, mit der mühsamen Rückkehr zum Leben. Mir war dieser Augenblick der Depression recht gut bekannt, der sowohl eine Folge der in der Nacht durchlittenen Ängste, als auch eine Vorahnung auf die Schrecken sein konnte, die der Tag bereithielt. Ich kannte auch die gewaltige Willensanstrengung, der es bedurfte, um mich aus dem Bett zu erheben und noch einmal von vorn anzufangen. Diesmal aber mußte ich auch meinen ganzen Willen aufbringen, um nicht an meinem Ausweg aus dem Dilemma, der Flucht, zu zweifeln. Ich mußte daran glauben, daß ich recht hatte, daß ich fliehend mehr Mut bewies als die, die sich dieser Herausforderung nicht gestellt hatten. Es war nicht leicht. Nachdem das, was sich jenseits der

Gitter befand, monatelang ein Ideal gewesen war, das zu all dem, was diesseits des Gitters existierte, im Gegensatz stand, entdeckte ich plötzlich, daß das Ideal nicht unerreichbar, sondern nur unbekannt war. Der Kontrast zwischen den beiden Welten hatte sich nicht verwischt, doch nahm ich ihn nun unter anderen Vorzeichen wahr: Alles, was draußen zu sehen war, erschien mir vollkommen fremd – und dadurch unberechenbar und bedrohlich –, wohingegen das, was sich drinnen ereignete, so schrecklich es auch sein mochte, mehr oder weniger bekannt und – auch wenn es immer noch Überraschungen bot – einigermaßen vorhersehbar war. Das elende Bett, in das ich mich wieder gelegt, mich hineingekauert und bis zum Kinn zugedeckt hatte – während meine Augen das unheilverkündende Schwanken der Äste verfolgten, meine Ohren auf das heisere und unregelmäßige Quietschen der Fensterflügel achteten, die sich in den Angeln bewegten, das Zimmer von Kältewellen durchflutet und es darin allmählich dunstig wurde –, das elende Eisenbett mit der gefährlichen Karteikarte am Fußende, mit dem zweifelhaften Bettzeug und der Kasernendecke war der einzige Ort im gesamten Universum, den ich *Zuhause* nennen konnte, ein Zuhause, das gewiß ein Gefängnis, doch das dadurch nicht weniger heimisch war. Später sollte ich mich noch oft mit Nachsicht und Scham an dieses Gefühl von Geborgenheit erinnern, das ich im Augenblick vor meiner Flucht wie ein letztes, verzweifeltes Aufbäumen der Trägheit empfunden hatte, die mich zurückhalten wollte. Ich sollte mich noch oft daran erinnern, wie ich den einen oder anderen für seine Feigheit verachtet hatte, die doch nur dieses Gefühl von Geborgenheit war (das immer das Bekannte – wie schlimm es auch sein mag – dem Unbekannten – wie viel besser es auch sein mag – vorzieht). Dieses Gefühl ist stärker als jede Moral oder Philosophie, denn es entspringt nicht dem Herzen, nicht dem Verstand oder der Literatur, sondern viel dunkleren und viel schwerer zu überwindenden Kräften. Kräften, die dem Gesetz verwandt sind, das Küken dazu bewegt, sich gegen das Ausschlüpfen zu wehren, Säugetiere veranlaßt, sich der Geburt zu widersetzen. Und obwohl die Flucht, das Verlassen des Ortes, an dem das Drama spielt – als hörte es auf zu existieren, wenn niemand mehr zusähe –, bei weitem noch kein Beweis für Heldentum ist, ist das Bleiben, jedenfalls solange es sich nur gegen eine Veränderung sträubt, noch viel feiger und noch viel tiefer in den Kellern dieses Selbsterhaltungstriebs verankert, dem sämtliche Nostalgien der Welt entsteigen. Denn jede Flucht ist eine Flucht aus dem Paradies. Immer wieder mache ich den Fehler, den Mut mit der Würde und Schwierigkeiten mit Heldentum zu verwechseln, doch in diesem Augenblick brachte mich gerade dieses monströs-nostalgische Gefühl von Geborgenheit, das sich auf das von meinem Körper erwärmte Gefängnisbett bezog, dazu, aufzustehen; endlich war ich – eben weil mir die Flucht so schwerfiel – von ihrer Notwendigkeit überzeugt. Ich sprang auf, streifte in aller Eile den ausgebeulten Morgenrock über den vom Waschen völlig ausgeblichenen Pyjama, öffnete das Fenster (zuerst die Gittertür, dann das durchsichtige Fenster und zuletzt das zweite, das mit Lackfarbe gestrichene) und setzte mich auf das Fensterbrett. Meine Füße hatte ich schon nach draußen geschwungen, als ich Sabina bemerkte, die mit angstgeweiteten Augen neben der Tür an der Wand lehnte, und ich war gleichermaßen versucht, ins Zimmer zurückzukehren oder mich, wie auf eine abfedernde Matratze, in die mit rollenden Nebelschwaden angefüllte Leere fallen zu lassen. Doch ich sammelte mich noch einmal, und mit einer Anstrengung, zu der ich mich nicht mehr fähig gefühlt und die ich eine Minute früher auch nicht für nötig gehalten hatte, begann ich, Ast für Ast hinabzuklettern, wobei ich bei jeder Bewegung auf den rauhreifglatten Zweigen zerkratzt wurde und mit angehaltenem Atem abzurutschen drohte. Auf diese Weise kletterte ich unendlich langsam und still, bis ich mich, weil nichts mehr unter mir war, einfach herabhängen ließ; meine Arme umklammerten schmerzhaft noch einen letzten Haltepunkt, den ich trocken und endgültig knacken hörte. Dann enschloß ich mich, loszulassen, und sehr tief unten empfing mich der Boden mit einem dumpfen und wie ein Fluch klingenden Aufprall. Ich glaube, ich verharrte in dieser unglücklichen Position, in der ich gelandet war, nur wenige Sekunden, obwohl sie mir wie viele lange Minuten erschienen, jedenfalls hatte ich Zeit genug, um in die dunstig-trübe Luft über mir zu blicken, in der sich die Äste und Zweige in Höhe und Nebel verloren. Noch weiter oben, als schwebe es in der unsichtbaren Substanz des Himmels, zeichnete sich ein offenes Fenster ab, das bei jedem Schaukeln des Universums ein dünnes Quietschen von sich gab, das überraschend nah zu sein schien und wie das Wimmern eines Tieres klang. Die Tatsache, daß dies mein Fenster war, daß ich von dort herunter geschaut hatte, schien mir nicht nur unglaublich, sondern auch schon lange vergangen, ewig und beinahe vergessen zu sein. Die Gedanken, die ich mir in der letzten halben Stunde gemacht hatte, wirkten wie auf verblüffende Weise erhalten gebliebene Erinnerungen, doch waren sie mir dadurch nicht weniger gleichgültig, nicht weniger fremd. Selbst die Tatsache, daß ich in der unglücklichen Haltung, in die ich beim Fallen geraten war, auf dem Boden lag, schien schon lange vergangen, als ereignete es sich nicht eben erst, als wäre diese Gegenwart selbst nur eine verspätet belichtete Aufnahme aus einer anderen, wie im Traum vergangenen Zeit. Ich sprang auf und ging schnell davon. Schließlich mußte ich in Betracht ziehen, daß es diese Folge von Ereignissen in Wirklichkeit überhaupt nicht gab. Ich schritt schnell aus, wegen der Kälte, gewiß, doch auch aufgrund eines Bewegungsdrangs, der eher noch als einem physischen Bedürfnis, einem plötzlich einsetzenden Fieber oder einer Vorahnung entsprang. Ich durchquerte den Park, durch den ich vor einer unbestimmten Zahl von Wochen (vielleicht auch Monaten? oder gar Jahren?) in dieses zweifelhafte Universum hineingeraten war, und, seltsam, dieser weit zurückliegende Tag schien – im Unterschied zu der Stunde, die ich gerade hinter mich gebracht hatte und die mit geradezu astronomischer Geschwindigkeit in die Vergangenheit zurückrollte – auf mich zuzurasen, vom Tor her mir entgegen zu eilen, um wiederhergestellt zu werden und sich wiederholen zu können. Es war der gleiche Nebel, die gleiche trübe Morgenstunde, die gleiche feuchte und kalte Jahreszeit. Der ganze Vormittag unserer Ankunft kam mir in den Sinn, der Auftritt der Genossin Mardare, mein Scherz über die Kirche, der Sarkasmus von Maria Sărescu, der immer noch in den Lüften nachklang, und das ironische, ziemlich rätselhafte Auftauchen der Kirche.

Die Kirche! fiel mir ein, und ich beschleunigte meine Schritte, als hinge davon, daß ich diese in meiner Erinnerung aufbewahrte Silhouette wiederfand, die Richtigkeit der Erinnerung selbst ab, ja, mehr noch als das, auch andere, zukünftige Dinge, die damit verknüpft waren. Da ich aber vor mir nichts entdecken konnte, blieb ich stehen und sah mich auf beiden Seiten der breiten Allee um, auf der ich entlangging. Zuerst suchte ich die Kirche auf der Seite, auf der ich sie vorfinden zu müssen glaubte, doch da ich nichts sah, suchte ich sie auf der anderen Seite. Ich konnte nicht ausschließen, daß sich in meiner Erinnerung die Perspektive verschoben hatte, ein falscher Anhaltspunkt mochte das Bild zum Kippen gebracht und sie verschoben haben. Doch in dem Nebel, der sich zu verdünnen oder aufzusteigen schien, waren nur die gespenstischen Umrisse der Bäume zu erkennen, die einen unsichtbaren Horizont verstellten, der ohne Zweifel aus den alten Ziegeln der Umfassungsmauer und der von ihr verdeckten Gebäude bestand. Offensichtlich gab es keine Kirche. Und noch einmal rief ich mir die Ereignisse dieses Vormittags in Erinnerung, an dem ich sie entdeckt hatte: meinen Scherz über den Klostergarten, das aufgeregte Leugnen der Frau mit den hochtoupierten Haaren, wie die Kirche dann wie die Verneinung der Verneinung aus dem Nebel auftauchte – als Bestätigung einer Realität, die stärker und älter war als jede Fälschung – und wie sich dann wieder der Nebelvorhang vor ihr gesenkt hatte und eine Wirklichkeit verschwand, die ebensogut auch nur ein Argument in einer Diskussion hätte sein können. Konnte ich etwa tatsächlich daran zweifeln, daß es sie gegeben hatte, nur weil ich das erbärmliche Argument ins Feld führte, daß sie nun nicht mehr da war? Ich spürte, daß das unmöglich war. Und ich fühlte auch – und mir war klar, daß es absurd war –, daß, wenn die Kirche nicht existierte, auch alles andere, was ich hier erlebt hatte, nicht wirklich war, und, seltsam, statt mich darüber zu freuen wie über die Vermeidung eines Leids, erschien mir die Inkonsistenz dessen, was ich für real gehalten hatte, nicht hinnehmbar und beängstigend.

Dann, als wollte er eine schon viel zu lang andauernde sinnlose Diskussion abbrechen, löste sich der Nebel auf – ganz unvermittelt, kategorisch, beinahe polemisch – und überließ die Landschaft einer muffigen aber klaren Luft, die kein Entgegenkommen zeigte. Hinter dem armseligen Park waren die häßlichen Bauten und die bröckelnde Umfassungsmauer sehr deutlich zu erkennen. Rechts von der Allee (wo ich übrigens gleich zu Anfang die Kirche gesucht hatte) bildete ein Haufen Bauschutt – Balken und alte Bretter, zerbrochene Dachschindeln, Steintrümmer, ein verlassener Bulldozer, dessen Schaufel noch in einem Stoß mit bäuerlichen Schnitzereien verzierter Kirchenstühle steckte – einen ganz besonderen Raum, eine dem Trübsinn anheimgefallene Zone. Also hatte es die Kirche gegeben. Was hier zu sehen war, war Beweis genug. Die herumliegenden Bretter ließen noch Spuren einer Bemalung erkennen, die sich im Lauf der Zeit leicht verwischt hatte und auf der nun Rauhreif lag, der die stellenweise doch noch zu erratenden Figuren mit einem abstrakten, silbern glänzenden Schleier überzogen hatte. Wie bei einem Puzzle hätte ich mit einiger Mühe doch noch das Stück mit dem Arm finden können, das zu der göttlichen Hand gehörte, deren Finger zur Segnung aneinander gelegt waren und die nun neben meinem Schuh lag. Etwas weiter entfernt suchte ein Kopf mit blonden Locken, die von der abgesplitterten Brettkante abgeschnitten wurden, schön und androgyn seinen Leib, der bestimmt in Kleidern steckte, die auf sein Geschlecht schließen ließen. Aber ich hatte nicht die Kraft, mich zu bewegen, sie reichte kaum aus zu verstehen. Über Fensterkreuzen und -rahmen, Türrahmen und Pfeilern, deren Schnitzereien, im Laufe der Jahrhunderte getrocknet, nun von den Wetterunbilden der letzten Zeit verformt worden waren, so daß neue Effekte entstanden, über halbverfaulten Resten der gezackten Dachverzierung, lag ein viel dickerer Balken, der alles andere unter seinem zufällig an dieser Stelle ruhenden Gewicht zu erdrücken schien – ein kräftiger Balken, zu einem Seil geschnitzt, das etwas zusammenhalten sollte, das es nun nicht mehr gab. Ich erinnerte mich noch genau an die Stelle, wo dieses Seil, den Sockel umschlingend, der Kirche durch den Druck der Einschnürung die für ihre Vertikalität nötige Spannung zu verleihen schien, diese riskante Vertikalität, die den dünnen und sehr hohen Kirchturm scheinbar in der Luft erzittern ließ. Dieser Gürtel aus Holz, der auf so treffende Weise die Spannung suggerierte, hatte mich gleich zu Anfang erstaunt – als hätte ich ihn auch damals nicht zum ersten Mal gesehen –, er erinnerte mich damals wie auch an diesem Tag an etwas Bedeutsames, wenngleich Unbestimmtes, und die Tatsache, daß er nun so demonstrativ dalag, schien mir ebenfalls kein Zufall zu sein. Hätte es noch eines Beweises bedurft, um mich zu überzeugen, daß dieser Trümmerhaufen nicht von irgendeinem Gebäude stammte, sondern von einer Kirche, und zwar nicht von irgendeiner, sondern von »meiner« Kirche, er wäre erbracht gewesen. Die Kirche existierte nicht mehr. Die Genossin Mardare konnte beruhigt sein: Die Wirklichkeit konnte ihre Sprechblasen nicht mehr Lügen strafen, und die Landschaft konnte sie nicht mehr korrigieren. Seltsam, mehr noch als die Malerei auf den zersplitterten Holzstückchen stellte der wie ein Seil geschnitzte Balken, der dazu da war, Dinge zusammenzuhalten, die sich sonst in den Zeiten verstreut hätten, den endgültigen Beweis der vollkommenen Hoffnungslosigkeit dar. Ich streckte, langsam und ängstlich darauf bedacht, nichts zu erschrecken, die Hand nach dem Seil aus und berührte es (es war kalt und feucht), dann streichelte ich es und spürte in der ganzen Handfläche die Fasern des Holzseiles, das immer noch eine Spannung aufwies, noch nicht gänzlich tot war, immer noch versuchte, etwas Verlorenes, unendlich Verlorenes zusammenzuhalten...

Ich entfernte mich, wie man sich von einem Grab entfernt, mit dem Gefühl, nichts anderes verlassen zu wollen, als meine eigene Verzweiflung. Ich mußte meine Flucht fortsetzen. Der rhythmische Applaus, der schon seit einiger Zeit eingesetzt hatte, und den ich, weil er in dieser Umgebung so selbstverständlich war, beinahe gar nicht wahrgenommen hätte (in den Sälen mußten die kollektiven Übungen begonnen haben), wurde seltsamerweise lauter, je weiter ich mich entfernte. Ich mußte mich beeilen, denn gerade der Beginn des Programms, den dieser anhaltende Rhythmus, der immer stärker anschwoll, anzeigte, war der Augenblick, da mein Fehlen entdeckt werden würde. Außerdem hatte ein feiner Regen eingesetzt, etwas stärker als ein Nieselregen, jedenfalls ausreichend, daß mein dünner Baumwollmantel sich wie ein Löschblatt vollsog und schwer wurde. Ich fing an zu laufen, näherte mich dem hinter der Biegung aufgetauchten Pförtnerhäuschen und stellte mir nun zum ersten Mal die Frage, wie ich durch das Tor gelangen könnte. Das heißt, ich hatte mich so ausschließlich damit beschäftigt, wie ich aus dem Gebäude entfliehen könnte, in das ich eingesperrt war, daß ich niemals an das Tor gedacht hatte, eine Kleinigkeit, nach der ersten überstandenen Mut- und Glücksprobe. Also lief ich immer schneller und zunehmend besorgter, der Applaus, der um mich herum anschwoll, gab auch meinen Beinen den Rhythmus vor, bis ich plötzlich die Tatsache nicht mehr ignorieren konnte, daß das Dröhnen – denn es war zu einem wirklichen Dröhnen angeschwollen – zunahm, je näher ich ans Tor gelangte, es nahm stetig zu, wurde ohrenbetäubend. Offensichtlich – das mußte ich akzeptieren, so absurd es mir auch erschien – drang dieser Lärm nicht aus den Übungsräumen, die ich lange schon hinter den nassen Bäumen zurückgelassen hatte, sondern erscholl von der Straße. Einen Augenblick lang wußte ich nicht, was ich tun sollte. Aus purer Gewohnheit machte ich noch einige Schritte, dann blieb ich stehen, und wie ein Blitz schoß der Gedanke durch meinen Kopf, zurückzurennen. Doch das äußerte sich nur in abgebrochenen Gesten und Reflexen, war nicht durchdacht. Im nächsten Augenblick zwang mich die Logik oder vielleicht auch nur die Neugier dazu, meinen Weg fortzusetzen. Im Pförtnerhäuschen schien niemand zu sein; jedenfalls war die Tür geschlossen, und es brannte kein Licht. Das große Tor stand halb offen. Das war mehr, als ich zu hoffen gewagt hätte, wenn ich dazu noch in der Lage gewesen wäre. Ich ging hinaus.

Den kleinen Platz, an den ich mich noch erinnerte und den ich niemals vergessen werde, erkannte ich nicht wieder. Er war von einer dicht gedrängten Menschenmenge bedeckt, die bereits in die Seitengassen geströmt war und diese bis wer-weiß-wohin ausfüllte. Von oben muß das wie eine Krake aussehen, erinnere ich mich, beim ersten Blick auf die Menge gedacht zu haben. Ich wußte nicht, was ich davon halten sollte. Von hinten betrachtet (denn alle standen mit dem Rücken zu mir, das Gesicht dem Zentrum des Platzes zugewandt, wo ich damals einen leeren Denkmalsockel gesehen hatte), sah die Menge sehr merkwürdig aus – ich wußte nicht, wie ich es nennen sollte –, vielleicht wie eine schematische Zeichnung, eine Karikatur.

Wieso haben sie noch nicht gemerkt, daß der Sockel leer ist? wunderte ich mich und betrachtete die Menschen, die unermüdlich applaudierten und etwas skandierten, das ich nicht verstand, etwas eingehender. Vielleicht sind sie blind..., fügte ich unsicher, jedoch mit einer zarten Hoffnung hinzu, denn, so seltsam es auch erscheinen mochte, die Blindheit wäre die einzig vernünftige Erklärung für dieses Schauspiel gewesen. Die einzige Erklärung, die leichter zu ertragen gewesen wäre. Nur in Gedanken formuliert, erschien mir mein Satz erst banal, einem Automatismus gehorchend, doch gleich darauf kehrte er mit mehr Gewicht wieder und wandte seine Frage auf sich selbst an. Ein schrecklicher Verdacht, der alles in den Schatten stellte, was ich mir bisher hatte ausmalen können, brachte mich dazu, mich von dem schwarz gestrichenen Tor zu entfernen und mich verzweifelt zwischen den Leibern der Applaudierenden hindurch zu zwängen, um ihre Gesichter sehen zu können, sie zu überführen.

Ja, der Verdacht, der mich so erschreckt hatte, bestätigte sich: Die Gesichter der Applaudierenden waren gleich. Eins glich dem anderen und war mit denen identisch, vor denen ich schon seit Monaten (oder seit Jahren?) zu fliehen versuchte. Kein Grinsen, kein Ausdruck störte die endlos wiederholte Symmetrie ihrer Züge, die lediglich im Rhythmus des begeisterten und kraftvollen Klatschens erzitterten. Ich hätte annehmen können – und das wäre sicherlich sehr optimistisch gewesen –, daß sie asiatische Karnevalsmasken trugen (denn ihre Ausdruckslosigkeit widersprach der europäischen Bewegtheit und hatte etwas Fernes, Exotisches), wenn nicht ab und zu einer von ihnen spitzbübisch mit seinen blinden Augen gezwinkert und zwischen ihn und mich eine Brücke absurder Vertrautheit geschleudert hätte. Gewaltsam und unverständlich. Ich quetschte, schlich, drängelte, wand und schraubte mich durch diese Gestalten, die wie in einer Ausstellung identischer Objekte nebeneinander standen. Und während ich von einem zum anderen ging, sie ansah und ihre Arme mich stießen, ohne daß sie selbst, ganz dem Applaudieren hingegeben, es merkten, fühlte ich mich geohrfeigt, und ich war es auch, und zwar von jedem Schlag, der diese Begeisterung ausdrücken sollte, die der Gleichgültigkeit so nahe kam. Ihre abgehackten Stimmen, die unverständliche Vokale – nur Vokale – brüllten, zerrissen das Trommelfell und stellten die wie Höhlen geöffneten, ungeheuerlichen Rachen aus, in denen jeweils eine rote, identische Fleischmembrane vibrierte. Es wäre unsinnig gewesen, mich zu fragen, ob sie mit denen identisch waren, die ich aus den Übungssälen kannte und die ich in dem beängstigenden Publikum an meinem ersten Tag in der Anstalt entdeckt hatte. Die gleichen oder andere, jedenfalls viel mehr, als die Anlage der Genossin Mardare auf einmal hätte aufnehmen können. Sie waren das in Generationen gestaffelte Produkt dieses Unternehmens, das ganz offensichtlich seinen Plan übererfüllt hatte und nicht defizitär arbeitete. Der Ausschuß, den ich aus ihrer Sicht darstellen mochte, und der Sonderfall des Ingenieurs (und wie viele solche Fälle gab es denn schließlich überhaupt?) waren nur zu vernachlässigende Ausnahmen; in Anbetracht des unendlich viel größeren Rahmens ihres absoluten Erfolgs bar jeder Bedeutung. Des absoluten Erfolgs?

Ja, ich glaube schon. Diese ausdruckslosen Gesichter, die ab und zu – wenn sie annahmen, nicht gesehen zu werden – komplizenhaft und bagatellisierend mit dem Auge zwinkerten, trübten nicht etwa den Erfolg, sie bekräftigten ihn sogar. Schließlich hatte die Genossin Mardare sich nicht vorgenommen, Seelen zu formen, sondern das Verhalten der Subjekte, die ihrer Obhut anvertraut worden waren. Den Rest besorgte die Zeit. Die Tatsache, daß sie die gelernte Lektion tadellos umsetzten – unerwartet gut, dessen bin ich mir sicher –, die Tatsache, daß sie kein einziges Mal wagten, die Gesetze zu mißachten, die man ihnen aufgezwungen hatte, ließ die Frage nach ihrer Aufrichtigkeit vollkommen belanglos werden. Was besagte letztlich dieses ironische Zwinkern: daß der Applaudierende seinen Applaus verachtete? Oder daß derjenige, der diese abgehackten und unverständlichen Laute von sich gab, sich von diesen distanzierte? Unendlich viel wichtiger als dieser Spott blieb die gewissenhafte Erfüllung der Handlungen, auf die dieser sich bezog; keiner hatte je den geringsten Versuch unternommen, etwas zu verändern. Meine Freude, als ich zum ersten Mal eine Andeutung von Distanzierung entdeckt hatte, schien mir jetzt nicht nur übertrieben, sondern sogar falsch. Ich hatte mich gefreut, weil ich den Eindruck hatte, einen Grund für die Hoffnung entdeckt zu haben, und hatte dieses kurze, kaum zu erahnende Zwinkern für einen Keim von Bewußtsein gehalten, unzureichend, gewiß, doch entwicklungsfähig. Jetzt erst begriff ich, daß das Vorhandensein dieses zarten kritischen Bewußtseins sie nicht davon abgehalten, sondern im Gegenteil ihnen geholfen hatte, sich zu unterwerfen, ihre Erniedrigung und Auflösung voranzutreiben, die durch das Verkleinerungsglas des Spotts betrachtet, weniger katastrophal, bedeutungslos erschienen.

Und plötzlich, während ich angewidert zusah, wie sie mechanisch dem Nichts ihre Huldigungen zuriefen und, ohne es überhaupt zu bemerken, auf mich eindroschen, völlig besessen waren vom Drang, sich zu unterwerfen, fragte ich mich, wieviel Zeit von der Erfindung der ersten gymnastischen Übungen bis zu dem Augenblick, da diese sich in den Genen der folgenden Generationen festgesetzt und sich in diesen unbedingten Unterwerfungskomplex verwandelt hatten, wohl hatte vergehen müssen. Die Antwort war niederschmetternd. Die Zeit hatte auf ungeheure Weise, und wer weiß, vielleicht unumkehrbar, sogar am seelischen Kern dieser Wesen gearbeitet, die mich, so weit das Auge reichte, umgaben. Jetzt verstand ich auch, warum die Fenstergitter nicht mehr nötig waren: Die ganze Welt konnte mir in der gleichen Weise Zelle sein. Wenn es mir Spaß machte, konnte ich auch davonlaufen, ich floh ohnehin immer in die gleiche Welt.

Ich begann, mir Platz zu schaffen, um mich zum Tor zurückziehen zu können, von dem ich gedacht hatte, daß von seiner Überwindung mein Schicksal abhinge. Daß mein Schicksal nun von nichts mehr abhing – am allerwenigsten von mir selbst –, verlieh mir eine Freiheit, von deren Existenz ich noch nichts geahnt hatte:

die Freiheit, zu warten. Ohne mich umzudrehen, immerzu das phantastische Schauspiel betrachtend, das sich mir darbot, zog ich mich so weit zurück, bis ich das kalte Eisen des Tores im Rücken spürte, dann blieb ich stehen und lehnte mich dagegen. Nun drängte nichts mehr zur Eile. Die Vorführung ging unverändert weiter. Was ich sah, wirkte wie das wunderliche Funktionieren eines Perpetuum mobile, das das gesamte Universum erfaßt und mich überraschenderweise nicht mit einbezogen hatte. Vielleicht war mir die Funktion zugefallen, diesem ganzen irrwitzigen Treiben zuzusehen, und vielleicht war mein großer Fehler, mich ununterbrochen schuldig zu fühlen, daß es mir nicht gelang, es zu ändern. Es war nicht ausgeschlossen, daß all meine Leiden von einem Mißverständnis herrührten.

Ich spürte, daß mich jemand ansah, und ganz nah war ein weder verächtliches noch heiteres, leises Lachen zu hören. An das Pförtnerhäuschen gelehnt, in dem sich niemand zu befinden schien, sah ich meinen Besucher vom Vorabend stehen. Er war mit dem gleichen zerknautschten, ausgefransten, vom vielen Tragen ausgeblichenen und beinahe farblos gewordenen Kittel bekleidet und erweckte den gleichen »erwachsenen« Eindruck, der sich aus Bitterkeit, Härte und Verständnisbereitschaft zusammensetzte.

– Bleibst du trotzdem? sagte er, ohne daß ich entscheiden konnte, ob das nun eine Frage oder eine Feststellung war. Außerdem erwartete er keine Antwort. Er löste sich vom Pförtnerhäuschen und kam auf mich zu, wobei er fröstelnd und scheinbar eilig seinen Kittel um den Hals herum enger zusammenzog. Hast du dich entschlossen? Die Nervosität seines Tonfalls paßte nicht zu seinem kleinen und traurigen Lachen von vorhin, auch nicht zu der Ironie, die seine ersten Bemerkungen voraussetzte.

– Du hattest recht, sagte ich. Es nützt nichts, nur zu spotten.

Er aber winkte nur ab, gelangweilt oder ungeduldig, und nahm meinen Arm.

– Hast du dich tatsächlich entschlossen?

Es war die unpassendste Umschreibung dessen, was ich in diesem Augenblick empfand.

– Ich glaube, jetzt gibt es eigentlich nichts mehr zu entscheiden, antwortete ich, während ich angespannt dem Skandieren lauschte, das ich nicht entziffern konnte und das, von dem rhythmischen Applaus und den Hurrarufen überlagert, sich für mich wie langgezogene und verzweifelte Klageschreie anhörte.

Ich sah den Mann neben mir an, um herauszufinden, ob er etwas verstand. Auch er blickte zum Tor hin, doch auf seinem Gesicht zeichnete sich ein so schmerzliches Mitgefühl ab, daß ich es nicht wagte, ihn noch etwas zu fragen. Ich betrachtete ihn und stellte jetzt erst fest, daß der Eindruck, den er am Vorabend auf mich gemacht hatte, viel stärker war, als ich geglaubt hatte, selbst wenn er weit davon entfernt war, richtig zu sein. Als ich so neben ihm stand, mit feuchten Augen und mit von einem herzzerreißenden Mitleid für diese Welt, die uns umschloß, ohne uns zu kennen, gemilderter Strenge zuhörte, war er mir plötzlich sehr nahe und vertraut. Aus der Kindheit und von den Ikonen.

– Die Armen, sagte er leise. Die armen Tröpfe! Und nach einem kurzen Schweigen beinahe flüsternd: Sie wissen nicht, was sie tun. Und seine Hand umfaßte und drückte meinen Arm in einer Weise, als gälte sein Mitleid auch mir.

– Auf dem Sockel gibt es gar keine Statue, flüsterte ich offensichtlich völlig sinnlos. Auch sie wissen das.

– Die Armen, arme Kerle! Und als fiele es ihm wieder ein: Ich freue mich, daß du dich entschlossen hast, daß du begriffen hast.

– Was? wollte ich fragen, doch fehlte mir die Kraft dazu. Schließlich hatte ich alles verstanden, auch daß die Worte unnütz waren. Ich empfand eine alles durchdringende Vergeblichkeit, und die Mühe, sie in Worte zu fassen, schien mir überwältigend. Ich hatte das Gefühl, als sei die Materie, aus der meine Hände und meine Beine, meine Brust, meine Augen und Lippen geformt waren, die Vergeblichkeit selbst. Nicht ich hatte versucht, in die Welt hinaus zu fliehen, sondern man hatte mich in die Welt entlassen, und zwar aus dem einzigen Grund, weil es die Welt nicht mehr gab. Das Gefängnis hatte sich ausgedehnt und sie verschluckt. Also war ich frei, im Bauch des Wals spazierenzugehen.

– Kurz bevor ich hierher kam, sagte der Ingenieur, während wir mit beinahe schlurfenden Schritten wie zwei alte Männer durch den trüben Tag zurückgingen, habe ich eine Entdeckung gemacht. Ich fuhr auf der Umgehungsstraße um Bukarest, denn wieder einmal waren die Boulevards vom Präsidentenkonvoi blockiert, und kam am Gefängnis Jilava vorbei. Ich sah es zum ersten Mal, die hohen hölzernen Wachtürme entlang des Stacheldrahtzaunes – und sein Anblick kam mir bekannt vor, irgendwie vertraut (ich hatte zu viele Lagerfilme gesehen), und so suchte ich unfreiwillig mit den Augen nach der Silhouette des bis an die Zähne bewaffneten Soldaten auf dem Beobachtungsturm. An seiner Stelle entdeckte ich jedoch eine kahlgeschorene und in gestreiften Kleidern steckende Person, die mit dem Rücken zum Innenhof voll Neugier die Straße betrachtete. Ich verlangsamte meine Fahrt, um auch die anderen Wachtürme betrachten zu können, und nachdem ich die Anlage passiert hatte, kehrte ich um, damit ich es noch einmal sehen konnte. So unglaublich es auch scheinen mag, es gab keinen Wächter, keinen einzigen Soldaten, kein Gewehr. Die Häftlinge selbst bewachten ihr Gefängnis. Anfangs wollte ich es nicht glauben. Ich hielt an, stand erschüttert da und betrachtete dieses Gefängnisparadies, in dem die Unfreiheit durch freie Zustimmung ihre Perfektion erreicht zu haben schien. Doch verhielten sich die Dinge nicht ganz so. Damals verstand ich, was du heute verstanden hast. Ich begriff, daß keine Bewacher nötig waren, weil das ganze Land ein Gefängnis war und die Häftlinge nirgendwohin fliehen konnten. Das, was ich dann tat, war nicht ohne Beziehung zu dieser Entdeckung, die mir plötzlich eine größere Bewegungsfreiheit verlieh. Denn je geringer der Unterschied zwischen dem Außen und dem Innen war, um so geringer und bedeutungsloser schien mir das Risiko, von der einen auf die andere Seite hinüberzuwechseln.

Dem war offenkundig nichts hinzuzufügen. Jedenfalls nichts, das mit Worten gesagt werden konnte. Wie auf einem leeren Planeten, von dem es keine Fluchtmöglichkeit gab, gingen wir nebeneinander her und lauschten den sich entfernenden Geräuschen der Menge auf der Straße. Durch die Entfernung etwas gemildert, blieb vom Dröhnen des abgehackten Applaudierens nur noch der Rhythmus übrig, der gewaltige und von Angst beschleunigte Pulsschlag eines unsichtbaren, aber kranken Organismus, der uns einschloß und uns in seine Panik mit einbezog. Wir schritten ohne Eile im Inneren dieses Organismus voran, der für uns, die wir keine andere Hoffnung mehr hegten, zur Welt geworden war, als wir hinter uns Stimmen hörten. Als wir uns umdrehten, sahen wir eine Gruppe von etwa zehn Personen – darunter einige, die ihre weißen Kittel achtlos über die Schultern geworfen hatten –, die geschäftig die Allee entlangkam. Gegen meinen Willen blieb ich stehen: Umringt von Personen mit Kitteln, sah ich einige meiner Kollegen, Schriftsteller, die fassungslos voranschritten, ohne so recht zu begreifen, wo sie sich befanden, während eine Frau, die nicht mehr die Genossin Mardare zu sein schien, ihnen im Gehen einen Vortrag hielt. Sie befand sich in der Mitte der Gruppe, und ich konnte ihre Worte nicht verstehen, doch wartete ich aufgeregt auf die Wiederholung des Rituals und darauf, daß die Prozession näher käme. Sie näherte sich und zog an uns vorüber, ohne daß uns jemand aus der Gruppe bemerkt und ohne daß ich die Kraft gehabt hätte, die Worte zu verstehen, die mir einen Augenblick lang wie

ein Insektenschwarm um den Kopf geschwirrt waren:
Die Frau, die jetzt sprach, war tatsächlich nicht mehr
die Genossin Mardare. Es war Sabina.

Gebraucht sie etwa das gleiche Vokabular? fragte
ich mich. Sagt sie das gleiche? Doch ich war nicht in
der Lage, mir darauf eine Antwort zu geben. Ich sah
nur ihr unverändertes Gesicht, in dem der blasse Mund
sich schnell und oft bewegte, um Wörter zu produzieren, Wörter. Es gab keinen Zweifel, sie hatten uns nicht
gesehen: Weder sie noch die Schriftsteller, die meine
Freunde waren, gaben irgendwie zu erkennen, daß sie
uns auswichen, dabei mußten sie uns zweifellos
erblickt haben.

Wir befanden uns auf der Höhe der niedergerissenen Kirche, so daß ich einige Schritte zur Seite trat und
mich auf den dicken wie ein Seil geschnitzten Balken
setzte, der neben der Allee lag.

Vielleicht bin ich gestorben, dachte ich.

Doch der Ingenieur lächelte:

– Nicht wir.

Ich betrachtete ihn aufmerksam, ohne seinen
Gesichtsausdruck zu verstehen, der grenzenlos traurig
und trotzdem auf eine Weise glücklich war, die mich an
etwas erinnerte, das ich nicht in Worte fassen konnte.

– Ich verstehe dich nicht, sagte ich. Warum lächelst
du? Und woher hast du diese Kraft? Wir sind allein, sie
sind ein ganzes Volk.

Es folgte ein langes Schweigen, während dessen wir
beinahe träumend auf den Pulsschlag des fernen Beifalls lauschten.

– Wir sind das Volk, sagte er lange danach und beinahe flüsternd, während seine Augen sich völlig unerwartet mit Tränen füllten. Dann lächelte er wie die Heiligen auf den Ikonen der Kindheit, setzte sich neben mich auf den Balken und wartete.

NORMAN MANEA

Der Trenchcoat

Erzählung. Aus dem Rumänischen von Ernest Wichner.
Reihe Ränder · Band 3, 112 Seiten, Englische Broschur, DM 16,00

*

Ein Trenchcoat hängt eines Morgens an der Garderobe der Beldeanus. Das Haus befindet sich im gut bewachten Funktionärsviertel von Bukarest. Am Abend vorher sind Besucher dagewesen, zwei befreundete Ehepaare, die von dem Luxus in der Villa ganz benommen waren. Hat jemand von ihnen den Mantel vergessen? – Trenchcoats sind die inoffizielle Dienstkleidung der Geheimpolizisten, und da niemand den Besitz des Mantels reklamiert, verdächtigt jeder jeden, bricht selbst in Kreisen der Nomenklatura Panik aus. An Gogols Meisterwerk »Der Mantel« erinnert, in bewußt versteckter Anspielung, der Titel. Norman Manea hat eine moderne klassische Erzählung geschrieben, die die Sprachwerdung der Not einer zum Schweigen verurteilten Nation darstellt – ausgelöst durch einen stummen Gegenstand, der leeren Hülle des abwesenden Menschen.

Bitte fordern Sie das kostenlose Gesamtverzeichnis an:
Steidl Verlag · Düstere Str. 4 · 37073 Göttingen

ANA BLANDIANA

Kopie eines Alptraums

Erzählungen. Aus dem Rumänischen
von Veronika Riedel.
Mit einem Nachwort von Paul Schuster.
Reihe Ränder · Band 5,
192 Seiten, Englische Broschur,
DM 16,00

*

Bukarest im Dezember 1989: Der Diktator ist geflohen, vor dem Gebäude des ZK versammelt sich eine riesige Menge. Die Menschen schauen auf den Balkon. Zu denen, die sich dort präsentieren und spontan akzeptiert werden vom Volk, gehört auch eine Schriftstellerin: Ana Blandiana. »Kopie eines Alptraums« ist die erste Buchveröffentlichung der in ihrer Heimat vielgelesenen Autorin in der Bundesrepublik. Das Rumänien unter Ceaușescu ist das Thema der Erzählungen, ihre Geschichten sind überraschend poetisch und gehorchen der Logik der (Alp-)Träume. Doch völlig ausweglos ist die Situation der Figuren nicht; durch das Trauma schimmert Hoffnung.

Bitte fordern Sie das kostenlose Gesamtverzeichnis an:
Steidl Verlag · Düstere Str. 4 · 37073 Göttingen